思想觀念的帶動者

文化現象的觀察者

本土經驗的整理者

生命故事的關懷者

Master

對於人類心理現象的描述與詮釋
有著源遠流長的古典主張，有著速簡華麗的現代議題
構築一座探究心靈活動的殿堂
我們在文字與閱讀中，尋找那奠基的源頭

存有的光環

馬賽爾思想研究

陸達誠——著

目次

與馬賽爾偕行
——一本催生思考與智慧的對話之書

關永中（前臺灣大學哲學系教授）

一個滂沱大雨的下午，陸達誠神父正開動著汽車，從輔大到政大的路途上慢駛著，穿越了某些林蔭之道，而窗外濛濛的煙雨，尚且給外景增添了一份空靈的神祕……我安靜地坐在他身旁，閒談間提及各自所心儀的哲人們，一時情不自禁地說：「我真的最喜歡馬賽爾。」當時陸神父聽了，也禁不住流露出一份同道、同心、同好的喜悅。自此以後，我們總有機會聚面，談笑間不愁沒有話題，因為我們無論說到哪裡，都可能扯上馬賽爾；以致談及音樂，我們會聯想到馬賽爾在鋼琴前點板輕奏的那份悠然神往；論及戲劇，又會轉念到馬氏多齣名劇的感人場面；想到宗教情操，也不忘懷馬氏皈依的心路歷程；甚至提到各個哲學論題，亦總會牽涉到馬氏思路的湛深底蘊；更有趣的是：我們往往也即興地把吾師唐君毅先生的為人與論點來跟馬賽爾作比較，進而體會到他們的「此心同、此理同」……欣逢陸神父的論文集面世，行文內還不時閃耀著馬賽爾與唐先生的名字，它們喚醒了我不少先前與陸神父聊天的愉快經驗。為此，我欣然地答應了陸神父的邀請，為這份珍貴的論文集作序推薦。

提筆的剎那，就掀起了這樣的一個意念：我務須把蘇格拉

底、馬賽爾和陸神父這份論文集連結起來討論，以凸顯其中的可
貴之處：

昔日蘇格拉底聚眾論學，言論超越了系統陳述，只藉著對談
來辯證，以讓參與者自我開啟內心的思泉……

當代馬賽爾著書講學，思想也不被系統論述所範圍，只按主
題的帶動，而與讀者懇切晤談，共同向真理邁進……

今天陸達誠教授在多篇論文中，仍秉持著蘇氏和馬氏的精
神，不以系統陳述為主要考慮，只按論點所需而盡情發揮，借切
磋而與讀者共同綻放智慧的火花……

馬賽爾願意別人稱他的哲學為「新蘇格拉底主義」（Neo-
Socratism），[1] 顧名思義，就是他願意如同蘇氏一般地與你對
談，藉此作哲思的助產婦，讓你從內心催生出智慧的花果。陸達
誠神父深明此理，以致因應地按不同論題而作個別切磋，不單帶
出馬氏的論點，而且還藉著對話、比較、質詢，而提出自己的回
應，必要時還引用其他名家心得來參與懇談，使反思變得更多姿
多采，從中還鼓勵讀者作主動的質問，以激發起個人內心的思
緒。

或許我們可以這樣說：為其他哲人而言，系統的架構，可以
成為其哲思的支柱，支撐起他們論述的來龍去脈；但為馬賽爾的
「新蘇格拉底主義」而言，系統的展陳，可能因而形成思路的桎
梏，規限了真理多面向的發顯。馬賽爾承認無法把自己套在一個
系統來說話，一方面這是由於他的氣質使然，另一方面這是由於

1　Gabriel Marcel, *Metaphysical Journal*, Chicago: Henry Regnery, 1952, p. XIII,
　　"What the term neo-Socratism implies is above all the–in no way sceptical–attitude of
　　interrogation that is a constant with me..."

他的信念所致；這並不意謂著他的思想缺乏條理，而意謂著辯證式的對談更能展現真理。陸達誠神父也就是因為了悟到馬賽爾這份特色，所以他也相應地採用了馬氏懇談式的手法，剔除硬性的系統陳述而不失其思考脈絡。陸神父真的獲得了馬氏思想的神韻。

　　本論文集以《馬賽爾的光環》為標題，[2] 以凸顯馬氏其智慧的光輝、其心地的光明、其所嚮往的究極之光，以及其向讀者所鼓吹的「成為世界之光之宗旨」……總之，馬氏哲學不愧是一套「光的哲學」，叫讀者點燃起內心的光芒，並且迎向光明。陸神父願意藉著這個標題來向我們傳遞出這一份訊息。所收錄的論文共十八篇，其中有馬氏原文的譯作，有直接論述馬氏思想之作，有將馬氏思想與另一名家作比較之評述，也有針對一主題而間接地提及馬氏者；每篇文章各有特色，但都與馬賽爾精神契合，是陸神父與馬賽爾對談的結晶，是陸神父歷經二十餘年的心血而陸續展陳的結果。我們從中不單獲得了反思的珍貴材料，而且還獲得了這樣的一份感召：哲學的耕耘，並不在乎閉門造車地唱獨角戲，而更在乎誠懇地與哲賢、與世事、與週邊的一切人地事物作對話，借此孕育出與自己生命息息相關的智慧之光。願讀者們在閱讀中主動參與對談而開發個人靈性的光輝，使心胸闊大得足以環抱宇宙，高遠得可以上與天齊，赤誠得能與古聖先賢肝膽相照，親切得足以把每人轉化為愛者而不想佔有他。這是馬賽爾的感召，也是陸神父的祈願。願以此數語與讀者們分享。

（原序於 2002. 2）

2　編註：書名後來經作者斟酌，改為《存有的光環》，見作者〈自序〉中說明。

自我與實存：馬賽爾對沙特的討論

黃雅嫺（中央大學哲學研究所助理教授）

提及存在主義，台灣人先想到的，就算不是沙特（Jean-Paul Sartre, 1905-1980）筆下那種風格怪異，以日記體寫成的作品《嘔吐》（*La nausée*, 1938），[1]也會是卡繆（Albert Camus, 1913-1960）書中的那個苦悶疏離的異鄉人。的確，從來沒有一項思潮能如存在主義一般，深入台灣社會數十年，影響範圍由文學創作，到生活態度，乃至於思想探究，又深又廣。事實上，當時的法國社會，也還有如馬賽爾（Gabriel Marcel, 1889-1973）這樣，以充滿愛與關懷的絕對臨在來解釋人的存在問題。讀者或許會感到困惑：同屬法國存在主義，生長年代並不相差太多，撇開因車禍意外而英年早逝的卡繆，沙特與馬賽爾對於時代的回應，竟然相差如此之大？其實這一切都與兩人對近代哲學之父笛卡爾（René Descartes, 1596-1650）的回應有關。

馬賽爾曾在《實存哲學》（*The Philosophy of Existence*）第二篇文章中，以〈實存與人類自由〉（Existence and Human

---

1　Jean-Paul Sartre, *La nausée,* Paris: Gallimard, 1938. 參酌桂裕芳中譯，志文出版社，1997 年。中譯本將此書譯為《嘔吐》，但實際上，「噁心」更為精準，因為「嘔吐」乃指排出伴隨食物殘渣或者身體體液的混合，而「噁心」則是一種伴隨意識的身體感，後者才是沙特要強調的。為尊重譯者，在行文中，還是以《嘔吐》稱之。以下提及此書，皆引自《嘔吐》一書之中譯本，不再贅述。

Freedom）為題，分析沙特的小說《嘔吐》。這種傳統哲學無以討論的身體感，的確引起了馬賽爾的興趣，藉由沙特文學表現特殊手法，馬賽爾討論了此種表現下實存的可能基礎。馬賽爾認為，沙特討論身體的黏稠感的確是全書的關鍵，因為實存哲學中，並不以為笛卡爾的我思賦予最後的確定性，相反地最本質性的應該就是身體。但馬賽爾也提醒我們注意這種由「想像」所扮演的中介角色，即介於思考活動的實際經驗與嘔吐之間的中介，因為這種嘔吐乃是由思考所引起，來喚起我們的身體感。最終來說，馬賽爾通過沙特的小說，而不是先討論其哲學作品，無非是試圖以文學作品能比哲學論述承載更多討論實存問題的可能性有關。既然同為不願被學院寫作拘束的一員，也同為都有文學戲劇創作作品的成員，馬賽爾的討論方法也就不足為奇了。

在沙特發表《嘔吐》這部作品約前十年，馬賽爾在《形上日記第二卷：是與有》一書中提及對於實存的身體感：「當我肯定一樣東西存在時，我常把這樣東西看成與吾體相連的，或看成能與吾體有接觸的，即使兩者之間只能有一種間接的接觸而已。只是我們應清楚指出，這個我授與優先性的吾體，不該為我是一個截然客體性的身體，它應該是『我』的身體。在我與吾體之間具有的奇異而親密的特徵（我故意在這裡不用關係兩字），實際上影響到一切有關存在的判斷（existential judgement）。以上所言旨在說明，我們無法將下列三分：一、存在；二、意識到自己是存在著的；三、意識到自己是與一個身體相連的，就是說，是具『體』的（incarnated）。」[2] 從這段引文裡，顯然馬賽爾想解決

---

2 馬賽爾著，陸達誠譯，《是與有》，中山學術文化基金董事會編譯，臺灣商務印

笛卡爾以來的「心物二元論」問題，因而在後面一點的段落，馬賽爾繼續提到「關於這身體，我既不能說它是我，又不能說它不是我，也不能說它是為我而存在（客體）。立刻，主體與客體之間的對立被超越掉。」[3] 由這段引文來看，當時的馬賽爾試圖以意識來解決身心不可分離的問題，這是笛卡爾確立了我思作為確定性之後，幾乎後世每個哲學家都要面臨的問題。

但到了 1938 年沙特出版《嘔吐》一書，馬賽爾幾乎以註解的方式於 1946 年一月寫就此書評論。[4] 馬賽爾認為在沙特的思想中，重新提出了人的本質性問題，但對於什麼是道德？什麼是自由等倫理的問題，則未能展開。

沙特這本小說《嘔吐》，以第一人稱的視角，並以日記體的形式，敘述一名歷史研究者羅岡丹因其研究遭遇困難，引發種種心理問題的同時，也連帶產生身體問題。小說主角羅岡丹一開始，便自承他確實有些難以啟齒的、拾撿骯髒廢棄紙片的怪癖。某日羅岡丹一如往常著迷於撿紙時，彎腰看到紙片上的字，他突然發現自己不再是自由的，不再能夠做自己想做的事情，因為他竟然被做為紙片的物給觸動了。對物體接觸的真實感，使得羅岡丹想起來，他開始有噁心的感受就是某日在海邊拾起小石頭時，由石頭傳到他手上的。而出乎意料的是，這種噁心感來自於手心，更精確說，是手心感到一陣噁心。對於這種噁心感，馬賽爾

書館發行，民 72 年 3 月初版，民 79 年 6 月二版，頁 2-3。所引段落據推測可能寫於 1927 或 1928 年，為哲學協會上發表論文之綱要。

3　《是與有》，頁 4。

4　Gabriel Marcel, *The Philosophy of Existence*, «Existence and Human Freedom», Manya Harari trad., Philosophy Library, New York, 1949, p. 32.

認為這是來自於主體初始的「滑動性」（fluency）經驗相關，而非出自實體自身帶有的「流動」（fluidity）物理感。因為在小說稍後的段落裡，就能讀到羅岡丹對於物體產生的噁心感，這種噁心感來自於一種主體自身產生的黏稠感。

馬賽爾在他的論文中，一針見血地指出，沙特整本小說軟黏感（Gooeyness）的確是傳統哲學家無法處理的關鍵處。對沙特來說，軟黏感乃是一種在成形過程中分泌液與黏稠感的體驗。[5]這種用來定義自我存在的黏稠感，與笛卡爾哲學中以廣延作為身體感的自我定義，大相逕庭。沙特寫到：「我存在。這很柔和，多麼柔和，多麼緩慢，而且很輕巧，它彷彿半浮在空中。它在動。到處都有輕輕的擦動，擦動在融化、消散。慢慢地，慢慢地，我嘴裡有充滿泡沫的水，我嚥不下去，它滑進我的喉嚨，撫摸我——它在我嘴裡再次產生。我嘴裡永遠有一小灘發白的——隱蔽的——水，它磨擦我的舌尖。而這一灘水，還有舌尖，還有喉結。這是我。」[6]馬賽爾以為，這種身體感，非常難以知性化（intellectualise）、概念化，難以定義，因為這種黏稠感是全然流動性的，沒有外在輪廓可言。另一方面，沙特以熱脂肪的軟動熱氣來描寫手的活動卻又有真實感。沙特對於手的描寫的實在感，使得馬賽爾認為這與先前的黏稠感形成一組極大的對比。這對於身體與意識之間的對比，使得馬賽爾聯想到卡夫卡的《變形記》中的主角：其於某日清晨醒來，發現自己變成了一隻甲蟲，身體雖已然變形為蟲，以甲蟲方式行走，但思維卻仍然是正常

5　Gabriel Marcel, "Existence and Human Freedom", *The Philosophy of Existence*, p. 35.

6　《嘔吐》，中譯本，頁167。

人。

在沙特筆下的羅岡丹卻未必能如卡夫卡的《變形記》的主角那樣正常思考，這種「不能」時而會展現在語言的不連貫以及意識想要意圖擺脫有序且有意義的反思上：「思想是最乏味的東西，比肉體更乏味。思想沒完沒了地延伸，而且還留下一股怪味。此外，思想裡有字詞，未完成的字詞，句子的開頭，它們一再重複：『我必須結……我存……死亡……德羅爾邦（羅岡丹的研究對象）先生死了……我不是……我存……』行了，行了……沒完沒了。這比別的事更糟，因為我感到我自己應該負責任，又是同謀。例如這種痛苦的反應：**我存在**。啊，存在的感覺，是長長的紙卷──我輕輕地展開它……要是能克制自己不去想，那該有多好！我試試，我成功了，我的腦子裡一片煙霧……但它又開始了：『煙霧……別想……我不願意去想……我想我不願意去想。我不應該想我不願意去想，因為這是思想。』這麼說，永遠沒完沒了。」[7] 對於該不該繼續思想下去，以及隨之而來的身體感引發的反應，馬賽爾認為引發小說主角的實存感在於「想像」（image）。也就是說，在這部作品裡面，我的思想自發地將自我呈顯為如同太妃糖一般的黏稠感或者是如水一般的流動感給我。而在這裡，我的思想必須得把自己撤回，並且得把自己想像成某一種它看起來就是某個對象物那樣，這是因為思考引起想像扮演的中介的角色，讓自己介於思考活動的實際經驗與噁心之間。但這種主體的想像對比到實際的街景時，又呈顯為相當矛盾的對比。在一段身處諾阿爾大街的描寫，馬賽爾以為這種冰冷流

7　《嘔吐》，中譯本，頁 168。粗體字為作者所強調。

動的空間，與實際的建築物成為了強烈的對比，也就是身處在這種物質之中，人的實存就被凸顯出來。馬賽爾認為，這種被經驗到的物質感並非一種存有物的多餘（overabundance of being），噁心才是那個偶然與荒謬的經驗。

這種對自我感知的破碎，馬賽爾認為也體現在主角於公園對樹根的體驗而湧現的荒謬感上，亦即主角對荒謬的感受並非對於話語內容的「正常與否」，而是一種處境，與當下環境融合與否的反應。此外，值得注意的是，馬賽爾認為在這段文字中，沙特以一種否定性（negative）來陳述，這顯然是受到了黑格爾的影響。更進一步來說，荒謬感的出現，即啟蒙的可能，並非以「光」或者正面表述，而是以「不是」來表述。這種「不是」未能肯定對象物之所是，而是以其「不是」來感受其所是；也因為沒有肯定對象物的是，因而屬性就溢出了對象物先前的客觀的「是」而出現了在主角看起來的「多餘」。另一方面，如果我們要談啟蒙，事實上不能不說「光」，因為「啟蒙」這個字就來自光。馬賽爾以為，如果要談光，那麼只能來自「我本身」（myself），而不可能來自主角所處的環境，換言之，能給出光的自我對立於自我所處的現實界。然而，這本小說裡的主角自我卻又無法肯定外界的特質，因而這樣的自我，就字源學來說是「eidolon-idol」，亦即不透明的自我，而這樣的自我始終貫穿著沙特的思想。

也正因為沙特並不以「光」來肯定啟蒙的可能性，這也是馬賽爾與其最大的分歧之處。沙特承繼了笛卡爾的懷疑方法，肯定了自我的確定性，而儘管他嘗試以身體的黏稠感來彌合身心二元論，但終歸只能停留在自我的內在性中，他人只能是地獄。對馬

賽爾而言，存在本身無需懷疑，而應該是一種經驗上的驚喜，一種高興地情不自禁的體驗，那是我與世界的聯繫與融合。這種融合體現在我與朋友之間的一見如故，這種深刻的交流使得先前存在在我與他人之間的界線得以消失，進而是彼此交融、全心意願付出、合而為一的臨在（présence）奧祕體驗。這種體驗絕非佔有（having）對方，而是一同進入存有（being）的永恆光環中。也唯有對這存有之光的肯定，人才會有希望與尊嚴，這也是馬賽爾與沙特最大不同之處。

賀舊作新印

　　廣受信眾喜愛的陸達誠神父，將在不久再版他的舊作，有關蓋布瑞‧馬賽（Gabriel Marcel）的研究。這誠然是一件可喜可賀的勝事。數十年來，陸神父和藹可親的笑容，讓無數見過他的人，都留下難忘的印象，但陸神父廣受喜愛還不止在於他的和善，他研究廿世紀重要哲學家蓋布瑞‧馬賽的著作，且是長時期，有深度的研究，尤招各界普泛的尊敬，故陸神父不只是可親受人喜愛，他的可敬亦長久受人愛慕。故陸神父數十年來廣受喜愛的原因，不只在於其人可親，亦在於其人，可敬。

　　近前出版社要我為這本新印的書寫幾句話。我首先感覺此舉我，恐怕，不勝任。原因在，哲學一門，我完全門外客。但因為我對蓋布瑞‧馬賽的興趣，我嘗試尋找了一些他的名言，乃發覺果真我能有若許共鳴，今特將最有感觸的幾則納在下面，稍加討論，庶算我的感想。

　　　「音樂有時更近香水，而非數學。」

　　我完全同意，把音樂比成香水，的確是佳極的比喻。這等於是說，音樂完全訴之於人的，感性；而非人的知性。音樂的寫成，當然須仗嚴格的數算，近乎算術的複雜規格，但那是專家的事，作曲家的事，樂評人的事，對專家以外的大眾而言，只要用聽覺，用感性來呼應之，則已至全無憾矣，──香水的比喻，誠不能再好，以茲描寫感官的佚樂，且以嗅覺比喻聽覺，誠不能再

好。

蓋布瑞・馬賽又說：

「不管如何計較節拍，音樂中的生命力遠較算術和
邏輯重要得多。」

意思和前一句相近。生命力指的是感性的力量，數學和邏輯
指的是知性。

再來我讀後不忘的一句話是：

「整體來講，我個人哲學中最重要一點，就是堅執
不退，和抽象心態奮戰終日。」

這話我也相當同意。凡接觸過抽象觀念的人，都知道，抽象
觀念應該輪廓確定，清清楚楚，其定義必須說一不二，毫無模糊
不清，模稜兩可的形象。

舉個例來說，試看〈老子〉的頭兩句：「道可道，非常道。
名可名，非常名。」這裡的三個「道」字，和三個「名」字，
必須有固定的解釋，不能以俗語的語意待之。也就是說，第一
個「道」和「名」字，必須是名詞，皆「天道」之意；第二個
「道」和「名」須是動詞，第三個「道」和「名」又是名詞。而
「常」字，須言「永常」之「常」，非「平平常常，貌不驚人」
之「常」。故知老子的這兩句話，不是渾渾忽忽，茫茫如霧，他
說的雖是玄理，但字面的界定絕不可抽象，也就是說，任何的空
無概念，都不許有抽象的表相。我可以再舉一個「論語」的句例

來證實馬賽的話。

　　「論語」的「子罕」篇，一章說：「子欲居九夷，或曰：『陋，如之何？』子曰：『君子居之，何陋之有？』」我要討論的是最後孔子的回答：「君子居之，何陋之有？」這句回答，我們暫時給它三個不同的解釋。一是，孔子說：「君子住下來，定可蓬壁生輝，將來聲價百倍，何陋之有？」第二解是說：「君子可隨遇而安，不致介意，故何陋之有？」第三解是：「君子以內治外，將重內不重外，以致陋而不見，此地其何陋之有？」上列三個回答中，第一個回答恐不合理，因為那顯示孔子是個自大虛榮的人，他自信個已可增此地的身價。第二解跟第三解，都可同意，但應以第三解最理想，因為隨遇而安，尚是消極的態度，若以內治外，重內不重外，則是積極的人生觀，更有助於世道人心的進步。故，第三解纔是堅立如山，肯定不移的解釋。牠可擊退任何近於抽象，立足點不穩，意念含糊的解釋，也就是說，哲學的概念，必須絕對割切抽象，如馬賽所說：「堅執不退，和抽象心態奮戰終日。」

　　類似於此的名句，我還看到一些，以上三則，想來已足表達馬賽的哲學意念，將來如有時間，我當進一步接近此一現代哲學家。

王文興（小說家，前臺灣大學外文系教授）

【自序】

在「臨在」的道路上，
貫徹忠信與堅持

　　本書原名為《馬賽爾的光環》，是筆者二十餘年來陸續發表的文章。每篇文章，不論主題有否提到馬賽爾的名字，都與馬賽爾的思想有關：或將他與另一位哲學家比較，或取用他的概念來發揮一個專題，或介紹馬氏本人的一個關鍵思想。總之，十八篇文章除了一篇是馬氏演講的譯文外，其他都是受到馬賽爾的啟發而寫成的。將本書命名為《馬賽爾的光環》可謂實至名歸。但在付梓前，發現馬氏一生關切的焦點不是他自己，而是存有，因此毅然將書名改成了《存有的光環》。既然不以「馬賽爾」命名本書，書中若干不以馬氏為主題的文章就更能得其所哉了。不過在《存有的光環》後加一副標題：《馬賽爾思想研究》，倒是可以的。因為如上所述，本書各文都受過馬氏的啟發。

　　在台灣教哲學的同人中，教馬賽爾的不多。早期有項退結、鄔昆如、鄭聖沖等教授，稍後筆者加入陣營，不久關永中兄自魯汶大學念了雙博士回國，在台大開現象學、詮釋學、形上學、知識論等課，其中不少都提及馬賽爾。他也寫了很多馬氏的專題，以「與馬賽爾對談」為名結集成《愛、恨與死亡》（商務，1997）一書。他在接受《哲學與文化》編輯採訪時，坦認自己最心儀的哲學家是馬賽爾，並說馬氏尚有很多「寶」可供我人去「挖」。有這麼一位同好，實是筆者的大幸，可謂「學」不孤必

有鄰也。感謝永中兄為本書作序推薦。文中提及的本書書名現已改了，既有上段解釋，不予修正。

筆者於六〇年代叩入哲學大門之後，曾遇二位恩師，其一是唐君毅，其二是馬賽爾。兩位老師幫助我瞭解存有、關心「他者」，以及認同民族文化，使我爾後能在世局和宗教的變亂期中找到安身立命的基點、體會非直線式成長的另類幸福。因此我在撰文時難以把他們兩位隔分；結果，一連串的反思多少變成了唐、馬兩位哲學家的對話了。方家可從此角度來體認筆者思維的經緯。

本書十五篇文章中有兩篇是演講稿，〈從存在到希望〉是於 1976 年九月在台北耕莘文教院講的，由當時輔大哲四唐蓓蓓同學筆錄，稍後刊於《鵝湖月刊》；另一篇是〈比較沙特與馬賽爾〉，亦於耕莘開辦的暑期寫作班上講授，由沈錦惠女士抄錄，此文雖與稍後寫的〈有神及無神哲學對比下的宗教觀念〉有類同之處，但因場合不同，內容有異，不割捨兩文之一，似乎有其需要，謝謝騰稿的二位女士的優雅文筆，使二稿流利順暢，甚至好過筆者自己的文體。〈馬賽爾的存有哲學〉一文是拙作《馬賽爾》（東大，1992）一書之撮要，為輔大《哲學大辭書》撰寫，此文可對不諳馬賽爾的讀者提供全面的瞭解。若先選讀，能較易進入其他專題的內容。譯稿〈存有奧祕之立場和具體進路〉是馬賽爾於 1933 年在馬賽市作的演講。他曾兩次向筆者強調此文對瞭解他奧祕哲學的重要。它幾乎是馬氏形上學的袖珍本，細讀該文的朋友一定會體會它的魅力。此譯文於 1982 年在台灣發表後一直未受到應得的注意，希望藉本書的出版，喚起更多關切。

馬賽爾對存有的詮釋是「臨在」及「互為主體性」。筆者自

幼從家中及信仰中對臨在有過刻骨銘心的體驗；稍後與許多「他者」持續接受臨在的恩澤，因此接觸馬賽爾的思想時，似乎找到了自己。今日能有機會將這些體驗訴諸文字，首先該向上述的親友與恩師們表達深邃的謝意：是他們幫助我體認了絕對關係的可能，並使我亦能協助存有散發其臨在於他人。這是一個一生的工程，要在這條路上走到底，需要忠信和堅持，但我相信這條路一定走得通。

今天我們（讀者與作者）有幸藉文字會了面，但願這份文緣能藉這次交會而擴大，使臨在的場域融合更多朋友，讓存有的光環瀰漫於中文世界。

1 從存在到希望

　　馬賽爾鮮為國人所熟知，現在就讓我來介紹一下：西元1946 年，沙特在巴黎曾作一次演講：「存在主義是一種人文主義」，其中提到了四位當代的存在哲學家，且將他們分成有神論（即馬賽爾、雅斯培〔Karl Jaspers, 1883-1963〕）與無神論（即沙特、海德格〔Martin Heidegger, 1889-1976〕）。自此以後，馬賽爾就被哲學歷史家列入了當代存在主義者最偉大的哲學家之一。

　　在中文方面，我看到了 1975 年二月份的《哲學與文化》中一篇唐君毅先生的演講詞，題目是：「現代世界文化交流的意義與根據」。他認為，沙特的個人主義及主客對立的存在主義是偏激且矛盾的思想。他說道：「沙特之個人主義思想原是偏見，立論亦自相矛盾，故終歸於其後來投降另一偏向之馬列主義的社會主義。雅斯培、馬賽爾、馬丁·布伯（Martin Buber, 1878-1965）之肯定人與人生命心靈間可真實交通，以互為真實存在，以形成互為主體的關係，更為存在主義者的正宗。」但馬氏之書翻譯出來的很少，而現在已是二十世紀的末期（編按：此文發表於 1980 年），倘對此哲人尚無認識，則誠為憾事。

　　1976 年我回國後，找到五本哲學著作，介紹當代存在主義，這五位作者是：勞思光、項退結、鄔昆如、李天命、鄭聖沖，他們都曾以一章的篇幅介紹過馬賽爾的哲學。李氏提到：「當德國的存在主義傳到了法國，即出現了馬賽爾與沙特。」這

說法是錯誤的，因馬氏之哲學完全是其生命的體驗，不曾承受過那一派，更不曾繼承德國的存在哲學。

馬賽爾學說之特點，即積極的存在思想，肯定人生的所有價值。他的思想非常具體，特別著重人際關係和人際經驗。他用三種方式：哲學、劇本和音樂，來表達他的哲學思想。他的著作已翻譯成世界各國的文字，中文世界認識他雖晚些，但並不表示他的哲學過時。因為就在 1976 年六月十四日於巴黎舉行的「馬賽爾友好年會」上，還有四位博士班學生（希、中非、法，和作者）發表過研究心得。

當 1973 年馬賽爾過世時，很多歐洲的重要報紙和雜誌都以專文來介紹他，再次反省其哲學，表示他的思想並未過時。法國有一位哲學教授巴翰維雅（Mme Parain Vial）說：「二十世紀法國有兩位哲學家：柏格森（Henri-Louis Bergson, 1859-1941）和馬賽爾，將在法國哲學史上永垂不朽。」當代法國的哲學教授對其興趣甚濃，深受馬賽爾影響的著名人物中，就有呂格爾（Paul Ricœur, 1913-2005）。在 1974 年馬賽爾去世四個月後，巴黎六個大學的哲學系教授集會討論他在二十三歲時所寫的一篇論文：〈直觀哲學的辯證條件〉（1912），可見其哲學受人重視之事實。

中文世界何以遲遲未介紹呢？原因是：馬賽爾的哲學沒有系統，他用形上日記的方式記錄其反省的經過，靈感四散在每一頁上，令人捉摸不到。本人論文由列維納斯（Emmanuel Lévinas, 1906-1995）教授指定題目為：《奧祕與意識》，因其特點就是難以捉摸，故令我感到惶恐。花了五年的功夫才交卷，通過以後，彷彿解放了似的，使我感到莫大的欣慰。華人不瞭解法國的

哲學背景，而要把握其要領甚為困難。法國哲學家費沙（Gaston Fessard, S. J., 1897-1978）說得好：「馬賽爾哲學像水銀一樣，好像抓住了，一下又滑走了。」事實上，在生命中最可貴、最重要的，就是這捉摸不到的東西，可能這部分就是老子所謂：「道可道，非常道」，而我在馬賽爾哲學中就發現了這個真理。

因為馬賽爾哲學不屬於任何派別，沒有系統，也沒有主義；雖然他比較早閱讀齊克果（Soren Aabye Kierkegaard, 1813-1855）和雅斯培的作品，但這也在他發表了他主要作品以後。二次大戰末期，他才接觸到海德格與沙特的作品。從《存有與虛無》一書中，他看到沙特的思想凝固在可以表達的方程式中（即一句句話裡面），不再有詢問的特色，而慢慢地退化了。當沙特如此注重「存在主義」之時，真正有存在思想的哲學家，均拋棄此名稱。因此海德格明說他並非存在主義者，更非無神論者。雅斯培說：「存在主義即宣佈了存在哲學的死亡。」齊克果更說過：「我不是某一家的哲學家。」他甚至否認自己是哲學家。馬賽爾在 1947 年與人聯合發表了《基督存在主義》一書；但隨即在 1949 年又否認「存在主義」之名稱。然其一切哲學之基礎乃是存在，所謂的存在，不只是存在，而是存在發現自己的一剎那，Existential，當其存在開始奔流，奔放的時候，在存在拋出去的那一刻，即存在最高峰的一剎那。所以馬賽爾的哲學，不僅是空間的存在，且是特殊的時間（存在時間的一點），其存在概念的演變，從開始時時空中的存在到存有化的當下和臨在性存在之強調。故如他曾說過神不存在，乃指神不活在時空中而已。但神雖不存在，卻「是」！神臨在呢！此乃定義問題，暫不討論。

存有與本質的分別：存在肯定整體，個體是全面性的臨在，

而非抽象概念，理性化的哲學。故他反對唯心論，因為唯心論已使存在抽象成概念，變得蒼白、無力，而他要為存在恢復一個活生生的生命。1949 年他出版了《存有的奧祕》一書，敘述存在經過存有而具有的奧祕性，可以與問題作對比；問題是可以放在前面加以處理的，奧祕是包括問問題的那個人，包括自己在內，不能成為客體性。華人大概因缺乏馬賽爾生命中的某些宗教體驗，而他的哲學又如此捉摸不到，故極少有人敢談及或介紹他的哲學。比如他四十歲皈依天主教前，已受巴哈音樂影響而有過恩寵的經驗。若沒有很深的信仰，不易體會他哲學中最奧妙之處。上世紀第二次世界大戰後，在重建戰後的復興工程時，全球仍難擺脫戰爭的陰霾，普遍傾向虛無主義，因此沙特和卡繆的存在主義大行其道。馬賽爾這樣的肯定人生、以仁愛為出發點的哲學，反而不及虛無主義吸引人，但他的哲學頗可與中國力行哲學相合，希望借此介紹能帶給我們信心與興趣。

在研究馬賽爾思想的五年期間，真是苦樂參半，我的喜樂常是從痛苦中發出來的，也就是在我生命的最深處，我與馬賽爾思想契合之時。我發現我的潛力不斷地湧現，就對我的生命充滿了希望，對我將來要從事的教育工作，也愈來愈有信心，這些都不能不歸功於此積極的思想。在這五年的研讀生活中，馬師一直在冥冥中指導我，與我有溝通、共融的關係，我彷彿活在他的臨在中。

我曾經見過馬賽爾三次，都在他家裡。第一次是與四位教授一起見面，當時我的發言與問題較少。第二次與他單獨談了一小時。第三次是撰寫論文的問題，由於他和我的指導老師在若干看法上有不同意見，他建議我們三人有次約會一起討論，不幸在這

次約會前他過世了（1973 年十月八日），失去了最後相商的機會。後來，本人有幸與馬賽爾之家屬，即他兒子的家庭交往，成為很好的朋友，1976 年六月，他們參加了我的論文考試。藉著認識他的家人，即接近他最親近的人，幫助了我瞭解他活潑的生命哲學，並找出馬賽爾的遺跡和其哲學真正蘊涵之所在。

馬賽爾的存在哲學

笛卡爾的發現存在，是建立在思考、邏輯的方法上，他開始想到我何以存在，即發現別的可能不存在，但我思是不可不存在的，其方法論的第一步即「我懷疑」；這種方法論可建立在科學界，但建立在存在界是錯誤的。因為我存在是不需懷疑的。馬賽爾的方法就完全相反。他認為倘若我們一開始就懷疑存在，客體和主體間就有了距離，而無法交合起來。

事實上，存在是不需懷疑的，所以我們的第一次經驗不是懷疑而是驚喜，是一種高興得不能自禁的情緒。我與世界的聯繫即是喜悅，而不像荒謬哲學家說的存在的是被拋棄的異鄉人。

馬賽爾的出神是自我意識的超越，而與整個世界的融合。這種新鮮的感受是直觀、創造，是朋友之間相遇的第一次經驗，是存在爆現的一刻，存在的富源完全向外奔流，是永恆進入時間，是整個歷史的重新編織，新的時間的開始。此當下既快速又濃厚，不能用因果律來衡量，而是奧祕在經驗中的出現。他以人與人之間的愛情與友誼的方式來發現存在的經驗。

有時候，人與人在一刹那中邂逅，即中文所謂的「一見鍾

情」，兩人在奇妙的場合中，一下就深深地吸引，互相交融在一起，那種溝通的喜樂是發現存在當下的驚喜。不需要很多時間，只需一個微笑，一次握手，一個注視就產生很深、很微妙的默契，且往往締結了很好的友誼與婚姻。

還有一種「臨在」經驗，是在交談中互相交換意見，而慢慢進入深刻的交融。在存有與存有的交流中，雙方完全沒有保留地表現自己，全神貫注地傾聽與付出，整個恐懼感的卸載，這是人與人之間交流的臨在經驗，非常地奧妙。有過這種經驗之後，很難再忍受客體式人際膚淺的交往，人會感到一種如失根的痛苦，只有等待新的臨在經驗來臨後，方能彌補這種犧牲。馬賽爾的「being」是「存有」關係而非「所有」、「having」的關係。一個人領受了一項白白的恩惠，就要聽其自然地發展，而不可佔有它。

附帶可說的是馬氏對人際關係中魅力的描寫。當一個人在某一時間的人際關係中變得特別可愛，即其存在存有化時，魅力就發展出來了。馬氏認為人最形上的財富即魅力，是魅力使雙方發現「你」。魅力來自一遙遠而不可知的根源，從來不能為自己來的；如果別人發覺我有意施展，則魅力消失。魅力與意識恰好相反，且絕不能要求效果，所以女人和兒童比男人更有魅力。馬氏用魅力來解釋生命中最富有、最存在性的時間，那是人存在的「當下」，人生命中最富有的美質向外奔流，可以說是他永恆光輝出現的一刻，為其存在時間中的新「點」。接著解釋存在時間的深度：「絕對的現在」顯出存在時間的深度，是存有化的那一刻，整個歷史濃聚的一「點」，歷史的終點，在此點超前出現。每天機械性的普通時間變化成為存在性的時間，可以說是被

存有咬住,再也不會鬆開,故人之恒常是可能的。在「絕對的現在」這樣一個奧祕的時間之中,主體不考慮將來會發生變故的一切因素,因他已發現了他歷史的終點,因此他能作基本之抉擇,與終身的奉獻。當人經過一個如此深刻,絕對之存有的經驗,他真正地活了起來。在存在中發現了一個「你」的「範疇」,我同你的密合超越你我,也同時必須是你我的參與,此即「你之形上性」。「你」的最深經驗是超越兩個主體主觀的意願,與主體之自由。此奧祕是可遇可欲而不可求的。

當驚喜的剎那過去後,時間變成考驗的過程,然而臨在仍會不斷地再出現,因為存有的奧祕已化身到時間之中。忠信乃臨在經驗之積極的延長。

希望的哲學

當代很少哲學家會將希望與哲學相連。由於屢次戰爭摧毀了一切價值,人就感受存在的壓力,生命沒有方向,沒有前途,沒有意義。馬賽爾之哲學架構是在他四十歲以前形成的,而其希望哲學則在四十歲以後,在受洗且有了宗教信仰時才形成的。

形上學不是別的,就是驅走絕望之魔。馬氏認為「希望」一詞最能代表他的奧祕哲學。謝釀(Louis Chaigne)曾說,是馬賽爾在本世紀把法國思想從荒謬和失望中拯救出來。如果我們略加反省,便會看到人常常有絕望的可能。時間不斷在考驗存在,使它面臨失望的事實。人在中年以後,更會常受到空無感的侵襲。此外出賣、背信、隔離、死亡等也常誘惑我們走向失望。每當馬

賽爾在感到生命壓力難以忍受時，他就需要藉聽音樂、看書或與朋友來往，把自己從不存在中拯救出來。他之所以能作為希望的先知，正因為他曾經忍受過許多失望性的痛苦與存在的磨蝕，這種痛苦是科技無法解決的。如果強要以科技掌握全部生命，當生命脫逃出來時就會面臨失望。技術把現存世界看成一堆問題之總合，把存在看成了問題，就是把整個價值降低了，且科技永遠看不到事物背後有更深的價值。故他反對科學主義，直到晚年較緩和地承認我們的存有亦需靠科技的幫助。

當我們臨到深淵和悲劇的壓力時，只有靠潛力跳躍出來，這就是「肯定」。「肯定」不僅靠一個人的力量，且靠外在的力量，構成超越性，在最不可能的希望前，「肯定」使自己從絕望中跳出來。生命中有陰影，也有希望，我相信在存有中一定有與我一起肯定的實在。比如我的親人生病了，我相信他的病一定會好。我相信在失序的經驗中，次序將被建立，「實有」同我在一起。這是肯定，稱為真正希望之先知性的迴音。希望衝向無形的世界中，真正的希望不屬於我們，是來自「絕對的你」；在宗教中是神，在人生經驗中即絕對的希望。「絕對的你」與我站在一起，肯定生命，肯定將來。

正是由於近來在思想史上出現了著名的悲觀主義者，如尼采，把界限經驗推到了極致，使我們瞭解失望、死亡，是最高肯定的跳板，從這跳板可跳到最高的希望。在人的極限充分顯示出來時，予人精神的超越能力，一個最高、最大表現的機會。因此希望與失望不能分開，希望是建立在人為希望的廢墟之上，在一切的不可能中肯定可能，乃是人的形上希望。

希望是沒有武器的人的武器，當一個人被強迫解除武器時，

他唯一的武器就是希望。例如：二次大戰時，猶太人飽受迫害，在一本《安妮的日記》中，記載著安妮的一段話：「不論如何我還不放棄，因我繼續相信，人性內在的善良。」此話正表現了馬賽爾之希望哲學。這些都不是科學、電腦統計出來的證言，完全是先知性的肯定。還有當她進毒氣房的那年，寫道：「世界愈來愈荒蕪，我聽到隆隆砲聲愈來愈近，可能在宣佈我們的死亡，我同情成千成萬人的痛苦，但當我們仰首望天，我想：這一切要改變，一切要重新變好，甚至這些野蠻的日子也要結束，這世界重新要知道秩序、寧靜與和平。」在不可能的希望中表現出希望，即馬賽爾的形上希望。希望與「絕對你」的關係，使宗教意識與哲學結合了。除了希望的跳躍之外，尚需從另一源頭來的其他力量相配合。就像安妮在日記上曾寫道：「天主不會拋棄我，也絕不拋棄我。」這個力量是否來自別處呢？顯然不光靠她自己吧！

形上之光

光的概念是在馬賽爾六十歲後才進入其對人際關係解釋的思想中。在其一生對哲學的追尋中，他一直受某種光吸引著。愈來愈清楚地，這光為他變成了一個面容、一個注視，這不是別的，他稱之為「基督之注視」，「引導我一生的是神的光」。基督是存在的，在時空中活過，因死亡及復活，而超越了歷史，進入永恆，成為永恆的存有化。有了光才有奧祕。因為有光，他的希望、喜悅達到圓滿的程度。

他不像海德格那樣重視焦慮、憂慮的感覺和分析。他對生命

的喜悅是其思想的特點。他提倡的第二反省是將存在經驗內在化，極深地將之化入生命中。不需要語言，而是靜默。在他許多劇本的最高潮，多以靜默來表現最濃厚的溝通的深度。存在思想內在化，是靜默。在靜默的最深處，形上之光破衝而出，這是直觀、靈感，成為一切創造之根源。

形上反省最深的境界，即通過內斂而來。在宗教上即很深的祈禱，濃密的結合，返回自己與深處的「你」相遇了。此時，主體不再是孤獨，而是形上主體際的關係。這段哲學是人生的經驗，也是宗教的經驗。光是超越的，是自由的，在又好像不在，是光明又像是黑暗，與臨在的經驗相似，奇妙地有辯證的兩面性。當它來臨時，我得到完全的疏鬆和憩息。

由形上之光的反省，馬賽爾發揮了許多有關慷慨的哲學理論。沙特把別人看成地獄，把予人恩惠看成叫人做奴隸。馬賽爾認為別人是可能給我一種臨在的經驗的主體。他注重恩惠，給別人的是超越物質，象徵整個我與你同在，故人整個生命應該是慷慨、大方、開放的給予。我們亦可作光源、光的中介人，使形上之光通透我們而照及他人，不只是領受光而已。在其《羅馬不復在羅馬》一劇中，男主角巴斯噶對一親戚有段對話：「最奇怪的是在我認為受召喚的當天早晨，我有了一次意外的邂逅，那是一位年輕修士驚人的表情，大大震憾了我一直到靈魂深處，以致雖然我通常沒有與陌生人談話的習慣，這一次我無法阻止我自己而向他說話。你無法想像那瘦弱的面龐所透射出來的微笑的純潔……這是基督的微笑。」

馬賽爾逝世前三年出版的自傳末章寫道：「基督之光，當我口述這幾個字時，我感到一陣異常的激動。對我來說，基督並不

是一個我能對之專注的客體；而是一個光照人者的光，祂又能變成一個面容，更確切地說，一個注視。」這光注視過他，擁抱過他，吸引他前進，幫助他進入永恆。光是臨在的根源，臨在的嚮往；存有的最後面目是一個大合唱或一個交響樂隊在交響曲中，表演者即每個個體，每件樂器所發出的音完全協調、融合在一起，成為一首交響樂。此交響曲即創造的神本身，在大圓滿中，個體並未消失，而與整個主體際的關係交融、合一，籠罩在光之內。光給我們希望、喜悅，這是個體與群體際關係的圓滿。

他在受洗前些日寫道：「支持我的最大力量，是不願站在出賣基督者一邊的意志。」馬賽爾不願意出賣基督，因他在基督信仰中尋到了與痛苦一起存在之奧祕，他看到基督被釘在十字架上受苦的面容，和似乎毫無魅力的注視，吸引了成千成萬人的崇拜，使無數的靈魂復活，有了光明，有了希望。但祂付出的代價有多大！基督給我們許諾的希望是：「我要和你們在一起，直到世界末日，你們將會受苦，但不用害怕，因我已戰勝了世界。」

馬賽爾一生活出了真理的哲學，雖然他已過世，與基督共存於一永恆的臨在；與基督一起，把光照射在人間。今晚他在冥冥之中與我們在一起感受希望的奧祕，分享光源的光。希望我們能藉這演講的機會把他的哲學介紹到中文世界，更希望同學們能努力從事翻譯研究工作，使華人社會能瞭解馬賽爾的哲學。

（1976.9 演講，1980.3《鵝湖》）

2 馬賽爾哲學中的死亡和他人之死
——兼懷唐君毅先生

　　馬賽爾在四歲時就喪失了母親。他父親續弦娶了他的姨母。一次姨母帶他到公園去散步，小馬賽爾就問道：「人死以後，究竟到哪裡去了？」姨母是個不可知論者，因此對於這個奇怪的問題無以作答。馬賽爾大失所望，心中決定：有朝一日我非要把它弄個水落石出不可。大概是這種早熟以及對生命真諦鍥而不捨之探索，使他日後選擇了專治哲學的生涯，並且我們相信他在有生之年找到了令他滿足的答案。可見姨母這一件事對他整個生命有多大的影響：

　　　　從我童年時代起，我就不願意相信死亡是一個空無。我童年的這段軼事至為重要。我不相信有人可以說：這是某種外在於我哲學的事件。[1]

　　馬賽爾否認死亡是空無，因為他常感到母親還同他在一起，這種臨在感超乎生死之隔，「我現在已很難記憶她的容貌，但是在我的一生中，她似乎永遠神祕地留在我身邊。」[2] 這種感受純

1　Claude Mauriac, "Gabriel Marcel et l'invisible", *Le Figaro*, 24 juillet, 1976.「我整個生命因此而要在別人之死的記號下發展」，G. Marcel, *Présence et immortalité*, Paris: Flammarion, 1959, p.182.

2　張平男譯，〈馬賽爾自傳〉，《現代學苑》，卷九，第 3 期，1972，頁 16。

粹是主觀的，只有當事人能夠領會。由於這類當事人在人類中不算少數，因此對生命之主觀體驗尚有它的普遍價值。

早在 1937 年，在笛卡爾的紀念會上，馬賽爾就清楚地指出：死亡之真正問題不在於死亡本身，而在「親人之死」（La mort de l'être aimé，這兒的親人指至親及切愛的人）。死亡不能同愛的奧祕分開。如果我們在自己的周圍建立一個真空，我們或許把死亡看成永眠，可是當「你」一出現，那就完全改觀。因為忠信必向不在（absence）挑戰，而且必要得勝，尤其當不在以死亡之形式出現，對我們來說似乎變成了絕對不在的時候。[3]

在討論「親人之死」時，馬氏要肯定的是親人不死。親人死後既非永眠，又非歸於虛無。由於親人對我之照顧關念，仍能與我之深情厚意接通，在兩者之間仍能綿延「我與你」之臨在關係，這就是愛與忠信克服死亡的保證。

對親人之生命在死亡後仍能繼續的肯定，源自馬氏對人及人際關係之瞭解。我們來看看他的主體哲學。

馬氏固然承認主體有自由，因此有「個人性」，但是個人之自由與他關愛之人有密切的關係。因為人的主體不是封閉的單子，他可以讓別人住進來，他也可以注入別人的主體性內。主體性基本上有一種多元性，每一個人是他所愛之人之「集合體」。

> 我所愛的人們，不只在我身上反應出來，他們還住

3　G. Marcel, *Du refus à l'invocation*, Paris: Gallimard, 1940, pp.198-99; *Le mystère de l'être*, vol. I, Paris: Aubier, 1963, p.152. 馬氏去世（1976.10）前六週告訴朋友說：「我關心者乃親人之死，非我自己之死，想到我自己之死，我並不害怕。」Cf. C. Mauriac, op. cit.

在我內，他們成為我的一部分。單子論（monadism）
有雙重錯誤：因為我既非一個，又非單獨的。[4]

每一個「我」本質上是「我們」，因為「我與你」是內在於
主體，實存於主體最深處的關係。對馬賽爾而言，一個隔離的、
孤獨的、作壁上觀的主體等於不存在，他只是一個物（object）
而已，是一個「他」，一個抽象體。真正的主體或個人常是在主
體關係中之存在。

馬賽爾本人原是觀念論哲學家，著重理性和抽象。是第一次
世界大戰中與陣亡兵士家屬的接觸，使他領會到真實的人生是在
人與人深切同情或溝通的時刻發生的。他在關心別人的痛苦時，
忘掉了自己，而遇到了「你」——真實而未被抽象，充滿戲劇性
之存在。從此他把自己從觀念論的軌跡中解放出來。他揚棄了
「我」的哲學，而走向「我們」的哲學。

在那次大戰中他有幾次遠地感應（telepathy）和靈媒
（medium）的試驗，使他相信人的精神可以被其他精神所通
透。那是說某一主體可以暫時抑制自我操縱，而把自由轉讓給另
一個主體使用，兩個主體同時居住在一個身體之內，而使身體暫
時地具有工具的性能。但是馬氏指出這個身體如果要真正地、有
效地成為另一主體之工具，它必須與後者建立一元關係，即它非

4　*Présence et immortalité*, p.159. 在《升 F 四重奏》一劇中，克蕾問羅哲（她丈夫之
　弟）：「你呢？還是他呢？人的界線究竟是什麼？……難道你不相信：我們所關
　愛的任何對象都會有我們的影子嗎？羅哲喃喃低語：「這話頗有道理……也許在
　我內心深處更希望你愛史德方。」參閱傅佩榮譯，〈什麼是存在〉，《現代學
　苑》，卷十，第 12 期，1973，頁 9。

後者之客體或用物。這種情形當然需要原主體之完全轉讓他的身體，一點也不干涉另一主體對他身體之自由使用。

以上兩種經驗把馬賽爾的主體拓開，使他更進一步地發展到主體際性的哲學，再從主體際性看親人不死的事實。

「愛一個人，就是向他說：你啊，你不會死。」[5] 這是馬氏劇本《明日之亡者》劇中人的一句話。為什麼愛一個人，就等於向他說：「你不會死」呢？這樣的保證可靠嗎？

馬氏之能下這個斷言，表示他理會到人通過愛而有超越物質內一切限制的能力，人因愛而否定死亡，否定一切能將愛情腐蝕的因素，這是一種忠貞的愛所作的斷言，它之價值完全繫於愛。「親人之死」不是登載在報紙訃聞上的某人之死，——他只是與我毫不相關的第三者罷了；更不是一個泛泛之交的死——他的死對我來說只是從通訊錄上刪除一個名字而已。「親人之死」是一個參與我生命，塑造我的歷史，而如今尚活在我身上，繼續塑造我者之死。這樣一個親人不會死，因為我拒絕他死——拒絕把他看成絕對虛無：「同意一個人死，即以某種方式把他交於死亡。真理的精神禁止我們做這樣的投降和出賣的事。真理的精神即忠信的精神，忠信於永恆的愛之精神。」[6]

這樣的斷言對客觀有效性的要求置之不理，不求證，也不願求證。這是一種先知性之斷言——「你不會死！」肉體之毀壞只能碰及「你」以外的東西，而不能損及「你之為你」。你之為你卻是我對你的愛所瞄準的焦點，因此「不論我放眼所見之世界要

5　G. Marcel, *Le mort de demain,* dans *Trois pièces,* Paris: Plon, 1931, p.161.

6　G. Marcel, *Homo viator: Prolégomènes à une métaphysique de l'espérance,* Paris: Aubier, 1945, p.194.

發生什麼突變，你和我，我們要常常留在一起。意外的事件可以發生，但那只屬於偶然性的世界，它不能把我們相愛中包括的永恆許諾腐蝕掉。」[7]

　　肯定「親人不死」更好說是肯定親人不滅，就是肯定雖死猶在並且可以與我息息相通。這種見解清楚地包含「存有」的形上性：存有必會戰勝一切困厄而繼續存留下去。在人的層次上，唯一可以觸及存有的通道就是愛，而因愛而出現的「你」即人之實在，「你」是由愛所揭開的人之真諦，「你」不會逝世，具備與存有一般的永恆性。這就是人的尊嚴。

　　愛與死水火不相容。有了愛，有了深情，則死亡不可能再是人生的最後資料，所以馬賽爾又說：「沒有一種人間真正的愛情不構成不死的保證和種子的。」[8]

　　現在要問的是，這樣一位在去世後不會消滅之親人以什麼方式存在著呢？馬氏認為要談已亡之親人的存在仍應以他與活人的關係著眼：「我堅信：即使有關死後生命的問題，關鍵還是在於主體際性。因為至少對我來說，一個自我陶醉的死後生命沒有任何意義可言。」[9]

　　上面我已提到過，主體性本質上是一個主體際性，或同主體性，我之「你」住於我內，我也因為是別人的「你」而住在別人之內。這種關係本身有超越物質空間的能力，在死前如此，在死後也如此。

　　所謂心電感應便是主體際關係獲得驗證的一種方式。這種方

7　*Le mystère de l'être*, vol. II, Paris: Aubier, 1964, p.155.

8　*Homo viator*, p.200.

9　M. M. Davy, *Un philosophe itinérant: G. Marcel*, Paris: Flammarion, 1959, pp.308-309.

式相當普遍地被很多人，包括沒有任何宗教信仰的人士所體會到。馬賽爾認為瀕亡者有輻射力，播射自己的思想，而讓「對臨終者念念不忘之人所截取」。[10] 可見有不少瀕亡者所播射的心靈之波，由於沒有被截取而白白浪費，浮游太空而飄失於無垠。

死後之相通也是一樣，並非一個客觀上仍存在之親人要播送其思想與情感與我人的時候，必會達到實際的效果。生死交通假定活人在此時此地與亡者建立起一種可以互相通透的關係，假定活人以誠敬之心追思亡者，或勉力提供使自己有讓亡者臨在之心境。按馬氏的想法，亡者常常是臨在的，但他不能勉強未亡人與他接通；未亡人必須具有主觀上必需的條件，才能真正體驗亡者的臨在。因此生死交通這一事實的體驗，活人要負比較大的責任。當活人完全漠視亡者，或對他感情冷卻的時候，則亡者被迫變成一個無能為力的孤魂，那是說他之存在不再為活人所體驗。

可是另一方面我們必須指出，由於亡者不是一個客體，不是物質般的死東西，因此臨在感之發生不是機械化的。這是說，對亡者臨在之體驗並非隨心所欲按鈕可得般的容易。亡者的臨在感是以黑夜中閃爍的星星方式出現的。黑夜中之星辰一閃一滅，有時被烏雲蓋住而完全失去光明，有時閃亮的時間很短，而中間的黑暗時間加長，因此主觀方面的努力也不能強求臨在之光的不斷閃亮，這就是主體際性必須承受的考驗。主體要以堅忍之愛繼續保證自己對亡者不渝的關愛，並竭全力泯除一切主觀上的障礙，使自己更形晶瑩剔透，虔誠等待臨在之光的再度出現。下面我們要引一段馬氏的話來說明這種忠貞的情愛在黑夜中向已亡親人所

---

10 傅佩榮譯，〈什麼是存在〉，見註4，頁9。

作的信誓：

> 我確信你對我還是臨在的！你並不停止與我在一
> 起，可能你能比你在世時或比在世的方式更直接地與我
> 在一起。我們一同處於光內；更好說，就在我擺脫自
> 己，不把自己變成陰影的時候，我愈能進入到你的光
> 內。我並不說你是這個光的本源，但你在這個光內煥
> 發，並且你也有助於使這個光照耀在我的身上。[11]

　　隨著光這一觀念的出現，馬氏已將生死相通的哲學提升到超
越性的主體際性之中。光是一個一切主體際性分享存有的浩大範
圍。任何一個單獨主體移動位置進入光內，他便不再是「我」或
「他」，而成為形而上之「我們」中之一員。雖然這種「我們
感」屢次是侷限在一個個單位的主體際性的體驗之中，可見馬氏
認為，一切個別的主體際性都有一個目的，就是為朝向超越性的
主體性內，與大光內一切主體聯在一起。這個光也就是馬氏之
「存有奧祕」的別稱。此光好似存有之大海，一切真實存在均沐
浴於其中。愛能克服死亡，能恒持下去，能戰勝一切趨向墮落和
毀壞因素之考驗的原因，即因為愛使主體進入光內，這個光卻藉
著它本身的力量要使一切愛火永燃不熄。

　　現在我們還要設問，這形而上之光究竟是什麼？是人的理
想？人的概念？或一個具體真實的存在物呢？在馬氏八十高齡出
版之自傳中他宣稱這個光乃是基督之光。他說：

11　*Présence et immortalité*, p.191.

> 我相信能夠說：那些不再活於此世，而仍充斥於我
> 心中的親友，不斷地使我覺得他們還在為我做媒介的工
> 作。因此我渴望與他們再次相聚之可能會在基督之光內
> 獲得保證。基督不是我能對之專注的物體，而是能變成
> 面容的一個光源。[12]

馬氏四十歲皈依天主教，此後信仰與他的形上探索更緊密地結為一體。他的形上信念，如存有之超越性、存在的主體性，及生命中有一元之奧祕等，都與他對光源的體悟有關。基督由於祂的神性、「道成人身」和「死亡與復活」的事蹟，使祂成為內寓於宇宙的光。這光播及的地方，就會激發出主體際性，使個體進入存在的關係之中，並使這種關係穩固，一直到超越死亡之威脅，而顯出「你」的永恆性。馬氏的存有論藉基督之光的解釋而跨越形而下那有限世界的門檻；另一方面，馬氏的形上學因光的哲學而保存具體和入世的形式；就是說，光之臨在使人在生命中藉某些特殊經驗而體會到所謂「永恆」、所謂「絕對」、所謂「彼界」之真諦，因為光已進入了世界，光滲透到人間一切最深邃的關係之中，它使在主體際內的個體分享最真實的存在，永恆不再是一個飄渺幻想或言語符號了。因此馬賽爾在另一齣劇本中曾使一個角色講了下面這句話：「通過死亡之門，我們為自己開向一個我們在此世已經活過的世界裡去。」[13]

由於馬賽爾對人際關係的重視，並確信生死相通的事實，使

---

12 Cf. Cardinal Jean Daniélou, "G. Marcel-Allocution à ses obséques", *La Documentation catholique*, No. 1641, p.929.

13 Ibid.

他把親人在死後還存在的問題看得比上帝存在的問題更重要，因為前者更能扣住未亡人對無形世界的真切嚮往，而「上帝」一詞往往因為含義太廣，幾乎可以囊括一切東西，對一般人來說反而比較缺少真切感。[14]

我們如果把上面介紹的馬氏論及的「親人之死」與唐君毅先生對該問題的看法作一比較的話，必會發現在他們之中有非常類似的接近。唐先生在香港《人生》雜誌上發表〈死生之說與幽明之際〉（卷十五，第7期）。此文以後收入《人生之體驗續編》一書內。唐氏雖然不談主體之內在多元性，但他以人生前有超越性的精神活動，來肯定人生具有兩種方向相反的存在動向。精神不斷地超越肉體，不能隨肉體之瓦解而消滅。在死亡之一刻，人的精神有大超越的活動，躍過死亡深淵而活入未亡人的精神之中，並且在死後由於未亡人對他之誠敬祭祀，使亡者之情有所寄託，而使生死兩界仍能溝通。這樣，終於肯定了亡者具有他自己獨立之存在。我們先看瀕死者是如何躍入未亡人之主體性內的。

他舉幾個例子來說明。比如：一個在彌留之際的老人，對子女交代家中的事；一個在戰場上奄奄一息的士兵，對同伴呼喚快逃；一個革命黨人在病榻中，策劃死後的革命工作等等。這一切都是人的最後精神活動。然後唐氏又說：

> 此處人明知其將死，已走至其現實生命之存在的邊緣，於是其平生之志願，遂全部凸出冒起，以表現為一超出其個人之生命的，對他人之期望、掛念、祈盼之

14　C. Mauriac, 見註 1。

誠。此期望、掛念、祈盼之誠，直溢出其個人之現象生命之上之外，以寄託于後死者。而下臨百仞之淵之際，蕭然一躍，以搭上另一人行之大道，而直下通至後死者之精神之中。[15]

　　成為鬼神，他們在哪裡？他們怎麼存在？唐氏自認無知，但是他肯定活人與鬼神之情仍能相通。人死後，他的情感溝通範圍與他在世時對別人之關愛所及範圍相同。已亡的父母之情縈及子女，一鄉善士之情限於一鄉，文天祥、史可法情及中華，而孔子、釋迦、耶穌之情及於天下萬世。後死者在祭祀中，以嚴肅誠敬的心情，追念祖宗、聖賢，他們的情與鬼神的情可以直接相通。在這種經驗中，我們感到有一股真情從自己心中冒出，肫肫懇懇，不能自已啊！同時也感到這股真情直接射向一個肯定的目標，而與那被追念的對象結合。唐氏說：「真情必不寄於虛，而必向乎實，必不浮散以止於抽象之觀念印象，而必凝聚以著乎具體之存在。既著之，則懷念誠敬之意，得此所對，而不忍相離。」[16]

　　馬賽爾解釋忠信之愛的時候也說過類同的話。忠信必不能指向一個印象或撲向一個幻影。忠信與孝情必指向一個真實的存在，一個對我亦具有忠信之愛的對象。[17] 馬賽爾把寄情之對象侷限在個人與個人之間，並且沒有提到用祭祀的方式來求接通鬼神，雖馬氏的臨在說已廣義地包括了一切共融的方式。由於對他

---

15 唐君毅，《人生之體驗續編》，香港：人生，1961，頁 94-95。

16 同上，頁 100。

17 *Homo viator*, p.198.

的主體際性哲學信念的忠實，馬賽爾討論死亡只從一個角度出發，即「他人之死」，這裡指「親人之死」或「愛人之死」。他發現：在生時已與我締結共同主體的一切其他主體，在其死後仍能與我溝通，仍能與我在一起。雖然有時候，這種臨在感不太深刻，也不太明朗，甚至會完全黯淡，但只要主體忠信堅貞的態度持之以恆，並且自省自滌，使自己更具備條件，則親人之臨在感會在適當的機會中再一次地被體會到。可見死亡之奧祕實在是臨在感之奧祕的延長，有志於繼續研究這一問題的讀者可以參閱〈存有奧祕之立場和具體進路〉一文。[18]

死亡問題之關鍵對這位存在哲學家來說是主體際性，但是肯定所愛對象不死之主體仍是免不了有一死之人。因此我們不能不推想：「愛一個人，即同他說：『你啊，你不會死。』」這句先知性的斷言應該出於一超越死亡者之口，才能具備絕對價值。人之不死不但應該被愛保證，並且應被永恆的愛、創造愛保證才有可能。此時，主體際之對象已從「我與你」轉到「我與絕對的你」。馬氏相信在一切真實的「我與你」關係中，絕對的你已經隱約地臨現，已在保證愛之不朽性，所以主體能作出超越性的斷語，但直接的、明晰的「我與絕對的你」之關係必更能洞現出主體被創造者所愛而獲得不死之絕對保證。

（1979.5《鵝湖》）

---

18 G. Marcel, *"On the ontological mystery"*, *The Philosophy of Existentialism*, N.Y.: The Citadel Press, 1956. 本文中譯請讀者參閱本書附錄一。

3 馬賽爾論人的尊嚴

　　西方哲學一般以知識論為主，知識論包含了對天、對人與對物的瞭解。瞭解的出發點是主體，瞭解的對象是客體。客體在主體外面，主體通過客體呈顯的現象而瞭解客體的本然，即所謂本質。主體與客體的關係基本上是二元的，是對峙的。當一個人在瞭解別人或別物時，他是主體，但當他被別人瞭解時，他卻淪為客體，因為知識的兩極常保持著主客關係。基於這種哲學態度，人也可以有個定義，比如「理性的動物」，「社會性的動物」之類。並且由於知識論的嚴格要求，即要求客觀性的真理，因此人不單可以把別人客體化，並且把自己客體化，即把主體看成客體來探討，來描述。不少哲學系統以科學方式來研究人，把人的肉體看成客體，再把它與精神的關係加以檢討。馬賽爾認為這種哲學態度與方式根本出賣了人的尊嚴，因為當人被處理成客體時，人不再是人，不再是「我」，而是物，是「他」，甚至「它」。主客二元的知識論不但不能瞭解人的真諦，反而出賣了人，因此馬賽爾毅然與「我與他」的知識形上學脫離關係，而決定走向一種反西方哲學傳統的「主體與另一主體有一元關係」的人學方向。

　　怎樣使「人」恢復成為不能客體化之主體的尊嚴呢？馬氏毫不吝惜地揚棄以純理性出發的知識論。如果他還需要保留知識論這一名詞的話，他在上面要加「愛的」兩個字。知識論只有在愛的條件下才能帶給我們關於「人」的真正知識。但是在愛中，人

與人的關係已經從主客二元關係轉變為主體與主體的一元關係，「我與你」的關係，這就是「互為主體性」或「主體際性」。人只在被視為不可客體化的主體時，才有自己的尊嚴。因此討論人的尊嚴時，我們可以把主題改成：人怎樣才能常為主體？

在知識論中間，認知主體最關心的問題是「人是什麼？」「他是什麼？」；這些問題是在追索賓詞，把具體的某一個人中某些品質加以抽象，再將這些品質放到某一主體身上去，而完成了判斷。比如說：「張三是中國人」、「李四是學者」，這些判斷原是事實，無可厚非，因為張三確是中國人，李四確是學者，並且可能張三和李四因這些賓詞而沾沾自喜。可是某人之所以為某人是超乎這些「類」、「種」等賓詞的範疇的。一切可以歸類的東西，都是客體，或是已客體化的東西。人永遠超出能加諸於他的賓詞和一切判斷。馬賽爾說：「就當他愛時（那是說當他將這個客體再恢復成為主體的時候），他應當絕對地禁止自己對之加以判斷。基督宗教倫理中『你們不要判斷』一語，應被視為形上學中最重要的公式之一。」[1]

從以上這段話可以看出：判斷將人際關係淪為主客二元關係，而愛卻可以修復主體與主體的關係。為什麼愛有這能力呢？為什麼愛可以將知識論超度到存有論去呢？因為愛所針對的不是人的一部分，而是整個人，並且是人最內在、最個人的地方。愛觸及了人的「存有」，這是超越了一切二元分化人之為人的部位，也可以說是人之自由的所在。然而這個被觸及、被發現之「真我」，卻不以「我」的姿態出現，他以「你」的身分向我開

---

1 G. Marcel, *Journal métaphysique*, Paris: Gallimard, 1927, pp.64-65.

放，向我回答，向我表示同情或愛意。也因著「你」的出現，「我」也變成了一個「你」，換言之，「我」不再是一個中心，一個獨立於時空的存在，而是與另一個「你」進入「我與你」關係中的真正主體。「存有」在這裡已不再是主體的所有物，而是主體與主體交碰時爆發的光芒火花。主體際哲學的中心不再在某一個主體身上，而在某一個主體與另一個主體產生存有化關係的焦點上。因此「存有」既非「他的」，又非「我的」，而是「我們的」。存有之體驗即是兩個個別主體成為「我們」之過程中所有的一元體驗。

　　從上面所談的，我們看到人的尊嚴並不是每人在自己內心所密封之某種形上品質，而是在人與人真正交流與坦誠相愛的關係中被體驗、被實現的事實。用士林哲學的術語來說，個別的主體只有潛能的尊嚴，主體際性才給人之為人之幸福與價值之體驗。而只有在主體際關係中的主體才能肯定其他主體之尊嚴，而間接地也肯定了自己的主體性。第二次世界大戰時，猶太人遭受納粹的迫害，他們完全喪失了自己的主體性，因為被其他人視為「物」、「它」。可是就在「我與物」、「我與它」的關係中，納粹黨人本身也失去了自己的主體性，他們之「我」也因其對象均是「他」或「它」而成為「他」或「它」。納粹黨人不需要被判斷、被處決，他們自己的行為已判斷和處決他們成為低於「人」的存在。其他的集體政權也是一樣，當「人」被看成「人民」，變成一個抽象文字時，主體性完全消失，留下的是一片「他」的汪洋大海。而其實，唯物論也是抽象知識論的其中一種──人被人的一部分物質所取代、化約，結果人變成物，不再是人。

因此，人之為人就是人為主體際性中的主體，是愛與被愛的主體，這樣的人才是真正存在的人。這裡我們牽涉到了「存在」這一觀念，我們要看一看這個觀念在馬氏哲學中的演變。

在馬賽爾初期的哲學著作中，「存在」一詞並不暗示一元關係。凡在時間、空間中的人物均是存在，時空中的東西可以與我的感官建立起一種關係，存在也便是感官世界之一切對象。我肯定歷史上某一人物存在的時候，我即肯定可以用一連串的時空關係把這個人物與我連接起來。這樣對存在的看法是客觀的、實證的，與科學家所有的對象是共同的。但在他二十六歲以後的作品中，存在的觀念開始演變。那是在第一次世界大戰爆發後的第二年，馬賽爾在紅十字會資料中心服務，體驗到人間淒慘的悲劇生涯，而對不可化約不可客體化的「你」有了極深的體悟。也正因著「你」的出現，他自己的「我」終於獲得解放。這位年輕哲學家的主體不再是知識論之認知自我，而是同情別人關愛別人之「你」。因此馬氏逐漸肯定，只有當一個主體成為「你」的時候，他才真正地存在，不然，他只是客體，與別人毫不相干，別人為他不存在，他為別人也不存在。「存在」在這第二個階段與價值和意義完全結合。簡言之，馬氏第二階段的哲學不再理睬純粹的客觀存在，而只重視有意義有價值的一元存在了。在《形上日記》最後，馬氏附加了一篇他在 1925 年發表、取名為〈存在和客觀性〉的文章，他清楚地指出存在與客觀性水火不能相容，而存在已包含了「臨在」的意思了。由於存在異於客體或物體，因此可以有「存在化」之稱謂。這是說：原先尚未進入價值關係的存在物，現在有了價值。以人來說，原先與我漠不相關的陌路，現在為我是真正的存在了。因此從價值與意義來看存在的

話，我們可以說有許多人為我們幾乎是不存在的，而我們也發現自己在那些人面前幾乎是不存在的，甚至對自己來說有時候我似乎也不存在。存在與否在這裡包含了價值判斷。為存在哲學家來說，只有以這種方式來討論存在，哲學才有意義。這樣，人有尊嚴與否的問題等同於人存在與否的問題了。

很明顯地，由於工商業發達，人際關係變得稀薄，此時，存在的人可能會越來越少。因為在忙忙碌碌的生活中，每一個人都活在他的功能性職業化的生活中，好像是大工廠中的一枚螺絲釘，一個機件。他機械化地工作以謀生，貢獻自己的一部分為使大機器正常地運作，但他也逐漸變成這大機器之一部分，這時候他就活一種低於存在的生活，我們中文稱之為「行屍走肉」，很是確當。這樣的人沒有什麼尊嚴，因已失去了人之為人的感覺。對於這種現象，馬賽爾看成是「存有」意識的喪失，[2] 人淪為物，死亡乃是工具的報廢。

為恢復存有的意識，提高存有的渴望和需要，馬賽爾創造了臨在的哲學。臨在是存在之完全的「在」，是存在者進入一種無可懷疑的一元關係之中。在臨在中，主體體驗到主客關係已被超越，人以最自由的心情把自己敞開給另一個主體，無條件地奉獻自己一切內聚的關心與熱愛。臨在使兩個（或更多的）主體互相成為「你」，互相接納對方到自己內心，讓自己被對方所影響與塑造，使自己的主體性變成多元的主體性，使我愛的人們在我心內與我構成一種牢不可破的形而上關係。

2　*The Philosophy of Existentialism*, p.9. 參本書附錄一〈存有奧祕〉一文，頁291。

> 我所愛的人們，不只在我身上反映出來，他們還住
> 在我內，他們成為我的一部分。單子論有雙重錯誤，因
> 為我既非一個，又非單獨的。[3]

臨在就是存在之高峰，「我與你」深刻交往的體驗。在這種
體驗之中，主體已化成共同主體，主體之間的差別反而成為內心
默契溝通的要素。「你」同我在一起，「在一起」和「同」都具
有形上性，因為它們表達了存在的一元關係。「在一起」不是外
面的可計量的距離減少，而是精神的心靈的共融。共融使已有的
臨在感超越時間與空間的限制，甚至超越死生之隔，因此可以有
忠信與希望。忠信是謂忠實於在臨在關係中締結的「你」，一切
考驗不能腐蝕我對「你」的愛。希望是相信愛的永恆，我與你要
永遠在一起，因為我絕不會出賣你，我也相信你絕不會離棄我，
我們會超越一切隔離的情況而重新相遇，永遠結合。

可能有人看了這段話會覺得可笑，好像癡人在說夢話，哪裡
會有這樣的事。這種譏笑的反應是避免不了的，因為我們處身其
中的文明迫使我失去存有感，失去人與人締結深度關係的機會。
因此人否定存有，否定意義，而悲觀、絕望、自殺層出不窮。無
數的人活著非人的生活，根本沒有存在過。現世的唯物主義、功
利主義都在叫人集體自殺，叫人不存在，叫人喪失人的尊嚴。

人若不成為「你」，人就不存在，人就喪失尊嚴。但是馬氏
卻認為每一個人常是一個你，常可能真正存在的，因為每一個人
都與「絕對的你」建立著一種「我與你」的關係。這種關係不一

3　*Présence et immortalité*, p.159.

定被我清楚地意識到，但這種關係必然存在著，因此我存在著。人之追求意義，人渴望滿足，人因分裂而感到痛苦，因和諧而感到安寧，都說明了「存有」並非幻想的產物，而實在地深植在我存在的底淵。存有就是主體際性的要求，它需要某種絕對的體驗而感到實現和滿足。任何人際關係或人與外界的一元關係都是這種絕對性的具體實現之一種方式。而「絕對的你」就在一元關係中直接地被體認，因為「絕對的你」與「你」是分不開的，「同我在一起」即絕對者以某種方式與我在一起，因此生活在愛中的人必然肯定永恆，對生命意義不會懷疑。然而絕對的你與主體之關係不必借助第三者，凡是存在者都因進入與「絕對的你」的一元關係而能真實存在，換言之，一個即使被任何人遺棄，過著外表絕對孤獨之「他」的生活的人，還可以是一個存在的「你」，因為他被絕對的你所愛、所肯定。如果說人類本身有尊嚴，那是因人類本身在締結任何一元關係之前，就是絕對的你所愛的對象。由於肯定了絕對的你，人的「你性」才獲得保障。

「絕對的你」這一個觀念之出現，把人與人之間的關係拓開，要求實現愛的普遍性。只有當某主體視其他一切人均為主體，均能愛之如「你」的時候，他才擴充其存在到最大的幅度，因為由於他的仁心博愛，他使更多的孤獨心靈進入到無私的愛誼之中，「他」化為「你」，而開始真實存在，開始獲得他的尊嚴。因此無私與博大的愛是「絕對的你」之活見證，它使人類潛存的「你」性抽芽成長，使不存在者（客體）終於變成存在的。只是這類無私與博大的愛本身要為「存在化」支付相當龐大的代價，有時要犧牲自己一切所「有」，甚至自己的「你」，為使更大的愛和寬恕能在世界上出現。

這些能使愛滋長的人是「一元化」的化身，他們所到之處，垂死和絕望的心靈得以重振，分裂與爭執得以消解，真誠取代虛偽，熱誠取代仇恨。人類的尊嚴就要在這種不抽象的愛的關係中被實現、被體認。「絕對的你」不是別的，乃是那化解人內心之自私，且保證愛力之持久的那一位，稱祂為「存有」、或「愛」，或「絕對臨在」，或「一元化本身」都可以，因為祂可以無名，並以「無」的身分進入「有」，使「有」成為存在。

（1979.6《哲學與文化》）

4 比較沙特與馬賽爾

　　沙特和馬賽爾，皆為當代法國大思想家，皆為存在主義的哲學家。兩人的不同之處在於前者是無神主義，後者為有神主義，沙特也自稱是無神的存在主義者，而稱馬賽爾為有神的存在主義者。巧的是，十九世紀也有兩位互相對立的存在主義先驅，即尼采和齊克果，而兩個人的區別也在於一為無神論，一為有神論。這裡，我們將就無神與有神之不同論點來探討並比較沙特和馬賽爾思想內涵的異同。

　　馬賽爾哲學，可稱為「更」存在主義，沙特哲學，則可稱為「不」存在主義；為什麼呢？在討論之前，我們先來談談存在主義在西方哲學中佔有怎樣的地位。

　　西方哲學，不像中國哲學以人的生命、人際關係為重，而是講求宇宙論、知識論，探討的是人以外的世界。由於強調瞭解宇宙，而人屬於宇宙的一部分，因而也是被瞭解的對象之一。由此而產生的哲學，非常重視客觀性，凡事立場要穩，要拿得出證據，而且要抓住事物的本質，提出一普遍性的定義來。例如探討人，就要抓住人的本質，找出一個適用於每個人的定義（如亞里斯多德所言：人是有理性的動物）。這種哲學重視普遍性，尋求一適用於任何個體之通則，這便是西方哲學向來的傳統。

　　到了十九世紀，西方哲學開始談到「存在哲學」，重視的是存在，而不是本質。它的口號即「存在先於本質」，叫人由柏拉圖式的觀念王國——即天上的世界——降落到人間世界，回到人

的生命和人的問題中。因此，關心的焦點不再是知識的後果或人的理性對世界關係的探討所得的思想結果，而是在人的知識和理念尚未形成前，人與世界之間原始而未被抽象的關係。此種關係以專門名詞稱之，即「一元化的關係」，即人同世界融合為一，尚未分割時的一種關係。而存在哲學，便是進入這一元化的層次，從經驗中探討經驗所帶給人的存在深度，至於「二元化」，則是本著這種存在經驗，予以理智的分析，因而便產生二元，即我是我，物是物，有著主體與客體之分。這種分立的關係固然便於知識的探討，可是卻完全失落了存在。存在主義，便是要人回到存在，人的世界，回到「一元化」的存在經驗中，因而把經驗看得比知識還重要。馬賽爾就曾說過：「即使是最微不足道的經驗，只要充分地活過，也可能有其重大的意義，並被無限地深刻化。」

這種充分地過生活，便是一元化的生活，如果你從無一元化的生活，一直都在人、物相隔的情況下度日，就談不上有真切的經驗，因為你一直都處在經驗的邊緣。

正因為存在哲學強調存在，強調被抽象之前的經驗，因而人生平面上一切戲劇化或悲劇性的真實，從存在主義的立場來看，都非常重要。比如喜、怒、哀、樂，原為理性哲學家所不屑一談的，但卻成為存在主義的主題，因為它強調不要抽象。另一方面存在主義重視個體，此與原先之重視傳統和大制度迥然有別。由於重視個體，所以存在主義最反對把個人看成像螺絲釘一類的零件，或符號、卡片之類的東西。因為不重視個體，也是一種抽象的哲學態度，而你如果常把人抽象，就不會瞭解具體的個人，遑論尊重其他的主體了。

　　尼采與齊克果為存在主義建立了在西方哲學中的基礎，兩人同樣都反對集體主義和傳統上已僵化的宗教形式。有神論的齊克果找到一活潑的宗教信仰；尼采則高呼上帝已死，要別人別再想望天上，而要回到人世。到了二十世紀，兩次世界大戰把西方傳統的理性哲學一概否定，因為那麼美麗的哲學理論，一旦臨到人類的野蠻和獸性，整個傳統知識架構便蕩然無存了，兩千年來的哲學既被否定，是以各哲學家便開始把存在視為當務之急了。

　　當代四大存在主義思想家：海德格、雅斯培、馬賽爾、沙特。沙特自稱與海德格並列，為無神的存在主義者，並將馬賽爾和雅斯培並列，為有神的存在主義者。他強調「存在先於本質」，認為先有存在，再由存在創造本質；舉凡人的人格、人性或個性，皆個人所自塑，人有其自由抉擇來決定他可以變成怎樣的人，本質是人後天努力的結果。而由於人具有這種絕對的自由，所以不會有神，如果有神，人就會有先天的本質，而侷限在其中，而這點與人的自由不符合。

　　不過雅斯培與海德格，皆因反對沙特，不願與沙特相提並論，便否認自己是存在主義者。馬賽爾雖起初接受沙特封給他的稱呼，兩年後也正式否認了。儘管如此，馬賽爾確是一位廣義的存在哲學家，因為他強調真實的存在、注重充實深刻的生活。

沙特的不存在主義

　　為什麼叫做「不」存在主義？可分為兩方面來說。

一、**從本體論而言**：其兩大範疇為「有」與「無」（Being

61

& Nothingness），而主要的內涵在「無」。以人的意識為例，正因為意識為「無」，為「空」，所以可觀照世界，認識外界，從而判斷或否定——即「無」化，把過往一筆否定，使過去歸於無——這是人的自由。不僅對自己，對別人也一樣可以否定，使之歸「無」。人的一生，經常是「無」的不斷作用的結果。「無」可以生「無」；此種「無」，說明是一個 lack（匱乏），因而他要尋找「有」，以填滿自己，也因此人永遠不停追逐，但追逐了「有」之後，還是不滿足，因他本身為「無」，「無」突然盛滿東西，覺得不自由，因而不斷「無」化，以保持自由，再追逐新的東西，而永遠無法填滿。因此沙特認為人的追求是無用的、無望的，人的存在為無用的樂趣，在酒吧中買醉，與治理國事同樣無益，人的一切活動不過是空洞的熱情。光由沙特的本體哲學來看，它有著悲觀的色彩。

二、從人際哲學而言：為「二元的哲學」，我即我，他是他；我是主體，他是客體，兩者不可同為主體，因而不可並存、勢不兩立，人我的關係存於對立中。如偷看別人時，覺得有人看到我或瞪視我，心裡便恐懼、害羞。所以他人的存在，對我是一大壓迫；別人一存在，我就不存在了——此即「不」存在哲學。如果我想改變形勢，便要反過來瞪他，更凶且更輕視地盯住他，好使我變為主體。

這種對峙的人際哲學，經延伸而成為沙特的「無神論」。沙特認為：人如果有尊嚴，有自由，就可以把那同樣與他對峙、令他不快的上帝否決掉。因為別人的瞪視，對我都已經無可忍受，更何況是那看不見的上帝？只要上帝存在一天，人就註定要受祂的威脅，而人是具有自由和尊嚴的，因此大可把上帝否決掉。對

沙特而言，神就如「別人」一樣，只能是「別人」，不可能是個朋友，或為愛他的上主。神只能與他維持一個「我與他」的二元化關係，不能有「我與你」的一元關係，當然，更不可能是個愛他，與他結合的神了。

在沙特看來，人與人之間既是對峙的，所以人的慷慨之最大功用，便是在控制人，甚或破壞別人。給人禮物，就等於是奴役別人，所以他說 to give is to enslave，也因此收禮物之後，就不自由，就要受制於人了。在其著作《無路可出》（*No-Exit*）一書中，他提到：別人之於我，形同地獄：別人的瞪視，都是一種折磨，而人與人之間彼此都幫不上忙。在另一本著作《嘔吐》（*La Nausée*）中，他又說：存在是孤獨、蒼白、嘔吐，因此他怕存在，存在是荒謬的。像這樣無望無趣的無神論觀點，等於替無神主義做了反宣傳。人在生活中，某一時期可能頹喪、無望，以致覺得存在的荒謬，但不至於願意把這種觀感引為人生的方向或目標，從而予以肯定之。如果一種哲學能振聾發聵、予人希望和生趣，自然有人信從，但如果只令人頹喪、無望、痛苦，則實在很難確知有多少人會喜愛。所以，沙特的無神主義，算是很失敗的無神論。沙特於 1905 年生於巴黎，同年父親去世，他的童年相當孤獨。家人的宗教信仰只流於形式，因此不僅沒使得他有心靈的寄託，反而讓他日後完全否定了宗教信仰。他曾說：「我之所以無信仰，並非由於教義的衝突，而是因為家人（外祖父等）無可無不可的態度使然。」因此他的無神論，並不是理性的發現，而是認為徒具形式的信仰，毫無意義，可有可無，所以便乾脆予以推翻。不過他對二十世紀的存在主義，確實有相當大的影響。他的「不」存在主義，不只是神不存在，人也不存在，因

為人既只是個「無」，本身就不是「有」；而人際關係中若只有那些否定性的二元關係的話，照馬賽爾的哲學看來，人也是不存在的。

沙特之所以發展了這樣的哲學，與他從無深刻的「一元」體驗有關。他似乎從未接受過無我的禮物，從未發現過一個真正的「你」，也從來沒有深刻地愛過。

馬賽爾的更存在主義

馬賽爾哲學，光用「存在哲學」來稱之是不夠的，所以加上一個「更」字，即「更」存在哲學。因為他強調「更」投身、「更」參與，「更」愛、「更」無我、「更」自由、「更」光明。他的哲學是「一元化」的哲學，不僅不同他人分割，而且要求與人合一，與物合一，與大自然甚至與神合而為一。

如果說沙特有很孤獨的童年，馬賽爾也一樣。他四歲喪母，父續弦，無兄弟姊妹，因而他從小到大，皆在孤獨中度過。在他看來，人生最大的不幸，是無可奈何地孤獨，而缺乏與人交往，更是不能忍受的殘酷。正因為他孤獨，所以便尋求與人建立關係，尋找友誼和愛，最後發現了存在，從而建立他的存在哲學。第一次世界大戰期間，他在紅十字會工作，看到許多前來尋丈夫、兒子的軍人家屬，從那些焦灼、痛苦的臉孔中，他看到一個個具體的「你」，一個個尚未被抽象、分類的「你」。自此，他便由過往二十年來的唯心論，跳躍到存在哲學。另外值得一提的是他有著美滿的婚姻，夫妻間相當有默契，妻子成為他許多靈感

的泉源，因而他認為生命是喜悅。四十歲那年，他信奉天主教，此後從未否定信仰，而且還以宗教信仰來整理過去四十年來的思想。

他的存在哲學可分為兩方面來談。

一、**哲學思想**：他曾寫一書，即《是與有》（*Être et Avoir/Being and Having*），[1] 叫人從存在到存有，而非從佔有到被佔有。其中 Having 是只企圖佔有；凡事皆為自己打算，只求愈據愈多。Being 則是存有，不求自己的私利，反而求別人的成長。如果我想佔有，最後一定被佔有，成為佔有物的奴隸；但如果我超越佔有的企圖，則非常自由，因為我不必佔有。比如交朋友時，我太在意對方，不希望他同別人交往，想獨佔他，結果我反受束縛。但若我不企圖佔有，只甘於同他的來往，這樣我反而幸福。常怕會失去的友誼，如何會有幸福可言？

因而馬賽爾不強調「存在」，而強調「更存在」，此「更存在」的過程，即「存在化」，叫人在變化中愈來愈步向存有的境界，而同存在歸於一元。就如電影《窈窕淑女》[2] 的女主角由結結巴巴，進而口齒清晰，與人溝通；在開竅時所表現的洋溢出的喜樂便是「存有化」之佳例。在日常生活中，存有化並不多

1　編註：本書由作者中譯，參陸達誠譯，《是與有》，台北：臺灣商務印書館，1983 初版。

2　編註：電影《窈窕淑女》（*My Fair Lady*）上映於 1964 年，喬治·庫克（George Cukor）執導，奧黛麗·赫本（Audrey Hepburn）、雷克斯·哈里遜（Rex Harrison）主演，改編自蕭伯納（George Bernard Shaw, 1856-1950）舞台劇《賣花女》（*Pygmalion*）。電影講述一位上校與亨利·希金斯教授（Professor Henry Higgins）打賭後者是否能將來自社會底層的賣花女伊萊莎（Eliza Doolittle）訓練成氣質高雅的窈窕淑女，經過長期艱苦的教導，希金斯教授終於成功將賣花女轉變成上流社會的大家閨秀，過程中兩人卻不自覺愛上了對方。

有，不過當人有了一元的關係，「存有化」就出現了。沒有「存有化」的人，只是「行屍走肉」，只是「衣冠禽獸」，並無真正的生命。存有化，可以化腐朽為神奇，讓人變成一個新人，讓一切生命的內涵全部湧現。它叫人活得更充實、更完全，叫人過 Being 並非 Having 的生活，最後達到真正的「有」，而得到完滿的幸福。在存有化的時刻，人感受到的是驚喜，因為他發現了整個的別人和整個的自己。笛卡爾以懷疑的方式探討存在，最後找到了「我思故我在」，這種方式對馬賽爾並無作用。他認為人在存有化的時刻，已經如此地深入存在，因而根本不需要懷疑；懷疑是二元化時才有的態度。人在面對良辰美景時，不可能懷疑，反而全心地領受。馬賽爾要我們在有可能一元化時，進入一元化的存在，別用懷疑的方式去排斥存在，導致二元化的生活。

馬賽爾的哲學（尤其是「存有化」的層次）可以用四個字來表達（一）快：有如面對良辰美景，一下子就進入其中，不假思索；（二）新：新的發現，在友誼或人際關係有新的，迥然不同於往昔的領會；（三）深：不膚淺，不是今天有的友誼，明天便可能斷絕了；（四）滿：覺得完全飽滿了，不再覺得飄浮、無依，反而一下子就充滿，一切（包括死亡）都被超越，都不成問題了。此外，馬賽爾一元化關係的存在，以臨在（présence）來表示。臨在就是完完全全、充滿愛心的「在」，將整個的我給予對方的「在」。如母親為了孩子，置自己的幸福於不顧，世界上還有比這個更大的臨在嗎？討論存在，如果忽略了這樣常見的例子，實在是以偏蓋全，站不住腳的。無可否認地，存在中有許多悲慘的事，但人的偉大處即在於化腐朽為神奇，化悲劇為喜悅，不為悲慘所奴役，反而跳得出來，把自己和別人拉到「更」存在

的境界。從臨在的經驗中，人與人可以有很深的、無私的、真誠的關係，而情到深處，確實能體驗到所謂的絕對和永恆，也能知道人生可以有怎樣的深度。這裡的絕對和永恆，是由「質」的角度而不是由「量」的角度來看的。

二、**人際關係：**以「存有化」的立場來解釋，對馬賽爾來說，「他人」是「可能給予我臨在經驗之主體」，因著他人的出現，使我領受到生命中最寶貴的臨在經驗。我與他同為主體，相互尊敬，不必因為彼此瞪視而互為消長。在沙特看來，他人即地獄，即客體，我與他人的關係為 I and he，I and it，在馬賽爾看來，他人是可以豐富我的生命、與我互為開放的主體，我與他人的關係為 I and You，兩者皆立於平等的地位，無主客體之區別。

由人際關係的肯定，馬賽爾也肯定了人神關係，在他看來，神是人體驗到最完美的臨在經驗之對象。他的宗教信仰為 From being to Being，即由人際關係中深刻的存有經驗，進而溯及人神合一的境界。這種哲學是入世的，不像尼采所言「一旦與神交往，就完全忘卻人間」，反而由人與人之間深刻的交往而體驗到神對我的內在關係。

因此，馬賽爾的哲學是一元的哲學，對他而言，一加一並不等於二，而是合而為一的一，這與沙特的二元哲學實在有天壤之別。

（1980.3《哲學與文化》）

5 「無我」與「有我」哲學的自我實現觀

　　讀哲學史，我們知道有「有我」與「無我」兩種思想之分。佛教主張無我，認為生命由業與因緣所生，沒有「常住我體」，沒有所謂靈魂。如果把自己看成「有」，就是執迷不悟；佛教的工夫就是使人從「有」回到「無」，以獲取解脫，自我實現乃變成自我無化的過程。

　　西方哲學中主張「無」的以沙特較為突出。沙特從知識論推到本體論，推論的方式如下：凡存在者就是「有」，有就是實在的滿，沒有空隙，而人的意識不是如此。人的意識常能包容別的東西，常能意識到別的東西，因此它本身必須是空的，必須是有空隙的，它不是「有」，不是「存在」。沙特的結論是：由於人的本質是意識，而意識不是存在，所以人也不是存在，人是「無」。沙特的結論實在已預設在他對存在所作的定義之中，由於他把「有」只限於滿實之石頭式的存在，因此人不可能是「有」，不可能是「存在物」了。

　　沙特的自我實現是什麼呢？他既主張自我為無，那麼他要實現什麼呢？他要實現的是去掉有，也就是作「無化」的行為。沙特之主體為具有「無」性的意識，是一個不是有的「主體」；因為不是有，所以享受完全自由。這個自由也有行動，他的行動就是化有為無，他能把主體身上之「後天有」和「自以為有」無化掉，也能在主體外無化其他有，無化別人之有或上帝之有。沙特

之無是一個有行動、不停自我否決也否決別人之破壞意識。他的自由是為了使「有」消失，使意識常常保持空無的狀態，使一切能阻礙他的東西消失。自由本身成為自由的目的。自我實現也就是要實現「無」。因此，沙特哲學中沒有自我實現說。

那麼「有」和「有我」的意思怎樣解釋自我實現呢？首先我們可以肯定：只在有我哲學中才有自我實現說之可能。有我哲學把我之存在看成事實。我是一種「有」，但不像石頭式的有。並且自我固然有無化的能力，他本身卻不必是無。至於他能包容其他有，能意識到其他有，但他不必是一個「沒有」。自我可以說是一種「妙有」，既「有」又如「沒有」；它是一種有彈性的存在，它可以以「沒有」的方式去「有」，有了可以更有，而不失其自由，他的「外在有」或「潛在有」都能幫助他在存在的層面上成為「更有」，成為更高級的有。從這種哲學角度來思考，我們就有討論自我實現的餘地了。

有我哲學或主張「有」的哲學認為自我實現的終極目標是把自己變成一個「你」，變成一個其他人可以進入「我與你」關係之「你」。有我哲學（主張有主體之哲學）當然要發展他自己，然而在發展的過程中，他發現除非他超越自我，他無法完成自己。怎樣超越自己呢？超越自己就是要主體與其他主體締結「我與你」的關係。關係的雙方都是「你」，都是已將「自我」化成為對方之「你」的主體。換言之，他已不再是一個孤立的自我，封閉的主體了。以自我為中心之主體是「他」，「他」不作自我超越。「你」則是自我超越的成果。從「我」到「成為別人之你」的過程有時是非常艱辛的過程，因為自我不讓自己解體，緊緊把持自己不放。「你」卻是向外的、施捨的；「你」甘心讓自

己的所是所有與別人分享。然而就在這種自我捨棄的行止中，他真正地完成了自己，實現了自己。

「你」其實是有愛心的主體，是真誠無私之友誼或愛情的締結者。他的生命之所以會變得豐富，因為他在捨棄自我的同時，把所愛者最優美的品質吸收到自己的生命中來了。其實他並不吸收什麼，只是在做生命的深度交流，共同享用雙方的精神財富。逐漸地，這兩位主體從「互為主體」（intersubjectivity）到「同主體」（co-subject）的境界。以形體來說，他們還是兩個，然而以精神來說，他們已經不能分開，他們對許多事物的判斷與反應愈來愈趨一致，好像是同一個主體一般。他們仍然不失自由，然而自由在真誠的敬意和愛心之中開花結果，此花此果就是「你性」，此刻之「我」已成為可為別人之「你」的主體，他的自我實現到此告一段落。

從「有我」到「成為另一位之你」還只是自我實現之第一階段。此後，這個具有「你性」的新我尚需不斷超越，才能與更多的主體交通，才能使他的「你性」充量實現。然而人的最高自我實現必須要在與「至高的你」締結「同主體」關係才能無止境地超越，並且由於與至高你結成同主體，他開始向更多原先與自己漠不相關之主體開放，其中不少或許因缺乏遇到愛，他（們）的「你」而永無機會實現自己者，現在開始可能實現他們的「你性」了。結果有我哲學之自我實現從有「我」到成為其他主體之「你」，而最後達到「實現我們」之「同主體」。他之「我」已不再是原先的「有我」之我，他之「我」已成為眾多人之「你」。

（1981.1《哲學與文化》）

6 存在、存有與形上希望

二十世紀的存在主義大師，如沙特、卡繆、卡夫卡（Franz Kafka, 1883-1924）等人給讀者一種悲觀的印象，好似存在基本上是荒謬的東西，生活便是無奈。同期的馬賽爾卻揭開了存在的另一面，他從表面的滄桑把讀者引入存有的核心，從存有的深度來理解人性，並詮釋人性。結果，馬氏發現人心存有大量的希望潛能，而絕望卻是開發這類潛能的契機。

馬賽爾在四十歲時皈依了天主教，這種有神信仰是否是他的希望哲學的來源呢？還是人性本身便是如此的？

本文一面嘗試說明馬氏形上希望的真諦，同時討論其思想之普遍適用性，也就是說，有宗教背景的形上思想是否尚能列入哲學的行列，成為眾生的明燈？

前言

馬賽爾在 1933 年到法國南部馬賽市作了一次以「存有奧祕」為題的演講，[1] 其中提及「悲劇生命中的希望」，把絕望看成無敵希望的跳板。1942 年法國被德國佔領期間，馬氏應里昂

---

1 陸達誠譯，〈存有奧祕之立場和具體進路〉，《哲學與文化》，第九卷，第 8、9 期，1982.8.9。該文收入本書，請參閱附錄一。

市天主教耶穌會神學院邀請作了一次〈以希望現象學和形上學的草案〉為題的演講，此文以後收入《旅途之人》[2] 一書中，而該書副題亦標為「希望形上學導論」（Prolégomènes à une métaphysique de l'espérance）。這個作品使馬賽爾的哲學變成希望的代言人，與同時代沙特的思想形成強烈的對比。

是什麼因素使忍受同樣的歷史遭遇的兩位哲學大師產生不同的存在立場和斷言呢？這是非常有趣及值得探討的題目。

馬賽爾生於 1898 年，父親是高級公務員，曾任法國駐瑞典大使，國家美術館、國家圖書館和博物館館長。馬氏四歲喪母，父親娶了姨母，家庭雖然富裕，卻絕無宗教氣息，因為父親和後母都已丟棄傳統的信仰，成為不可知論者。馬氏就在毫無信仰的氛圍中長大。

二十歲時，他考得哲學碩士，論文是比較柯律芝（Samuel Taylor Coleridge, 1772-1834）和謝林（Friedrich Wilhelm Joseph von Schelling, 1775-1854）。以後他一面教書一面撰寫博士論文：《宗教之可理解性的形上基礎》。在研究的過程中，他把心得寫成日記。1927 年發表《形上日記》，1935 年發表《是與有》，1959 年發表《臨在與不死》。這三本日記構成他其他所有哲學著作的原料。而「希望」這一觀念是在《形上日記》第259 頁上首次出現（1920 年十二月二日），到《是與有》第 106 頁起才有密集的討論（1931 年三月十五日），以後就是文首提及的兩次演講。要研究馬賽爾的希望哲學應從《是與有》一書開始比較合理，而《旅途之人》中之一文較為完整。不過，我們

---

2 *Homo viator*, pp.35-86.

得問：為何「希望」這個觀念密集地出現在他 1931 年的日記中呢？是他的閱讀和遭遇激起他如許的反省嗎？

熟悉馬賽爾的同道會記得馬氏在 1929 年四十歲時獲得恩寵的經驗，[3] 十八天以後領洗皈依天主教。希望之觀念卻是在他領洗後第二年才在他日記中出現，那麼這種能克服絕望的「無敵的希望」是他信仰生活的副產品嗎？他的希望哲學是宗教性的斷言抑或是哲學反省的成果？如果是前者，則他的希望哲學會有普遍價值，能放之四海皆準嗎？其有效性只侷限於具有同一信仰的文化團體嗎？

本文分兩部分，先詮釋馬賽爾對存在和存有的觀點，從這些基本觀點上我們再上一層樓，遙望存有展示的遠景──希望。最後是結論。

存在及存有的真諦

如果海德格把存在分成存有者（Seiendes）和此有（Dasein），而認為只此有能開顯存有，因為此有追問及理解意義而列於可用範疇來說明的存有者以外者，[4] 我們在馬賽爾哲學中可以找到接近的解說。馬氏認為可以被視為客體而無開展內心生命者為「他」或「它」；而能成為真正的主體，並能深入存在的奧祕，體會絕對臨在的是「你」。從「你」的發現到其層層內

3　《是與有》，頁 8、13-14、17。
4　項退結著，《海德格》，台北：東大，1989，頁 11。

涵的展現，人能抵達超越性的肯定。內在超越是說明生命之真實和深度，從這個生命底層可以開發出人最原始與寶貴的潛能，此指忠信和絕對無條件的愛，以及無敵希望的力量。對存有的認識也基於此點。簡言之，馬賽爾對存在的分析，使人步步深入，而抵達內在超越的存有之境，到此地域，推理思考已無法運作，繼而推出的是氣宇軒昂的斷言。「絕對的你」是在臨在的經驗中蒸餾而出的斷言，是「你」之不能出賣我的最後保證。本部分包括兩節：存在之兩極性及存有之深度與絕對。

I. 存在的兩極性

存在之兩極指存在的事物可以被視為「他」、「它」或可以被接納成「你」，並形成真實的「我們」。

1. 存在被視為「他」或「它」

存在是所有事物的整體，包括人在內。若依人為主體來觀照萬物則萬物因觀者的心態可以成為該主體的客體、對象、或為其「所有」（having）。馬賽爾的哲學基本上認為存在是認知主體藉以推理的基礎和出發點，而非推理引出的結論和終點，因此他竭力抨擊笛卡爾先懷疑存在、再證明存在的做法，因為存在為他是思維的絕對預設。存在不單是「資料」（la donnée），也是「給資料者」（la donnante）。[5] 若然，donnante 存在本身超

5　Paul Ricœur, Gabriel Marcel, *Entretiens Paul Ricœur- Gabriel Marcel*, Paris: Aubier, 1968, pp.20-22.

越主客體之分，兼有主客身分，頗似雅斯培的「統攝者」（das Umgreifende），[6] 具包含主體的超越性。存在跨越「所是」與「所有」（being and having），是一切所是與所有的基礎，因此存在在一切存在物與其對等概念之上具有絕對優位。

在具有絕對優越的存在大全中有許多個別的存在事物，這些個別事物並無來自自身的絕對優越，人以外的存在者由其與人的關係中扮演「有」的角色，只有人通過自覺而能成為主體，有其所「是」的身分。人與人間的關係原則上應是主體與主體的關係，但事實上可因一方的不尊重而被淪為客體，換言之被淪為一種低於主體性的「他」或甚至「它」。

所謂「它」是指某個別人性存有被視為只具使用價值的物品、機器的零件，等而下之，成為奴隸或洩慾的工具。

所謂「他」，原指不具在對話（dialogue）雙方之任何一方地位的第三者，是一個不在場者，是被對話之雙方談及的第三者。[7] 交談的對方，即「我與你」，或許認識他，並且在機會到來時也可以把他轉成交談之對象：「你」。但馬氏之「他」指具有消極意義的第三者，即不可能或極不易成為交談對象之第三者。這時的「他」是被排斥者，被批評者，被視為陌路，被剝奪成為「你」的權利者。

屢次我自己也經驗過成為別人對談中的「他」，那時，我自己被漠視，被丟棄到沒有聯繫的類品之中。當我願意問人什麼

---

6 黃藿，〈雅斯培的統攝者概念及其形上學〉，《哲學與文化》，第十三卷，第 3 期。

7 *Journal métaphysique*, p.145.

時，卻得不到回應，並且幾乎絕無希望獲得回應[8]時，這時我的主體瓦解了，「當我的對話者愈外在於我時，我即刻以同樣程度愈外在於我自己」，[9]即我的一致性被分裂，我內在之非我性逐漸增強，我把自己也看成陌路，我成為自己排斥的對象，我乃成為一個「他」。

2. 存在被接納成「你」

與「他」恰好相反的是「你」，這個「你」不只是代名詞，而是包含內心的開放、尊重和喜悅的關係。「你」的最明顯的特色不是稱呼，而是內心的信任和接受。在真誠的你之前，我的自我性得以解放出來：我不再是獨我和唯我；中心改變了位置，就像馬氏所言：「愛環繞著一個中心旋轉，這個位置既不是自我的，又不是別人的：這就是我稱之為『你』的位置。」[10]

「你」的位置是一群主體的共同位置，他們彼此臨在，彼此開放，彼此接納。在臨在中體驗自己生命的開展，內心的富源汩汩流出。體會到對方，在我需要他時，可以完完全全地「在」者，這也是我自己能完完全全地在的時刻。在最高級的臨在中，個體的焦點完全在對方，付出時絕無保留，也不作任何對自己有利的計算，整個的自己是豁出去了，自我完全融化到「我們」之中。這種絕對的臨在，馬賽爾稱之為 disponibilité，中文可譯成「全在性」及「全給性」。[11]馬氏所用的「存有奧祕」一詞即是

8　Ibid., p.138.
9　*Du refus à l'invocation*, p.49.
10　《是與有》，頁 161。
11　參本書附錄一〈存有奧祕〉一文，頁 318。

以這種臨在為核心的超越經驗。這時候的自我才是真正的自我，也是深度的自我，[12] 因為在愛開放出的自由中，人的全部真實才得以解放，而能以本然的面目出現。深度的自我與其他深度的自我的結合，構成真實的「我們」，主體間不再有主客式對立，而為相互自贈與接納的多元主體（intersubjectivity）。

在愛的互動中，主體內在的潛力大量地被開發出來，此時人有非常豐富和飽滿的感受。另一方面，深度自我之出現奠定了恒久性承諾的基礎，即提供了忠信與希望的條件。馬賽爾的「深度」與海德格的「真實」可以互相比美。

II. 存有的深度與絕對

絕對臨在揭開了存有的深度和絕對，存有的本質終能被人認知。

1. 深度時間的概念

深度時間指一般的生活時間中出現的高峰經驗，又稱「絕對現在」。這種現在不是時間流中一個普通單位，它不隨著時間之變遷而流入過去；這種「現在」要在個人的歷史中一直保持自己的尊位，要成為未來歷史中具有決定作用的主體因素，換言之，未來不是完全新穎，而是此絕對現在之延長，因為在絕對現在這個特殊時間中，未來的核心，即個人最深入及最真實之自我，已

---

12 「我的真我是用大寫寫的我，是我的深我，這個深我是未被損傷的。」G. Marcel, *Le quatuor en fa dièse: Pièce en cinq actes*, Paris: Plon, 1925, p.29.

提前出現，在絕對現在中，未來與過去緊相聯結，而造成一個不會成為過去的絕對現在，這種時間也可稱為「永恆」。[13]

永恆即深度之謂，深度指臨在的深度，即人與人（或神）的關係達到絕對的程度，而這種絕對性的人際關係以無條件性面目自顯的，即上面說過的全在性和全給性。「當我在時間中無條件地愛或做一件事時，此乃永恆進入時間之內，永恆既非無時間的，又非一永恆的延續，而為時間之深度，當它為存在之歷史性顯現的時刻。」[14]「真正地愛一個人，乃是在神內愛他。」[15]「愛只向永恆的東西進言，它把被愛者固定在變幻萬千的世界之上。」[16] 由此，我們可瞭解下面一句斷言之真理性和力量：「我愛你，你不會死！」[17] 深度的時間觀念實在是馬賽爾的時間奧祕真義之所在。瞭解了深度，才能瞭解馬賽爾忠信和希望的哲學。

2. 絕對你

人際關係中的你性達到絕對性的濃度時，絕對你已悄悄出現，絕對你使主體際關係趨絕對化。

科學與哲學試用理性和客觀證據證明出來的神 [18] 只是一個「他」而已，是一個「我與你」對話的內容，而非對話之對象。我人不需要證明自己深愛的「你」的存在，同樣地，神只在成為我們傾訴和摯愛的對象時才是神。

13　*Le mystère de L'être*, vol. I, p.209; *Présence et immortalité*, p.32.

14　*Du refus à l'invocation*, p.295.

15　*Journal métaphysique*, p.158.

16　Ibid., p.63.

17　*Homo viator*, p.194，下文會討論此觀點。

18　*Journal métaphysique*, pp.254-255.

神是絕對你，此指神不能不關心我。神不能不回答我向祂的訴求，神不能視我若不存在，並且在一切境況中，祂永不改變。會降落到「他」的神，不是真神。[19]

絕對你也是眾生的神，祂是每一個具體的人的「你」。當人們尚未把神當作「你」時，他們所想和所談的神並不是神。神對每一個生靈都是絕對你，因此真實的神一定是被認識及被愛的對象，內寓於人際關係中隱密的臨在。

絕對你亦為自由體，因此祂有自己的方式與時間來與個體進行交流，與人間模式或有相似之處，但未必盡然。個體與絕對你交往的模式是自由與自由的交往模式。

絕對你在主體際關係的最深邃的底層。當主體與主體的關係達到內心最深的層面時，他們觸及了自己的根源。這根源如深井之下暢流的地下水，它提供水源並聯結一切水井，「這是匯合締結一切個體之線索的絕對中心」。[20]

人性的脆弱易變顯示出人藉己力無法締結永恆不變的關係；借助於絕對你支援的力量，人才能訂立無條件性的承諾及約定。這時呈現了自由與恩寵的完美結合。[21]

絕對你不只是對話的對象，更是人在絕境中呼喚求援的對象，如太史公所言：「呼天者人之始也，呼母者人之本也，人窮則返本，故勞苦倦極未嘗不呼天也，疾痛慘怛未嘗不呼父母也。」（屈原，《賈生列傳》）

19　Ibid., p.137.

20　《是與有》，頁221。

21　*Le mystère de l'être*, vol. II, pp.144-145.

希望哲學

在「他」、「你」、「深度」、「絕對」的認知背景中，我們已給理解馬氏的希望哲學鋪好了基礎，希望哲學原是馬氏存有論所結的花果。

馬氏將其書之一命名為《旅途之人》，指明人生若過客，邁向一個方向，終點應是一個家園，是存在的圓滿，而非荒謬性的幻滅。旅途中的人有各種遭遇，如迷失方向、跌了陷阱、同伴分散，甚至筋疲力盡，萌生放棄前行之意。有勇氣走完全程者，需要對未來常常抱持希望。人生之旅有出路時，人生才有希望。人生有出路嗎？哲學能領人走向此出路嗎？

馬賽爾給了肯定的回答：「形上學被視為一種驅除失望之魔的法術」。[22] 這個斷言假定了馬賽爾有充分的信心藉形上學把人導向光明的未來。他相信如果我人對存在有正確的瞭解，人對未來也可具備常勝而無敵的希望。希望這一觀念被他視為其作品中「一個超越其他一切概念的概念」。[23] 真的，如果人生的終點是絕望，那麼一切哲學的努力終歸泡影，這是薛西弗斯神話[24] 提示的無奈與悲哀。本世紀人類歷經兩次大戰，飽受囚禁、虐殺、毀滅等界限處境，戰後在荒謬廢墟上重建存有之際，法國瀰漫了一

22　《是與有》，頁 78。

23　Gabriel Marcel, *Paix sur la terre-Deux discours. Une tragédie,* Paris: Aubier, 1965, p.59.

24　編註：薛西弗斯是希臘神話中以狡猾善計聞名的科林斯國王，因欺騙死神桑納托斯和冥王黑帝斯，遭宙斯懲罰：薛西弗斯被打入地獄，需推滾巨石上山，每到達山頂後，巨石便從其手中滑脫滾回山下，只得再重新推上山，如此永無止境重複這個勞動。

片令人窒息的絕望之聲，光看某些著作的名字就可略見一斑：如
《異鄉人》[25]、《嘔吐》、《無路可出》、《早安、憂鬱》[26]。
沙特的名言竟是：「別人是地獄。」在他否決上帝之後爭得的絕
對自由是否能給他個人及全人類開出一條有希望的未來呢？如果
形上學有驅逐失望之魔的責任，那麼應當怎樣驅法？形上學真有
可能給旅人展示完美的未來，並供給旅人不斷提供呼吸的氧氣
嗎？[27]

本部分共分兩節：失望和希望之主體，三種希望。

I. 失望和希望的主體

失望的主體即「他」，希望的主體是「你」，後者是處身於
「我們」內之個體。

1. 失望之主體──他

上文已提到過所謂「他」是主體與主體對話時論及的第三
者，「他」不是交談的對象，而只是交談涉及的內容。

「他」之形成有兩種，一是被迫的，如納粹執政時的猶太

25　編註：1957年諾貝爾文學獎得主卡謬（Albert Camus, 1913-1960）小說，為譽作
　　「存在主義」代表作，描述一個心靈上永遠與既定社會扞格不入的「局外人」的
　　故事。

26　編註：法國文壇傳奇作家莎岡（Françoise Sagan, 1935-2004）十九歲時出版的
　　處女座，獲法國「文評人獎」（Prix des Critiques），出版翌年英文版登上《紐
　　時》暢銷書榜首，短短四年間譯為二十多國版本，全球銷售五百多萬冊，在世界
　　掀起一股「莎岡現象」。

27　*Homo viator*, pp.10, 79.

人，毫無選擇能力地被排斥和被殺戮。另一種是自己選擇的，即主動地選擇旁觀的立場，站在存有的邊緣，不肯參與，不願付出，是一種絕對的自我中心者。這種人除非患有精神疾病，不然的話，他在走向自我毀滅之路。[28]

拒絕與別人溝通是「他」的特色，把自己封閉在沒有窗戶的單子（Monades）之中，似乎保持了自己的絕對自由，事實上他占有的是一種空乏的能力，他的自由是沒有內容的。對外界的冷漠，對自己利益的極端關心，造成一種孤獨和焦慮，這是馬賽爾所謂的人生之最大不幸。[29] 同時，有些人物往往在社會上享有頗高的聲望和名譽，也不缺乏財富，然而由於精神的空匱，他實是最貧乏的人。

「他」者，是處於「有」的層面的存在，是形而下的客體，是物化的人，簡言之，是一種不存在的東西。他的內心不斷地在僵化與硬化，使自己不能成長，而處身在黑暗之域，外表的歡笑並不能遮掩內心的落寞，這樣的個體無法看到未來，也沒有未來。

「他」是失望的主體，即使沒有到絕望的地步，他的存在也只是行屍走肉罷了。

2. 希望的主體——你

當自我走出自己，接觸到其他的主體時，生命開始改變，中心位置也移向外面，這時的主體有可能成為希望的主體。

---

28 見拙文〈馬賽爾、存在主義與現象學〉，《當代雜誌》，第 15 期，1987.7.1，頁 94。

29 *Journal métaphysique*, pp.137-138, 175；《是與有》，頁 94-97。

「你」是「我們」之一員，與其他人締有「我與你」的關係，其生活模式是自我贈予以及歡迎分享存有的富源。「你」的生命是開放的，為他及利他的，時刻準備著為別人服務，奉獻自己的所有。他能夠無私地愛，也肯為愛而犧牲自己。[30]

馬賽爾認為一個真實地愛別人的人不可能成為失望的主體，因為在愛中他參與了存有的富源，他不會貧乏，而能把這種富源施捨於他人，用之不竭取之不盡。在付出中，有愛心的個體體會自己愈來愈充實，不斷地擴展，在他四周都不斷產生新的聯結，新的自我開放，因為愛是有傳染性的，在一片無私的大愛中，人們享受著光明和寧靜，這是存有的共融。具有愛心的「你」，本質上已具有希望及賦予別人希望的一切條件，所以「你」是希望的主體。

II. 三種希望

馬賽爾指出希望有三種，[31] 第一種是普通的希望，第二種是形而上希望，第三種是基督徒的希望。第一、二種希望有普遍性，不預設宗教信仰，第三種卻是信仰衍生的特殊希望。馬氏本身的立足點是第三種希望，但他推崇的是第二種希望。

---

30 *Journal métaphysique*, pp.137, 145-146, 196, 215-217, 284, 302；《是與有》，頁71。

31 S. Plourde etc., (ed.), *Vocabulaire philosophique de Gabriel Marcel*, Montréal: Edition Bellarmine, 1985, p.199.

1. 普通希望

旅人之能向前繼續行走，一定具有某個目的地。人能繼續活下去，也必有值得他活下去的原因，因此只要活著的人都會有所期待。

普通希望是人對現世的實際事物或福利有所企求，主要的還是在「有」的層面，比如：健康、財富、名譽、幸福等等，包括必需的善、有用的善和悅意的善。[32]

為得到這些善，我人估計要使用何種方法手段，要支付多大的代價，要做多少努力，然後水到渠成。基本上是一種設計（project），未來來自有計劃的物盡其用，也是由人自力爭取所得。

科技的發展提供給人各種需要的物品，使人活得有尊嚴並滿足。醫學治療的改進使人延年益壽，增長現世的歲月。人類的智慧也使人有把握調解大部分衝突或把它減低到較小的危險度，使人不致受世界大戰及核武的威脅。在緊張的生存空間中，人一直試圖擴充存在的條件。

人類自我設計的努力不單合法並且是應當的，人有責任創造財富並活一個安適的生活，但如果這類設計僅限於現世範圍，那麼它們並不能使人穿透時間，投入無限的未來。對馬賽爾來說，普通希望不能算形而上的真實希望。

---

32 *Homo viator*, p.41; S. Plourde, *Gabriel Marcel, Philosophe et témoin de l'espérance*, Montréal: Université du Quebec, 1987, p.128. 關永中，〈希望形上學導論——馬賽爾《旅途之人》釋義〉，《哲學與文化》，第十八卷，第 2、3 期，1991.1.2，頁 165。

2. 形而上的希望

只有超出「有」而滿足「是」的希望才是真實的希望。真實而絕對的希望不單不建立在以「有」為支柱的普通希望之上，卻以該類希望之瓦解點作自己的起步處。絕對希望之所以能躍入形而上境界，因為它不再依賴一般的可能性。馬賽爾認為是危機與絕境把人最內在的力量開發出來。絕對的希望是以絕對的絕望作跳板的。[33] 在界限經驗中這種希望表現得最透徹，它牽涉到救援的問題，是此岸至彼岸，是「是」之永恆性問題。

A. 形而上的希望預設主體際性

一個自我中心且封閉在自我以內的個體不可能有形而上的希望。因為他既不參與存有，又缺乏內在的資源，在困境時完全侷限在自己有限的能力中，根本無法超越。

在界限經驗之中，最能使人變節 —— 否定存有 —— 的因素是死亡。死亡可謂人生荒謬之首。[34] 然而對馬賽爾來說，個人的死亡並非關鍵，親人、愛人的死亡才是考驗的焦點。[35] 在親愛的「你」之生命到不可挽回的時候，形而上的希望找到了出路。它出現的方式有兩種：一種是相信親愛的對象必會痊癒，另一種是相信「你」不會寂滅。

首先是對患絕症的親人必獲痊癒的希望。馬賽爾說：「不可

33　參〈存有奧祕〉一文，見本書附錄一，頁 308。

34　「這個世界提供給我們的死亡景象，從某一個觀點來看，能被視為不斷刺激我們否決一切並當絕對變節的因素。」（參閱〈存有奧祕〉一文，同上，頁 306）。

35　馬氏去世前六週告朋友說：「我關心者乃親人之死，非我自己之死，想到我自己之死，我並不害怕。」（C. Mauriac, "Gabriel Marcel et l'nvisible", *Le Figaro*, 24 juillet, 1976）參閱本書第二篇論文〈馬賽爾哲學中的死亡和他人之死〉。

能只有我一個人願意他痊癒，實在界在它最深的地方，不會對我所肯定為善的事物採取敵對或漠不關心的態度。」「有一個與我極有默契的神祕原則，它不能不願意我所願意的東西。」[36]

這種希望本身是否能夠產生痊癒的效果不重要，而是對「你」之不會死的肯定才是重要。因為除了少數例外，在垂危時奇跡般地又活了過來，大體而論，被醫生宣佈為絕症的病人是難以往回走的，並且即使這次痊癒了，人還是逃不掉終必死亡的命運。

在必死之現象前出現了另一種肯定：親人雖然會死，但不會寂滅。「你」不會隨著肉軀同歸於盡。會死的只是「他」。肉體之毀壞只能碰及「你」以外的東西，不能損及「你之為你」，而「你之為你」——你的「是」——才是我深情關切的焦點所在。

〈明日之亡者〉一劇中，有位劇中人說了這樣一句話：「愛一個人，就是向他說：你啊，你不會死！」[37]這句話以後屢次被馬賽爾本人引用，來說明愛與死是水火不相容的。因為我那麼愛你，你一直會活下去。許多人在親人去世後，還一直與之以對話的方式訴說自己的感受。「我與你」的關係把此彼兩岸的隔閡彌合，也超越了界限情境的極限。

除了對「你」之不死性的肯定以外，絕對希望對存有也是絕無反悔地肯定。原來，「你」的不死性之信念的基礎是存有的絕對性。「你之為你」分享了存有的絕對性，方使我人能作如許的肯定。

---

36 參〈存有奧祕〉一文，本書頁 307。

37 *Le mort de demain*, dans *Trois Pièces*, p.161.

對存有的整體的斷言是形上希望的鵠的。

B. 形上希望選擇存有

在分析了工業化社會把人功能化的惡果之後，馬賽爾大力抨擊能使人陷入失望的空無觀。所謂空無即認為一切毫無意義，人生與人的活動都不實在。選擇空無即否定存有，也是滑入絕望深淵的第一步。

在〈存有奧祕之立場和具體進路〉一文中，馬氏從一開始就強調對存有的迫切需求，同時肯定存有的絕對價值和意義。他作了如下的斷言：

> 存有是必須有的，因為一切事物決不可能化約到一連串互不相關的表像遊戲──「互不相關」是個重要的形容詞──或者，借用莎翁的句子：（化約成）一個由白癡講述的故事。我急切渴望以某種方式參與這個存有，或許這種需要本身實際上已是某種初步參與存有的事實了。[38]

選擇存有並對存有的絕對關係構成了驅逐絕對悲觀的力量。存有與虛無在意義層次上作誓死戰。由於對存有的絕對肯定，因此我決不向虛無投降，並絕不背信和變節，我不讓自己陷入絕境之中：

十四歲的猶太少女安妮‧法蘭克的證言猶清晰在耳。面對無

---

38 參〈存有奧祕〉一文，本書頁 294。

法逃避的死刑，安娜表現的卻是無敵的希望，她堅持肯定存有，並嚮往存有的完美。在她進入毒氣房那年她寫道：

> 世界愈來愈荒蕪，隆隆砲聲愈來愈近，可能在宣布我們的死亡，我同情成千成萬人的痛苦。但當我仰首望天，我想：這一切要改變，一切要重新變成好的，野蠻的日子要結束，世界要重新知道秩序、寧靜與和平。[39]

形而上的希望不依賴普通希望，直接躍入存有的核心，發出了馬氏所謂的「真正希望的先知性迴響」。[40]

C. 形上希望躍入大自由

失望者體會自己被囚禁於時間之中，自己所面臨的困境若是一個永恆的處境，馬賽爾稱之為「封閉的時間」意識。[41]時間若一座牢獄把人關在裡面，沒有將來，也沒有出口，牢獄中不斷重複機械性的無意義。無敵的希望卻使人從時間的牢獄中一躍而出，[42] 搭上自由的另一岸。這一躍之成功有兩種助緣，其一是人的絕對無望的困境本身，人掉在此深淵中愈深，其超越的力量愈強，因此馬賽爾可說：「悲觀主義者給我們作好了準備為瞭解：失望能夠成為那為尼采一佈滿死亡暗礁，實際上低於本體層面

---

39 Anne Frank, *Journal d'Anne Frank*, Paris: Calmann- Lévy, 1950, pp.302-303.

40 參〈存有奧祕〉一文，本書頁 307。

41 *Homo viator*, p.68.

42 「希望是一股衝力，是縱身一躍。」參《是與有》，頁 71。

之一個最高斷言的跳板。」[43] 另一助緣來自存有的力量。存有通過絕對臨在把自己的力量源源不絕注入存有者。這是由主體相互臨在的經驗開發出來的力量。馬賽爾稱之為「存有的流溢」。[44] 只要主體對存有保持開放的態度，他對存有的流溢常是可被滲透者。而在那「縱身一躍」的當下，臨在的恩澤表現得最豐富，它接上人僅有的能力，使人作最後的一躍。在這一躍中，一切與「是」無關的東西均褪去，走入自由地帶的乃是純粹的「是」。

3. 基督徒的希望

基督徒的希望來自對「絕對你」的信仰。基督徒在基督身上所信的是具體化的絕對你。「你啊！你不會死」，這句話現在出自「絕對你」之口，成為人世超越死亡之希望的終極保證。基督徒所信之神是創造者，也是進入人類歷史，分受過人類命運，最後又克勝死亡進入永恆的基督。基督徒的絕對希望建立在對絕對你的信仰之上。而這位通過死亡、復活而永生的「人而神」給一切旅途中的人們打開時間的缺口，人類隨著祂可以進入永恆。[45] 絕對希望是絕對信仰無條件的忠信之愛的果實。這時，希望與救恩重疊，自由與恩寵攜手合作，自力與他力完美地結合構成無敵的力量。

恩寵是「絕對你」給旅途之人提供的光明和力量，謙遜的心靈呼籲及等待著來自天界的這份援助。然而這份禮物不是後者應

43　參〈存有奧祕〉一文，本書頁 308。

44　同上，頁 316。

45　「希望之出口處並不直接處在這個有形世界之內……希望之出口處是在無形世界裡。」《是與有》，頁 69、71。

得的，對方沒有義務把這份恩寵賞賜給我。[46] 基督徒相信自己終會得到，因此他耐心地等待著。

馬氏給基督徒的希望作了以下的公式：「為了我們，我寄望於你」。[47] 希望的對象是「絕對你」，你之為絕對正因為你為我們中每一個人不可能是「他」，你對我們絕對關懷，你不會讓我們中任何一個陷入無援的失望中。另一方面，我們之所以能成為我們，所以能超越單子般的自我世界，乃因臨在的力量，而臨在之能達到如許深度乃因「絕對你」的絕對臨在。人與人之能達到密契，乃因分享了神的大愛。希望乃是此一團體向神表現的無條件的信仰，並在同一旅途上砥礪互助，最後一同抵達永福的家鄉，面見天父。這種群體性對「絕對你」的嚮往可用「大合唱」[48] 來表達：我們中每一個「你」齊聲讚頌既超越又內在的「絕對你」，在喜悅歌聲中走向永恆的光明家鄉。

總結和反省

馬賽爾的形而上希望和基督徒的希望為他才是真正的希望，這兩種希望都有不靠人力的因素，都使人在最不可能希望的情境中萌發無限希望的能力，使人從現實超越到永恆的世界。基督徒希望中的絕對你是顯化的絕對臨在者，並因基督的神性生命及復活使希望落實，由信至望。在形而上的希望中雖不出現「絕對

---

46 *Homo viator*, p.71.

47 Ibid., p.77.

48 G. Marcel, *Pour une sagesse tragique et son au-delà*, Paris: Plon, 1968, p.207.

你」的面貌，但在無條件的愛和臨在經驗中，絕對者已以匿名的方式臨現，因而給通透時間和死亡的未來提供了保證。這兩種希望並無質的不同，只是在詮釋中有所不同而已，因此即使沒有基督信仰的人也能體會到希望的絕對性；但對基督徒來說，希望的絕對性在人而神的諾言和行為中得到了確切的保證，所以他們的信仰更為堅定，更為不屈不撓，而「絕對你」常保持著在其希望的中心和鵠的的地位：「我和你們天天在一起，直到世界末日，你們將會受苦，但不用害怕，因我已戰勝了世界。」（《若望（約翰）福音》第十八章33節）。

馬賽爾在四十歲（1929年）時皈依了天主教。此後，他對基督的信仰從未動搖過。基督對他來說愈來愈成為主體際性的原型，他在一切具體的「你」的面容上多少都可以看到「絕對你」，而他的存有論終於有了穩固的基礎。八十高齡時，他以口述方式由秘書筆錄的自傳有這樣一段話：

> 基督之光，當我口述這幾個字時，我感到一陣異常的激動。對我來說，基督並不是一個我能對之專注的客體，而是一個光照人者之光。祂又能變成一個面容，更確切地說，一個注視。[49]

下面我要討論他對自然與超自然的啟示宗教間是如何連接的看法。

首先，馬賽爾個人的哲學心路歷程並不預設宗教信仰。然而

49　G. Marcel, *En chemin, vers quel éveil*, Paris: Gallimard, 1971, p.287.

他的基本心態是向真理開放，願意不斷地與宗教對話溝通。如果把他四十歲以前的哲學階段稱為自然理性的反省階段，後半期稱為超自然的理性反省階段的話，他認為至少在自己身上，這兩個階段是可以銜接的，它們是相輔相成的，而第二階段更是第一階段的完成。誠如他所說的：「自然已模糊地象徵了只有啟示能為我們揭開的真理，但以後在啟示的照明下這些象徵會明朗化起來，以至於自然也能起照明的作用。」[50] 形而上希望不假設信仰，但它已內在地表現了人性的深度和嚮往，因此它有普遍的價值，也具備了哲學的合理性。但它的全部內涵卻須在信仰之光中與信仰提供的資訊對質後，才完全明朗。

其次，哲學追求的智慧是一種光，由於光的吸引，旅人才會動身，哲人才能啟程。發現光的過程是一段冗長的摸索期。光源提供的光，即事物的可理解性，也是人的奧祕的真諦所在。馬賽爾在追求事物與人的可理解性中，接觸到了創造者之光，這是宗教崇敬的對象，在這光中他與「絕對你」交談，在「絕對你」中獲得哲學真理的答案，兩種光合而為一，由一個光源發出。由此，他的哲學達到了自然和超自然的完美整合。這是一條他自己走出來的路，而非前人鋪好而只須上路便可到達目的的路。因此馬氏認為他提示的絕對希望也能適用於一切在信仰團體之外或邊緣上的求真心靈，他的進路對一切具有善意的人都能是有效的。

由無條件的愛、絕對臨在及「你」的深度展開的人生幅度，實在是希望的可靠途徑。絕對希望之可能則需要「絕對你」的保證，絕對你的愛和其恩寵的流溢，使有限的人性主體終能超越一

50　G. Marcel, *La grâce, dans Le seuil invisible*, Paris: Grasset, 1914, p.111.

切困境而達到一個最高斷言。基督徒的希望實在是一個對「永恆地與我們在一起」的希望。

（1992.9《政大學報》）

奧古斯丁與馬賽爾的光之哲學比較

前言

　　奧古斯丁（Aurelius Augustine of Hippo, 354-430）與馬賽爾兩位哲士雖然相隔十六個世紀，但他們的心路歷程頗為接近。前者經歷了一番刻骨銘心的殊死戰，終於在三十二歲那年投入天主的懷抱，結束了冗長的精神奴隸生涯。馬賽爾沒有像莫尼加[1]那樣一位聖善的母親，單獨在黑暗中摸索一直到四十歲豁然貫通，接受天主。兩人的皈依都像接受了天主的光，在光中體會愛，在愛中萌生希望，並作終身抉擇。

　　比較奧古斯丁與馬賽爾，積極方面比較多，因為他們的哲學都受到信仰的滋潤。馬賽爾是當代存在哲學大師之一，重視生命體驗，並從經驗出發試圖建構存有論，他的特色是互為主體性。奧古斯丁的《懺悔錄》是他個人生命的寫真，哲學與生活結合，充滿情緒和波折，不愧被稱為存在主義的前驅。奧古斯丁的存有論是以神為中心的，即存在思想家所稱的「絕對你」，或「無限你」，我們可以在他的哲學中找到神與人的多元關係，頗似海德

1　編註：據《懺悔錄》描述，奧古斯丁曾汲汲於慾望、嗜好與個人成就，並信仰摩尼外道，其母親莫尼加（Monica）為了愛子能夠回頭，哭求天主，流盡了眼淚，經過十七年的恒心祈禱，奧古斯丁終於回心轉意。莫尼加是已婚婦女與家暴受虐者的主保聖人，教會視為信仰母親的典範。

格之從「此有」（Dasein）來探窺存有，此有開顯存有，好像接受了來自光源的光，而亦能起照明作用。我們可以避免為奧古斯丁設定一種存有論，而直接從他的著作來看人與光源之光的關係。

有信仰的人，不論基督徒或佛教徒，對光都不陌生。因為信仰所授之光是活生生的經驗，「信」即沐浴在光中，由於光的概念較少神學性，適用空間比「神」寬敞得多。比較兩位哲士的光之哲學其實是比較兩者的神學，不過是從宏觀的角度。

筆者本身研究馬賽爾多年，對他的作品比較熟悉；對奧古斯丁，則僅取其名著《懺悔錄》的資料。[2] 為便於比較，筆者針對兩點發揮：一、由主體際性中體驗存有及存有之光；二、存有之光本身。兩點都是先提馬賽爾，再討論奧古斯丁。我們設法尋找這兩位在中年獲得信仰的哲士對今日的知識份子能提供什麼啟示。

主體際性與存有

馬賽爾自唯心論中走出，以獨特的方式去體驗及詮釋存有。他對笛卡爾的自我哲學毫不留情地大加撻伐，認為笛卡爾的主體建立在以懷疑及知識論趨向的基礎上，大不利於瞭解人性。笛卡爾的「主體」更好說是「客體」。馬賽爾自己的主體哲學建立在

2　J. McEvoy, "Anima una et cor unum: Friendship and Spiritual Unity in Augustine", *Recherches de théologie ancienne et médiévale*, vol.53, 1986, pp. 68-69.

「我與你」的位格際交流的基礎上，他不贊成沙特的「我與他」主客對立觀，並認為所謂存有是在「我與你」交流中之體認。由是，主體際交往的多元模式，如神與人、人與人、人與整體自然，以及友誼、愛情、親情都成為存有開顯的管道。在這種種模式和關係中，我特別挑選友誼來闡述馬賽爾與奧古斯丁體驗存有之光的感受。而友誼又是人類的普遍經驗，因此不難印證，藉之可見道的公平性，並且道不遠人。

奧古斯丁的友誼經驗非常豐富，對友誼的反省既多且久，一直到《天主之城》一書中仍有討論，友誼是他鍥而不捨的題目。他並發揮友誼神學，對中世哲學及其創立的隱修院制度大有影響。不過，把友誼與存有之光拉在一起，則為筆者之嘗試，也是因為馬賽爾的啟發。

I. 馬賽爾的友誼存有學

馬賽爾的「我與你」哲學強調的是人與人間可能發生的一切積極關係，並把此關係向上向外拓開。

人與人的關係可從偶然的邂逅、心靈的臨在、共融、全心奉獻（disponibilité，或譯可全在性、可全給性）、義無反顧的承諾來看，臨在也可說靈在，是心與心的相知相契，達到合一的地步。臨在提升了主體的價值，使他從一種時空的存在越入意義及價值的領域。他是被珍惜和重視的，他被信任及愛護，其實他已從一個「我」變成了一個「你」。而當兩個或多個不同主體間產生臨在關係時，真正的「我們」就出現了。「我與你」及「我們」之生並不保證一勞永逸，需要不斷地努力，加強及加深相互

的關係，才有可能步入存有的堂奧。而存有基本上是一切真實關係的聯結點和底基，並且是連通一切「你」的樞紐。馬賽爾甚至把「同」（avec）看成有形上意味的字眼：「同」超越時空並生死兩界。[3]

如果說臨在便是存有自顯的特殊模式，而存有本身是光源（見第二節）的話，則臨在本身便是沐浴在存有之光中間的人性經驗；換言之，臨在解放出存有之光，友誼和愛是洞悉存有的媒介。既然臨在是存有之在，也可說在存有內，而存有本身是光，則臨在經驗便分沾到存有的光澤。不過，一般而論，作者不直接以光稱之，而以光的效果來闡明臨在的功力，如：喜樂、平安、力量、和諧、寬恕，當然也有理智的明晰性，可以判事正確公允。不過理性的效果已包含在上述其他因素之中。總之，共融的經驗使人離開黑暗、孤僻、罪惡、積習，而走入光天化日之高原，享受充滿陽光的人生。

這裡，值得我們補充的觀念是「深度」。人與人的深度交往使人體驗永恆。馬賽爾又用「絕對現在」一詞來說明之。絕對現在不是串聯性的時間的一環，而是其能被構成歷史的因素，也是此歷史的高峰。有此高峰，時間才有方向，並具有意義，馬賽爾說：

> 當我在時間中無條件地愛或做一件事時，此乃永恆
> 進入時間之內，永恆既非無時間的，又非一永恆的延
> 續，而為時間的深度，當它為存在之歷史性顯現的時

3　參閱本書附錄一〈存有奧祕之立場和具體進路〉，頁317。

刻。[4]

從上可見，馬賽爾的深度呈顯了不變的永恆，把人性真諦洞示於外，而參與者的感受則為「無條件地愛及投入」，使人邁入內在超越，而達到不凡之境。

人之能有如許深邃的經驗，乃因他被「絕對你」所包圍，使他潛在最深最大的「你性」充量開發，而能做驚天地、泣鬼神的豪舉。臨在是人與人的深度交往以致直搗存有的「黃龍」，故可稱為「奧祕」。[5]

馬賽爾所談的臨在在人際範圍中包括了各種正面關係，其中首推友情。友情雖未在馬氏著作中佔有很大篇幅，但其討論的「你」、「是與有」、「全在性」不單指愛，亦指友誼，並且可說，除非愛達到友誼的向度，不然的話，反成有害存有經驗的因素。而不論哪種感情一旦受到友誼的滋潤，就能開拓內外各種幅度，成為可久的真實關係。把馬賽爾的主體際性侷限在狹義的愛的範疇中，一定是誤解甚至曲解。今從友誼的角度來探討奧古斯丁的主體際哲學，並從友誼現象切入存有的理解，可反證友誼本身已透射存有之光，並使參與此關係之主體沐浴在光內。

II. 奧古斯丁的友誼論

奧古斯丁生於北非，與北歐人的氣質最大的不同，就在於其

4　*Le mystère de l'être*, vol. I, p.309; *Présence et immortalité*, p.32.

5　參本書附錄一，頁 316-317。

情感豐富這一點上。奧古斯丁大概承受了母親莫尼加的氣質，心地十分敏銳，情緒既多又深。莫尼加把這份天賦轉向其信仰的對象天主，及其丈夫[6]、子女（二男二女）。奧古斯丁除了對其父母（尤其母親）表示深愛以外，並自幼顯出善為人友，並且有一群朋友。稍長，在迦太基，他與一女孩同居，來壓熄情慾的火焰，大約也因受到該城風氣的影響。不過，這份戀情雖然久長（十七歲至三十一歲），並有結果（一個兒子），[7]但同居之初，雙方清楚這份關係不會正式化，情婦不能扶正，所以在同居十四年後終於分手：「那個好久與我同居的女子，為了是我將來婚姻的阻擋，被迫與我分離。我心如刀割，悲痛欲絕，久而難忘，因為我非常愛她。……我們的那個私生子，她留給了我。」[8]此女重回非洲前向他許下承諾，以後不與任何男子發生關係。真相如何，缺乏資料，但奧古斯丁本人忍熬不住再次投入另一女人的懷抱，因為他的未婚妻尚未及笄，尚須等待兩年。[9]這種作為以後使奧古斯丁產生罪惡深重的意識。

不過，除肉慾的需要以外，他一直有許多知己，並且在與他們交往（共融）中，體悟存有的真諦。就像愛他的情婦一樣，他對好友的情感也是死去活來，而延長下去的便是與天主的專一而強烈的關係。總之，奧古斯丁得天獨厚的性格便是多情，情感滲透他的靈魂、肉體，並延及一生，又把情感透入理性思考中，使

6　聖奧斯定（St. Augustine）著，吳應楓譯，《懺悔錄》（*Confessions*），台北：光啟，1963，頁155、159。

7　同上，頁46、98、151、160。

8　同上，頁98。

9　同上，頁92（此後有關《懺悔錄》的出處將放入正文中）。

他的哲學和神學別具風格，誠可稱為中世紀的存在大師。

研究奧古斯丁的學者 [10] 一致認為西塞羅（Marcus Tullius Cicero, 106-43 B.C.）是奧古斯丁的友誼啟蒙師。在《懺悔錄》中，奧古斯丁記下因讀西氏的《荷爾頓喜阿斯：哲學的勸勉》（*Hortensius/On Philosophy*）一書，而豁然頓悟，立志終身尋求智慧（頁 34、133），當時他十九歲。不過西塞羅的作品開啟了他對友誼的大門，這是上述許多作者的看法。

西塞羅的眾多論著之一是論友誼。謹將西氏的主要觀點撮要提示。[11]

西塞羅認為友誼是人生中最珍貴的東西，最符合人性。真友誼該流自善良的心靈。道德乃友誼的絕對條件，正直、慷慨、言行一致的人才能得到友誼。朋友對神性及人性的事有一致的看法，一般而論都充滿善意和愛心。此外，西塞羅又認為友誼是神賜予人的最大禮物，沒有友情人無法活下去。

友誼雖是神的恩賜，但它的發祥地是人性本身。人出於本

---

10 J. McEvoy, "Philia and Amicitia: the Philosophy of Friendship from Plato to Aquinas", *The Sewanee Medieval Colloquium Papers* II, 1985. 該文作者在註 28 中引列許多有關的文章及研究：

M. A. McNamara, *Friends and Friendship for St. Augustine*, N.Y., 1958.

J. F. Monagle, "Friendship in St. Augustine's Biography" in *Augustinian Studies* 2, 1971, pp.81-92.

P. Courcelle, *Recherches sur les "Confessions" de St. Augustine*, Paris, 1950.

L. F. Pizzolato, "L'amicizia in Sant Agostino e il Laelius di Cicerone", in *Vigiliae Christianae* 28, 1974, pp.203-215.

11 Gaetano Raciti, "L'apport original d'Aelred de Rievaulx à la réflexion occidentale sur l'amitié", pp.77-99 of an unknown periodical, given to the students in the Catholic Louvain University, Belgium, 1990, by Prof. J. McEvoy.

能，嚮往從友誼中透顯的和善之光和品德。從同情和關心中萌發強大的愛力，把人推往道德的完美之境。由於人性是不變的，因此友誼也能恆持下去，此外在逆境中才顯出真朋友。

上面二段是西塞羅論友誼的主旨。奧古斯丁在自傳中有兩次談及他個人的友誼。一次是在卷四第四章，提到一個從小相好的青梅竹馬瀕臨死亡時發生的一段插曲，最後還是去世了。奧古斯丁應該還未滿二十歲，但他對這事故產生強烈的反應，也有不少反省，勾勒出他對友誼的看法。雖從個人經驗出發，但其深度可與古典名家之見相比。第二次提及的友誼是他在義大利的團體，一群志同道合的朋友，他們在迦太基就熟悉，大部分是他的學生。這幾個朋友從知識的共好到投入信仰，有些與奧古斯丁一樣度奉獻獨身的生活。這種際遇提供我們一些存有學的資料，可以與馬賽爾的臨在哲學比較，再看它們的照明作用。

1.童年時代的友誼

上面談到奧氏哀悼一個無名無姓的童年知交，他們有同樣的年齡，從小一起長大，一同入學和遊玩。等奧古斯丁去迦太基短期留學回來教書的時候，童年的友誼發展成更為熾烈的關係，而疾痛與死亡更加深了兩人的默契。那個朋友在發燒昏迷中家人給他付了洗。焉知他的病情豁然好轉，奧古斯丁以為兩人對領洗有相同的看法，即非有意識領受的洗禮不生功效。不料這位朋友聽到自己已領洗的事後，非常嚴肅地反對他用這種態度談話，奧古斯丁心猶未甘，想等朋友痊癒之後再說服他。焉知不久病魔就奪去了這個未到二十歲的小生命，接下來便是奧古斯丁的強烈反應，他談到黑暗、煩惱、憂愁、哭泣……好像生命掉入深淵，失

去值得活下去的意義。雖然這種情緒不會持續很久，至少我們看到了友誼對他的重要。我們讀到下面的句子：「為我此生比任何甜蜜更甜蜜的友情」（頁48），「我的靈魂的一半，他的靈魂和我的靈魂是兩個肉軀中的一個靈魂」（頁51）。而在歌頌友誼的同時，他揭開了友誼的帷幕，使人看到真如：「人間真正的友情，祢（天主）當是樞紐」（頁48），以這標準來看，他與那個青梅竹馬的友情「還不算真正的友情」（同上）。此外，他又發揮上述的「樞紐」觀念，向上主說：

> 愛你的人、愛友而不脫離你的人和為愛你而愛仇的人，是有福的，這樣的人，一個親友也不會喪失。為他，在那個不能淪亡的身上，眾生都是可愛的。那個不能淪亡的是誰？不是我們造天地充滿天地的主宰是誰？（頁53）

這段話把神是友誼的樞紐的意義闡明了，友誼本身不應只有一個經驗對象，還有更大更深的幅度，應當把天主也包含在一個具體的關係之中，使這份情誼更真實、更持久，並能推及人，甚至仇人。這樣友誼變成道德，並與福音精神配合，使人在友誼中達到人性的充分實現。

細心的讀者已注意到奧古斯丁與西塞羅類同之處：友誼是分享神的生命，是神的最大恩賜，為有德者所有，且催迫人完成全德。不過因為基督信仰，奧氏的觀點更上一層樓，連仇人都能包容，也能愛，因為身為基督奧體的一份子，人能以基督的大愛來包容仇人及泛愛眾生。魯汶教授麥克埃弗（J. McEvoy）稱此為

「友誼神學」，[12] 也可稱為友誼形上學，以「我與你」為進路，體認「絕對你」之臨在及為其完成的境界。

　　不過，這段討論與其說是友誼之光照亮了存有，毋寧說是信仰之光照亮了友誼的內蘊和前景。不論誰為主角，應當可以說：除非友誼有迎受光的能力，不然的話，光無法在它身上施展照明的功能，並且正因為友誼本身已把人置入光內，因此即使友誼不是終極之光，但為後者極有效的便道，因此若望（約翰）可以宣佈說：「凡愛自己弟兄的，就是存留在光中。」（《若望（約翰）一書》第二章 10 節）又說：「愛是出於天主。凡有愛的都是生於天主，也認識天主……如果我們彼此相愛，天主就存留在我們內……天主是愛，即存留在愛內的，就存留在天主內，天主也存留在他內，我們內的愛得以圓滿，即在於此。」（同上，第四章第 7、12、16-17 節）很明顯，這裡的愛已不只是本性自然生發的相互感情，而是因信仰而昇華的更高層次的人際關係，這種境界不單不破壞友誼，卻使友誼除去駁雜，而達精純，乃有真正的團體誕生，下面一節就是要談團體友誼。

2. 成熟的團體友誼

　　團體性的「我們」感，奧古斯丁從小就有經驗。自傳卷二中偷梨子是「一群頑童」一起幹的好事。其中一個或許便是上節提及的青年。稍長，他的「我們」常有知性成分，一起切磋，互相砥礪。雖然死掉了一個知己，他還有許多朋友，可從他們身上得到慰藉。這些男孩在一起，「相互談笑、友愛、共同研究好書」

12　Ibid.

（頁52），「我們中間，人人可以時而為老師，時而為學生。對出外者，大家都不勝掛念；對歸來者，大家殷勤接待。相好間相互從內心表示的友情，可見於態度、言語、顧盼，和別的甜蜜的一切往來中。這樣，許多不同的心，靠種種友愛之情，會打成一片。」（頁53）

這些朋友中不少隨著他飄過地中海到羅馬，又一起到米蘭，有些念法律，有些念文學。其中份量較多的是亞利比阿斯和南伯利棟烏斯。《懺悔錄》卷六和卷八有不少他們的故事。他們從迦太基開始投身於追求智慧之旅，到歐陸之後各有成就，最後都受到奧古斯丁的影響皈依了天主，使他們那來自本性的同好，在天主內締結成更堅固的友誼。他們都是三十來歲的年輕人，原對幸福充滿憧憬，都有「難填的慾壑」（頁96），但他們又覺得如果他們中有人結婚，就「絕對不能優遊地共同生活」（頁95）。一群志同道合的朋友在得到皈依恩寵之前夕，決定離開紅塵，尋找安靜的生活：「把我們獨有的財產，作為公有分用。為了我們間真切的友誼，產權不屬於個人，而屬於團體。……我們一共十來個人。」（頁97-98）其中有的富有，有的當過官，也有結過婚的。但這個計畫最後變為泡影，因為其中不少人準備結婚（頁98）。

待奧古斯丁徹底與苦鬥多年的肉慾分離，在基督的自由中分享到復活的生命時，這個計畫再次活躍起來。奇怪的是奧古斯丁一旦皈依，其他朋友陸續地都投入天主的懷抱。其中南伯利棟烏斯在領洗不久之後就去世了，奧古斯丁覺得這個從前向他請教的學生朋友，「現在他的耳已不近我的口了，他的神魂之口，已接近祢的聖泉。在那裡，在歡樂無疆的美景中，他可儘量吸領祢的

智慧。可是，我相信他一定不會一醉如泥，甚至把我也忘掉了的。」（頁 146）

其他的弟兄退到一個鄉下別墅，母親莫尼加照顧他們的飲食起居，這批朋友一起祈禱和學習，真正地達到了在人性和神性的事上有一致的看法。[13] 他覺得只在神性（即信仰）的事上有一致看法時，才能對人性的看法也一致。朋友間真正的愛只能在他們對神的相互的愛上建立起來。就像天主雖三位可因愛而結合成一體，同樣地，人間友愛一旦結合天主也能激發一體經驗的潛力，並使自己在天主內締結牢不可破的關係，因為神的力量會彌補人性的多變與軟弱。

隱修院中完美的團體的雛形於焉誕生，以後奧古斯丁回非洲

13　西塞羅的次序是 "Est enim amicitia nihil aliud nisi omnium divinarum humanarumque rerum cum benevolentia et caritate consensio."（「友誼就是對一切神性事物及人性事物有出自善意及愛的同意」）（De amicitia, VI），奧古斯丁反過來，先講人性事物，再講神性事物，他說：「友誼是在一切人性和神性的事物上以善意和愛有一致的看法」（Epistle 258）。西塞羅把天主放在人前，這是以「重要性」來排列的作法；以尊嚴講，神大於人。奧古斯丁把人放在前面，這是「經驗」的次序；人先了解人與有形之物，才能往更高處看。這個差異先由 Pizzolato 在 L'amicizia in S. Agostino e il 'Laelius' di Cecerone（*Vigiliae Christianae*, vol.28, no.3, Sep., 1974, pp.203-15）一文中提出，加以發揮，後由麥克埃弗繼續之：「在奧古斯丁的向神上升的辯證歷程中，有一個年代的、心理學的、形而上的次序，他常是從人間事物進升到神性事物；在西塞羅的靜止倫理觀中，神性事物由於有更大的尊嚴，凌駕在奧古斯丁的經驗層次之上，在後者的形上依賴及不安心靈之宗教衝勁之上。」請參閱 Anima una et cor unum: Friendship and spiritual unity in Augustine，在 *Recherches de théologie ancienne et médiévale*, vol.53, 1986, pp.40-92，上文在 p.79。奧古斯丁發現在朋友間同心一志，可以沒有神性事務的觀點一致之默認（p.77）。奧古斯丁與西塞羅之不同，在於奧氏一生都從人及世界諸物往上升，這也是哲學家的走法；而他有不安的靈魂需要逐步超克，這種分析點出了奧氏求真的特色。不過，在更深層次，神性事務上的觀點一致，確是人性事務看法一致的基礎，完美的友誼必須同時包含這兩點。

就創立過許多隱修院，以愛主愛人的精神實現福音的理想。這種以基督為中心的「我們」才真是人類演化的動力中心，其中放射的光是創世者自身的光。

存有本身之光

友誼是主體際性的存有之特殊現象，在此現象中，存有本身臨在並透顯自己的真實。然而有些天之驕子直接與光源接觸，不需要存有者的媒介。他們沐浴於其中之光是存有本身之光，非被造之光，是天主自己。這種經驗具有神祕主義的性格，是特選者的經驗。下面我們要從馬賽爾和奧古斯丁的作品中分別說明並詮釋這種光源之光。

I. 馬賽爾論光

馬賽爾的早期作品有二種文類，一種是純哲學，另一種是戲劇。哲學中有理性活動的成果，由理性照明；倒是在戲劇中他給形上之光留下餘地，似乎理性辯證的極限處有時會透顯另一類理解，它介乎人類理性之上，可以照明理性，給後者一條出路。至於在哲學著作中光的出現是在他領洗前後（1929 年三月二十三日），比如「我不能不寫：在我思想中出現了的光為我只是『另一位』的延長，祂是唯一的光，喜樂的圓滿。」[14]「這幾天我體

---

14 《是與有》，頁 13。

驗到難以置信的精神濃度。我的生命明朗化起來，一直到過去之深淵，而不只是我的生活而已。」[15] 四年後（1933）他在法國南部作一次重要演講〈存有奧祕之立場和具體進路〉，以光來結束全文：「我在這篇演講中提供的哲學用無法抗拒之運動催逼我們去與一道大光相遇。存有奧祕的哲學預感前面有這道光，而在自己內心深處不斷忍受這道光的隱約刺激，就像忍受和暖的冬陽輕炙一樣。」[16] 光的觀念愈來愈佔有中心地位，在他八十高齡發表的《悲劇性智慧》一書中乾脆把自己的哲學稱為「光的哲學」。[17]「光」的觀念比「奧祕」概念更為簡明。也因為他已屆高齡，不必含蓄，因而毫不保留地把自己的哲學和宗教信念結合在一起。他也與愛徒呂格爾表明「光的形上學」很適合來說明他一生的思想。[18] 我們分三點來介紹馬賽爾的光學：一、樂於為光之光；二、我們又見到又見不到；三、基督之光。[19]

1. 樂於為光之光 [20]

《創世紀》記載天主創造萬物，第一天創造光，使光與黑暗分開，形成晝夜。此光為受造之光，是物理之光，沒有自己的意志，無所謂樂與不樂。而身為終極光源之光是意志天，是有位格的。

天主造完每樣東西都說：「好」。這是創造的喜悅。不過有

---

15 同上，頁14。

16 參閱本書頁324。

17 *Pour une sagesse tragique et son au-delà*, pp.11, 56.

18 *Entretiens Paul Ricœur-Gabriel Marcel*, p.119.

19 參閱拙著《馬賽爾》，台北：東大，1990，第六章第3節，頁254-260。

20 *Le mystère de l'être*, vol. II, p.124.

另一段文字更可佐證，這是舊約《箴言》中智慧以第一人稱作的
述說：

> 當祂上使穹蒼穩立，下使淵源固定時，當祂為滄海
> 劃定界限，令水不要越境，給大地奠定基礎時，我已在
> 祂身旁，充作技師。那時，我天天是祂的喜樂，不斷在
> 祂面前歡躍，歡躍於塵寰之間，樂與世人共處。（第八
> 章 28-31 節）

天主不但造了世界，也樂意造它；同樣地，天主不但是光
源，且是樂於為光的光源，而絕非無情的神體。

光這一概念本身帶來的聯想是：溫暖、力量、開放、自由、
喜悅、生命、方向、奉獻、慷慨。[21] 光顯出在絕對臨在中，神參
與人間結盟的喜樂。

光之「樂於」為光，出自對光本質之分析以及對神之聯想。

2.「我們又見到又見不到」[22]

從人的角度來看，人體會光的效果，但不能控制及決定光的
節奏。

光有自己的時間，當它的時間來臨時，除非我拒絕它，不然
的話，我必沐浴在光內。但當光隱蔽起來時，我回入黑暗；不

---

21 Ibid., pp.119-22，慷慨者以「你」的面貌對待別人，馬氏亦用「微笑」來說明慷
慨者的特色。

22 取自其劇本 *L'émissaire*，在 *Vers un autre royaume, deux drames des années noires*,
Paris: Plon, 1949, p.108.

過，這種黑暗並非絕對的否定，這是一種等待性的黑暗。

見不到光時，並不否定光的存在，而我之不能見光或許是我自己分泌出對光不利的因素。我必須掃除烏雲，淨化自己，才能撥雲見日。[23]

見不到光的原因也可能是光太亮了，使我睜不開眼，我變成了瞎子。馬氏有 blinded intuition（被瞎了的直覺）[24] 之說。我的視覺雖然報廢，但視覺的效果都未失去，理解力非常清楚，且對臨在之事實毫不懷疑。

再者是光源本身雖然隱沒，但它藉一些特殊的中介使光變柔而照明眾生。後者乃自光源接受了光，成為小光源。他們的作用是直接的，即使與其接觸的人直接與光源相晤，這些是光「本體」的真實「現象」。馬氏認為聖賢即此類小光源。我們引用他的《羅馬不復在羅馬》一劇中，一個男孩向他嫂嫂講的一段話來說明：

> 最奇異不過的可是在我認為得一召喚的那天早晨，我有了一次意想不到的邂逅。那是一位年輕的隱修士，他驚人的表情震撼了我一直到靈魂的深底，以致我雖然普通沒有與陌生人談話的習慣，這一次我無法阻止我自己向他說話。你無法想像那瘦弱的面龐所透射出來的微笑的純潔……這，這是基督的微笑。[25]

23　*Le mystère de l'être*, vol. II, p.130.

24　Ibid., p.8; *La dignité humaine et ses assises existentielles*, Paris: Aubier, 1964, p.120. 可參閱《馬賽爾》，頁 196、257。

25　G. Marcel, *Rome n'est plus dans Rome*, Paris: La Table Ronde, 1951, p.143.

從這位神祕隱修士臉上的微笑，劇中人看到的是基督的微笑。後者與前者的關係是一元性的，因此前者透射的光輝即基督自身的光輝，就像基督自己與天父間之一元關係一樣：「誰看見了我，就是看見了父。」（《若望（約翰）福音》第十四章 9 節）多元主體間之一元關係正表示主體際性的完美程度。無人能見到存有，少數面對過天主，但大多數人都會有遇到與天主密切結合的聖賢的可能。因此，存有之光可能有時隱失，但活在存有內之聖者，不斷播射此光，使眾生不致陷入黑暗中而無所適從，而大部分生靈之能有時看到光或體驗臨在也是透過存有的證人，在存有的證人身上他們直接體認臨在。

3. 基督之光

前面提過光的概念與馬賽爾皈依的事件同時出現在他的形上日記《是與有》內。這種領受光和恩寵的經驗在他以後四十三年中還會延續下去。這些年的忠貞不變的信仰使他體認真理的圓滿與高峰是在降生為人的基督身上。耶穌出現在人間，外表與人全同，然而透過祂的言行祂的神性一再開顯，從而永恆的「非受造之光」[26] 終於變成可見的對象，祂是終極之光的體現。馬氏在口授自傳的晚年，終於毫無保留地吐露出自己內心的秘密，即他對耶穌基督的完全的信愛及無條件地委順奉獻。請聽：

> 基督之光。當我口述這幾個字時，我感到一陣異常的激動。對我來說，基督並不是一個我能對之注視的客

---

26 *Le mystère de l'être*, vol. II, pp.178,188.

體，而是一個照明人的光，祂又能變成一個面容，更確切地說，一個注視。[27]

一個面容，一個注視。基督「見」過他，藉此「見」，而照亮了他的全部歷史，也改造了他的存在。他不再是一個「他」，而成為絕對你的絕對對象。基督活入其身，活入其面容和注視，使他成為小光源，燭照世間的無明，驅散意義之否定——荒謬。眾生不再與他敵對，而成為他的潛能的「你」，他在與眾生相遇或服務時遇到基督，也在基督內接觸到一切需要援助的人。哲學的探索在接近存在的終極時宣告完成，以後是大躍入及永恆的合一。

馬賽爾在領洗前二天（1929 年三月二十一日）寫道：「支持我最大的力量，是我不願站在那些曾出賣基督者一邊的意志」。[28] 這個意志在他四十三年後跨入永恆界時還是他堅持的原則。他雖然沒有全部瞭解信仰的內容，也與天主教的官方哲學（士林哲學）氣質不同，但卻在對基督毫無保留的關係中，顯示了絕對忠信的原則。是天主與馬賽爾的合作，使忠信克服背信，給在混亂中奮鬥的脆弱心靈帶來了無比的希望。馬賽爾不愧被稱為二十世紀人類的先知。

27　*En chemin, vers quel éveil*, p.287.

28　《是與有》，頁 17。

II. 奧古斯丁論神光

我們從兩點來說明奧古斯丁的光論：一、神光；二、小光源。

1. 神光

《懺悔錄》第一頁就強烈地透示奧古斯丁氣質的特色，他的一句名言是：「我們是造來為祢的；我們的心得不到祢，就搖搖不安。」

人除非找到自己的根，並在其上奠下牢不可破的基礎，不然無法安身立命。

這種迫切的渴望表現在求知識、求智慧、求真理、求幸福……上。他真是一個無法饜足的追求者。實在，他要找的是不變的真理與幸福，找其他東西，只是前者的代用品。當他得到了最大幸福和絕對真理，他就把以前三十多年追求的寶貝，一樣一樣放下來。卷一至卷九漫長的篇幅都在描述他內心的掙扎：他看到了光明，但走不進去，因為被自身強烈的情欲羈絆住了，一直到一道神光長驅直入，才把他的黑暗一掃而光（頁141）。這道光是天主的恩寵（頁134），也是天主自身的臨在。臨在以光來表達，固是比喻，但非常恰當。海德格也喜歡把道的開顯處稱為「光域」；[29] 除非人把自己移入此光域內，不然無法達到深度的理解，亦無法開顯道的真諦。

---

29 Martin Heidegger, "Letter on Humanism", *Basic Writings*, New York: Harper & Row, 1977, pp.193-242, passim.

奧古斯丁記載在《懺悔錄》上的神光經驗出現在他皈依之前（頁112），我們先溫習一下這段記錄，再加以分析：

> 在你的指導下，（我回）到我心靈深處……在那裡，運用我遲鈍的神目，在我神目之上、理智之上，我看到不變之光。這不是任何肉目所見之光，這是另一性質的光。這個照耀萬物的光似乎更強烈、更透徹……它在我以上，因為它造了我；我在它以下，因為我是它造的。誰認識真理，認識它；誰認識它，認識永遠。認識它的就是愛德。呀，永遠的真理！呀，真正的愛德！呀，可愛的永遠！祢是我的天主，我日夜渴望著祢。（頁112-113）

這種口吻非常類似柏拉圖攀登理型世界窺見至善時的描寫，總之，他們兩人似乎都超越了凡境而進入過奧祕之境。奧古斯丁與柏拉圖一樣有形上形下之分，他也拾級而上，從肉體到「有感覺的靈魂」，再到「接受五官報導的內力」，此即覺察力或審辨，但它的可變性尚須依賴智慧，是智慧叫他選擇不變的東西。奧古斯丁乃問：「這個不變者的觀念是從哪裡來的？假使智慧對於不變者沒有一種認識，它怎能說，不變的勝於變的呢？」（頁117）他的結語是：

> 最後，在一種搖曳的光明之下，我尋獲了至高無上的物體。於是，我就覺得：「祢無形的一切，藉著祢所造的有形之物，也可以明瞭。」可是，我仍不能凝目而

視，我太軟弱了，我終於又倒了下來，對於我所見的一
切，只留下一個可愛的回憶。這一碟天上的佳餚，我已
聞到它的香氣，但我未能嘗到它的滋味。（同上）

人間的宗教經驗是天國永恆福境的預嘗，在靈修學上稱為神
慰；有些神修大師經常活在這種境界之中，他們的證道鏗鏘有
力，震撼人心，因為人們可從他們身上體會神的臨在及其效果。
奧古斯丁有過多次神光的體驗，因此，他的作品透顯出不凡的智
慧，而他的生活方式亦徹底改變，這原不是他能力所能及的。新
舊兩種意志終於統合起來，而血肉的需要昇華成精神的創造力，
給歐洲文化帶來強大的推動力。

這種神光的經驗在皈依之後一直持續下去，先與弟兄分享，
後來在奧斯底的泰伯爾河的花園中與母親莫尼加共沐在光內，再
一次拾級而上。

　　遠離了紛擾的群眾，在一個疲勞的長途旅行之後，
我們正在從事休養，預備渡海（返非洲）。在最溫柔的
空氣中，我倆相對而談，拋掉過去，凝視將來，在祢的
面前，祢的真光之下，我們探求：那個目所未見、耳所
未聞、心所未明的永生，究竟是怎麼一回事。……我們
談話的結果是：在這樣一個生活的幸福前，任何肉身的
快樂，肉身的光明，都是不足道的。於是，我們心神轉
向造物飛去。我們拾級而上，數盡了一切有形之物，就
是那個蒼天……。接上去，在稱奇頌揚聲中，我們又看
了祢在我們身上的各種傑作。我們又穿越了我們的靈

魂，到達豐富無窮的境界，在那裡，性命就是上智。上
智是一切現有、已有、將有的原則；可是它是無始的：
現在的它，就是過去的它，也是將來的它。換句話說，
在它，沒有過去，沒有將來。它單是有，因為它是無始
無終的，曾存在，當存在，就是永遠存在。我們談論上
智，景仰上智，我們的心，在一種高度的興奮中，剎
那之間，同它接觸。最後我們只得歎息，放下聖神的
初感，重返唇舌的世界，聽有始有終的話。（頁157-
158）

又一次柏拉圖式的上升冥想，不過，這次是在主體際的交融
中往上直升，更符合馬賽爾的模式。對象是存在本身，而此處的
天主聖言——永恆的智慧與柏拉圖的理型不同，前者具位格性，
能與其照明者產生「我與你」的關係，冥想的極處不只是理解，
且是愛的共融。這份經驗與喜樂肖似耶穌在大博爾山上與父密契
交往的關係，連周圍三個門徒也不想再下山（《瑪竇（馬太）福
音》第十七章）。[30]

莫尼加負荷不了這份經驗，她可以離開人世了：「我的兒

30　編註：據福音（《瑪竇〔馬太〕福音》第十七章1-9節；《馬爾谷〔馬可〕福
　　音》第九章2-8節；《路加福音》第九章28-36節）記載，耶穌帶著三位最親密
　　的門徒彼得、雅各及約翰前往大博爾山。在山頂上，耶穌在他們面前變了容貌，
　　其面貌發光有如太陽，衣服潔白如光。此時先知摩西和以利亞出現，與耶穌交
　　談。彼得情不自禁對耶穌說：「主！我們在這裡真好！假如你願意，我就在這
　　裡搭三個帳棚，一個為你，一個為摩西，一個為以利亞。」話聲剛落，突然一片
　　雲彩遮蔽下來，有聲音從天而至：「這是我的愛子，我所喜悅的，你們要聽從
　　他。」門徒們伏在地上，驚駭不已。耶穌過來對他們說：「起來，不要害怕。」
　　他們抬頭，摩西和以利亞都已不在，只見耶穌一人。

子，為我，此生已沒有快樂可言，以後我還有什麼可做呢？為什麼我還活著？我正不明白。我此世的希望，已完成了。」（同上）

這一次一次神光經驗給奧古斯丁播下了無數種子，等它們在奧古斯丁靈魂的沃土中抽芽生長後，就會出現在他的著作中，這是他取汲不盡的財富，因為是由神所投資的，而那道光一直在閃爍著，使奧古斯丁勇往直前。

2. 小光源

A. 小光源的故事

任何與大光源接觸過的人多少都變成了小光源。馬賽爾劇本中的隱修士射出驚人的聖德之光，他已是一個光源。在奧古斯丁《懺悔錄》中這類的小光源不少，如西塞羅、盎博羅修（頁78）、新伯利西亞諾（頁 124）、費克道冷（頁 124-129）、龐底西亞諾及其朋友（頁 131-133）。

上述數人中西塞羅是羅馬大哲、文學大師；盎博羅修是米蘭主教，道德學問一等，使奧古斯丁五體投地；新伯利亞諾是給盎博羅修付洗者，他給奧古斯丁敘述了當代大文豪費克道冷皈依的故事。費氏用拉丁文翻譯柏拉圖的著作，又在高等學院中教文學，羅馬的學術界在廣場上建了一座他的銅像，可見他受尊崇的程度。這位學者研究多年後決定信主，有人勸他私下領洗，免得干擾羅馬文壇，他全力反對，決意公開舉行儀式，當他到達走上高臺宣讀宣言時，台下歡呼雷動，一片喝彩之聲，他對羅馬知識份子影響至鉅。奧古斯丁問天主說：「主，祢壓低了天頂，天

降了下來。祢手觸山嶺，山嶺就冒煙。祢用什麼方法，打入這樣的一個心呢？」（頁 125）。儒利央皇帝禁止費克道冷教文學，後者欣然服從，「寧願脫離學堂，不肯放棄使信徒口若懸河的聖言。」（頁 129）奧古斯丁深受感動地說：「我切願步這偉人的後塵。」（同上）

由於恩寵尚未到來，奧古斯丁的兩種意志在作殊死戰。這時又出現了另一道光，此光的攜帶者是非洲同鄉龐底西亞諾，他在朝廷當官。一次來訪奧氏及亞別比阿斯，在奧氏桌上看到聖保祿（保羅）的書信，使他大為驚訝，因龐氏已信基督，是個常跪著做深長禱告的學者（頁 131）。龐氏說起有一次他和另三位官員陪皇帝去參加運動會。他們有段自由時間，就分二組到城邊花園散步。另一組的二位朋友不知怎地走入一座隱修院，在那裡找到一本聖安當的傳記，一看之下，感動得五體投地，決定放棄紅塵，專心事奉上主。待龐氏一組找到他們時，他們告訴自己的決心，並勸後者不要阻止他們。這兩位新的隱修士現在還隱居在草棚中。

這樣的故事對在肉欲中翻滾的奧古斯丁衝擊太大了。在他們身上，奧古斯丁看到自己渴望活而活不到的生活。他覺得自己遍體瘡痍，醜陋萬分：

> 我看到那些勇往直前的青年，為救自己的靈魂，甘作全燔之祭，我覺得非常欽佩。他們的霍然而愈，相比之下，我更覺我的可憐又可惡。行年十九，我讀西塞羅的荷爾頓喜阿斯，我始愛智慧。屈指數數，已十二個年頭了。可是，我仍依戀於世俗的榮華，不知一心去尋求

那個寶藏……我嘗懇求祢保持我的貞潔說：「請保持我
的貞潔，可是，不要就付諸實行。」我怕假使祢答應我
的話，祢就要根治我的偏情……我所以遲遲不忍斷絕世
俗的希望，一心歸向祢，是為了我還未能獲得照耀我前
程的光明。（頁133-134）

這些事件都把奧古斯丁領向最後關鍵，使他在內外條件充足
時，終於向天主徹底投降。而那道久待的光終於透過閱讀《聖保
祿（保羅）致羅馬人書》中的一句（第十三章13節），而射入
奧氏之心，使他掙脫所有的枷鎖，投入主懷（頁141）。

由此可見，除了最後一道決定性的大光以外，還有許多小光
源的光也在照亮奧古斯丁，小光源的哲學可以在他身上得到印
證。

B. 小光源的理論

人得了聖神而變成「小光源」（頁271），受造物一旦歸向
真光，自己「也成了光」（頁265），所以「我們是光」（頁
266），可是與光源不能並駕齊驅，創造的智慧與受造的智慧不
能相提並論（頁242），而真實的、不變的、永恆的光是在此生
命結束時才能看到：「我們將在那個燦爛難言的光裡，親眼見到
聖子的真面目。」（頁267、269）這光是美的泉源（頁197），
叫人得完全的幸福。「喜樂就是祢，幸福的對象是祢，幸福的理
由是祢，幸福的路徑也是祢。……我的天主，我的光，我的救
援，祢是真理，這是從祢來的喜樂。眾人都要這個幸福的生活，
都要這個獨一無二的生活，都要這個從真理來的喜樂。」（頁

185-186）

我們再引用下面一段話來結束奧古斯丁對光和幸福追索的心理：

> 主，祢是無舊無新的美，我愛祢太晚了，太晚了。
> 祢怎會在我內而我在我外？我在外邊找祢，我追求妖豔
> 的受造之物，破壞了我自身。祢在我身邊，我卻醉心於
> 物，遠離了祢。當知脫離了祢的一切，都不算什麼。祢
> 叫過我，祢的呼聲震動了我的耳鼓；祢發過光，祢的
> 光明驅逐了我的黑暗；祢散過祢的馨香，我聞了又景仰
> 祢；我嘗過祢的美味，我仍饑著渴著，祢感動過我，我
> 對於祢的平安，覺得神火滿腔。當整個的我，和祢結合
> 之後，我再沒有什麼痛苦，什麼疲倦可言。我的性命，
> 在祢充滿了它以後，將變成真正的性命。（頁 189）

結論

奧古斯丁與馬賽爾是兩位傑出的基督宗教思想家，他們留給後世的哲學遺產便是被信仰滲透過的理性思考及其成果。兩位都在而立之年後才獲得信仰，並珍惜這份遲來的恩寵，願意為存有真理作見證。

由於信仰本身是接受光的照明，並把領受的光明照亮四周的黑暗，因此這兩位學者都樂於為光作證，並且渴望幫助眾多慕道的人獲得自己已有的光。基本上，兩人對光的領悟都依據《聖

經》，尤其是新約中聖若望（約翰）的著作，所以他們的光既是非受造之光亦為降生成人的聖言；在耶穌基督身上，他們體認終極真理，並甘願奉獻自己，在他們的字裡行間閃爍的是聖言自身的光輝。

奧古斯丁的求道過程比較戲劇化，他對肉情的需要及桎梏成為他《懺悔錄》一書中的主要資料；馬賽爾沒有涉足過聲色場所，並且有過幸福美滿的婚姻，是比較純潔的人生寫照。兩人可以互補，而他們的主要經驗確能反映人性整體的企望。

主體際性是存有的本質。這是馬賽爾存有論的核心信念。奧古斯丁在與朋友及與母親的深度交往中體認主體際性的真理，並從互為主體的關係中體認「絕對你」的臨在，透顯終極實體的光輝。奧古斯丁的學說與馬賽爾在存有論上相合無間。

臨在之體認有時會減少，甚至完全闕如，使有臨在經驗的主體陷入黑暗，這時忠信的角色突然顯出，而忠信的力量來自臨在。忠信的事實使我人相信人的尊嚴所在，而堅持在可變的世界之上有永恆不變的真理。神祕家屢次陷入難忍的黑暗中，耶穌在十字架上的大聲吶喊，顯出臨在的另一面，存在最深的奧祕包含了「分裂」，在人類痛苦的極處可能有最大的光和最深邃的愛。「我與你」的真實要從聖言的生命中來徹底印證，我們可以沿著奧古斯丁和馬賽爾的軌跡加深探討人類的問題，使永恆的光輝更進入歷史的核心，也給華人社會帶來希望之路。

（1992.11《哲學與文化》）

8 有神及無神哲學對比下的
宗教觀念

《2000 年大趨勢》的作者奈思比（John Naisbitt）在該書中
這麼宣稱：

> 進入西元 2000 年之際，形形色色的宗教在世界各
> 地已如火如荼地復甦起來……
> 戰後嬰兒潮出生的美國人，在七〇年代成了反宗教
> 的一群。但是，同樣的這群人，卻在九〇年代末採取了
> 與以往信念背道而馳的行動：有些帶著一家大小重回教
> 堂，有些則接受新紀元運動（the new age movement）
> 思潮的洗禮。[1]

台灣也不例外，略舉幾個例子：

證嚴法師的道場變成眾多佛教徒的朝聖地，每個週末，三成
以上開往花蓮的火車乘客都是為了參見證嚴法師而去。

農禪寺最近一次禪修班聚集了四十位國內政、經、學界之知
名人士。

一貫道從禁止到開放不過數年，信眾人數已上百萬。在美濃

1　奈思比（John Naisbitt）、奧伯汀（Patricia Aburdene）著，尹萍譯，《2000 年大
趨勢》，台北：天下文化，1990，頁 277。

設計的道場與台大校園面積一般大。

　　遠見雜誌記者孫秀惠報導：「根據內政部最新資料，台灣目前有信仰的人已經衝破千萬，十年前台灣的宗教人口不過一百一十五萬左右，成長的速度可見一斑。」[2]

　　台灣基督宗教的發展比率雖不及佛、道等教，尤其差韓國太遠；[3] 不過，基督徒在政界和文藝界頗有聲音，不斷通過媒體傳播自己的正義與真理的信念，加上大型的佈道活動，在在激起信仰的波濤。王建煊、李國鼎、阮大年等都是大家熟悉的基督徒，他們的宗教信仰貫穿到施政理念之中。

　　隨著輔仁大學宗教學系、所的成立，[4] 教育部明確表示重視宗教的立場，未來大學中增設宗教類的通識課程是必然的趨勢。對宗教的知識性研究會使人性精神本質更得闡揚，一面可以平衡社會上的物慾亂象，另可提升心靈境界，追逐精緻的人生理想，使人充分發揮道德潛能，祥和的社會乃可成為事實。

　　哲學界參與宗教方面通識教育課程的設計和講授，自然會著重在宗教哲學方面。而宗教哲學課程可大可小，有廣義和狹義之分。在哲學系開的宗教課程是狹義的專業課程，如：西洋中古哲學、奧古斯丁和多瑪斯的專題討論、新士林哲學、禪學、佛學之類。這些課程都須在哲學基礎課程之後開設。若以同樣方式在通識課程中講授，不盡適合，故須另闢新徑。比較可取之路是開宗

2　《遠見雜誌》，1993.1.15，頁 37。

3　見韓哲河博士〈韓國社會對亞洲福傳工作的影響〉一文，載於盧鳳麟編著，徐亞伯等譯，《韓國教會增長面面觀》，中華福音神學院出版，1985 初版，頁 44-45。第二次世界大戰末期，韓國信徒約三十萬，以後每十年倍增，目前（1985 年）約八百五十萬，占全國人口四分之一。

4　1988 年宗教研究所成立，1992 年大學聯招第一次招收宗教系學生。

教與人生，宗教與藝術、與文學、與科學等關聯起來的課。這樣
做更能配合初學者的程度，並起有效的陶冶作用。

筆者認為可取之徑之一是「宗教與人生」，而在「宗教與人
生」中分別把有神及無神的人生觀，加以比較與批判，使學生便
於作自己的基本抉擇。而有神、無神思想之兩極對立莫過於存在
主義學者中所出現的兩組思想：十九世紀的一組是齊克果與尼
采，二十世紀則以沙特與馬賽爾為主。圍著這兩組哲學家還有許
多著名作家如卡繆、卡夫卡、德日進、雅斯培等，然而為了深入
探討，兩個學分的宗教哲學通識課程更宜縮小範圍，集中探討兩
組中的一組。本人在這份報告中選擇沙特和馬賽爾一組。謹對這
兩位哲學家稍作介紹，包括以此內容開課之進路及可能達到的結
論。

沙特與馬賽爾平分秋色

存在主義之「實」不受時間限制，東西古代及中古都有，但
存在主義之「名」進入哲學歷史倒是本世紀的事。緣起於 1946
年沙特發表的〈存在主義是一種人文主義〉，[5] 他把海德格和自
己劃入無神存在主義一類，而把雅斯培和馬賽爾歸於有神存在主
義的範疇。從此以後，雖然他以外的三位哲學家先後否認過自己
是存在主義者，但似乎廣大群眾和歷史作者不再放棄這個方便的

5　鄭恒雄譯，收入考夫曼（Walter Kaufmann）編著，陳鼓應等譯，《存在主義哲
學》，台北；臺灣商務印書館，1977 四版。

歸類，這四位哲學家為存在主義的正宗巨柱遂成不爭的事實。

　　存在主義旗下的這四位作者為什麼其中三位否認自己是存在主義者呢？主要因為他們不與沙特的思想，尤其是他的無神論認同。沙特從胡塞爾（Edmund Husserl, 1859-1938）及海德格處學到現象學方法和術語，但予以不同的詮釋。為了使人徹底成為人，沙特不惜將人之根切掉，把西方文化中的終極基礎割除，這就是他的無神立論。沙特之去掉神，主要為給人平反，使人不要卑躬屈節，作神的奴才。人要自己站穩、頂天立地、為自己決定自己的命運，並為自己的決定負責，必須先去掉神。

　　在沙特發表〈存在主義是一種人文主義〉時，同住巴黎，背景幾乎相同的馬賽爾（他比沙特大十六歲）已皈依天主教十七年。馬賽爾於四十歲時，因文學家莫里亞克（François Mauriac, 1855-1970）[6] 的引介而投入天主教。在他的第二本形上日記《是與有》中仔細地記錄該年三月間一連串的宗教經驗，他稱之為「恩寵」經驗，而在三月二十三日便領洗。此後的形上日記，包括《是與有》的大部分及 1959 年出版的《臨在與不死》，還有 1933 年的重要演講〈存有奧祕之立場和具體進路〉[7]、兩本論文集：《旅途之人》、《從拒絕到呼籲》（*Du refus à l'invocation*）都以哲學體裁來刻劃有信仰的人生觀，似乎因著恩寵之經驗，他幸運地找到了前半生四十年之反省的高峰和核心。

6　編註：莫里亞克，波爾多出身的法國天主教文學大師，1952 年諾貝爾文學獎得主，戴高樂總統譽為「鑲嵌在法蘭西王冠上最美的一顆珍珠」。其作品以細膩的洞察探索人性中不可測量的幽深，黑暗的恆定性帶出悲劇的張力，其後則是作者強烈的悲憫與終極的追問。代表作有《泰芮絲‧德斯蓋魯》（*Thérèse Desqueyroux*）、《愛的荒漠》（*Le Désert de l'amour*）等。

7　參閱本書附錄一。

他成功地從人的生活平面和現象出發，挖掘現象之內涵，再凸顯生命的深刻向度，而能超越純理性思考的瓶頸，有所謂「後設現象學」（hyperphenomenology）[8] 之稱的奧祕哲學問世。

馬賽爾的理論恰與沙特相反，認為神之存在及人的存在兩者並無矛盾。神的存在可以補滿人存在的缺陷，並使人內在的潛能與活力充分展現。人在神內也可以頂天立地，完成自己的主體性，但其進路卻是人與人、人與神、人與萬物的互為主體關係。互為主體性也被譯成主體際性，旨在強調獨我論的荒謬，而主體及其他主體因積極的關係而相互完成自己，達成之境界是比自我為大之「我們」。而神之角色即促成、深化、永久化人與人關係的奧祕。具體地說是主體在走出自我，真誠地開放自己，並與其他主體締結友誼與愛的情境中，他體驗到絕對和超越，並因此體驗他能肯定永恆。由於這類經驗為無宗教預設的普遍經驗，因此人人可及，只要讀者不存成見，也能接受其詮釋之合理性。馬賽爾自己認為他的哲學一切人可以適用，雖然到他生命末期口授的自傳中，他直截了當地肯定基督的信仰像一道光透射到他的思維系統中，並彌漫在他所有的存在冥想之中。總之，沙特稱他為有神的存在主義學者一點不錯。

沙特與馬賽爾在二十世紀前半部先在法國風雲一時，六〇年代後，他們作品的英譯本引起全球的讀者興趣；尤其沙特的反叛力及其多元化文學作品影響更為遼闊。不過他們二人究竟誰會在歷史上留下更重要的一頁，有待未來的人類來鑑定了。現代知識份子在自我陶冶過程中若能涉獵這二位學者的思想，必有助於人

8　《馬賽爾》，頁 41。

文基礎之建立，整合知識，開拓視野，甚至做個人的基本抉擇，因此可以是非常合適的宗教哲學通識教育的課題。

沙特的人學

沙特於 1980 年四月去世，享年七十五。出殯之日，巴黎有兩萬多人尾隨棺後，沿途還有數萬人弔唁，[9]是文人葬禮中罕見的現象。沙特通過文學（小說、戲劇），哲學及政治活動，使他在新聞媒體出現的頻率極高，為本世紀最為人矚目的哲學家之一。

存在主義基本上是討論人的存在。不過，在討論人的存在時卻牽涉到了神的存在，問題在於神的存在究竟有利或有損於人的發展。沙特的看法是否定的；而馬賽爾卻是肯定的。沙特的人文主義是無神的，徹底地從人出發，也在人身上完成。既然是從人出發的思考，我們就順著這條線索來回顧沙特的人學，然後從人到神，省視其神學的端倪。

沙特的人學不從哲學史中某一學派開始，而從自己生活的小天地中逐漸醞釀而成。基本上可以說：沙特的人是「無」，不是「什麼」，但有成為「有」的傾向，並能被其他人固定成一種「有」。

這裡牽涉到二點，首先，人是無；其次，別人使我成有，而

9　王耀宗著譯，《沙特最後的話語》，台北：谷風，1980。譯者王耀宗在〈序言〉中提及。

使我失去原本的無性。

為什麼人是無？「人是無」指以意識來界定人，而意識不是空間中之一物，故能容納、觀照、表像一切有。意識在未動之刻是寂然純無，既動之後，必有所對，而能知與所知之對構成能、所相應的意向性。在意向性中，意識不是純無，因其對象之有而具有性。這種與有掛鉤的現象使意識稍為安定，但意識還是要掙脫有的羈絆，回入無的天地。由此可見，意識之無並非老子之無，是既貧乏且有欲之無，一旦有了什麼，又得放棄。這種川流不息的追逐及否定，使意識疲於奔命，永遠不能安定。

在意識所對之有中，最特殊的是「自我」及自我之「過去」。這兩種實況在西方哲學傳統中原與意識絕對同一，但沙特卻不以為然。意識既然是無，因此意識之核心並無所謂的「自我」，沒有自我就沒有「本質」，存在者即無自我的意識，即自由，是一種能力而已。本質及自我是這種能力創造的成果，不是先天的。「存在先於本質」[10] 即是此謂。「人首先存在著，首先碰到各種際遇，首先活動於這世界，然後開始限定了自己。一個人如果無法予以限定，那是因為人在開始的時候還沒有成為什麼。只是到後來，他才成了某種東西，他才把自己創造成他所要成為的東西……人除了自我塑造之外，什麼也不是」。[11]

一切已實施及已獲得的東西，以及一切遭遇，後天地構成了人的內容，使原始的能力有了限定；但是存在不肯拘泥在「已有」、「已成」，卻要掙脫後者，邁向「未成」、「未有」及

10　參《存在主義哲學》，頁 369。
11　同上。

「能成」、「能有」的未來。

意識本身是無，且能將自身之外的一切，包括後天所得之內容及「過去」，予以無化，不再受其影響，並以新的視野予以詮釋，甚至否定之（最徹底的辦法即自殺）。由此可見，為了未來，可以拋棄過去，而一旦未來成事實，也遭被拋棄之命運。人永遠處在「有」與「無」之間，是無法克服的矛盾。

其次，別人與自己的關係又是怎樣的呢？

沙特認為別人也是意識，也是一種能力，若別人把他自己固定在「已有」、「已成」，就成為一種實體，不再清明自由。不過，別人也會在有無之矛盾間掙扎、動盪不定。既然人無普遍本質可言，沙特亦不急於去界定別人之本性。不過，在與別人接近時，別人的自由直接地會限制我的自由，別人要把我對象化，變成一種實體之有，為其意識所對。與別人相處時，自由受到威脅，甚至被迫出賣自由。從而有他的一句名言：「他人即地獄」。[12] 具體地說，別人之在即別人對我的注視，別人的注視使我不安、慌亂、無地自容，使我不再自由，不再能自決。人與人的關係是相互束縛，主客對立的關係。爭奪作主體的權利絕無寬容餘地，因為別無選擇，不當主體就會失去自由，淪為別人的客體。因此在別人的注視下，我應積極反攻，轉被動為主動，把別人降伏，使別人成為我注視下的客體。沙特非常清楚，在意識與意識角鬥之間，只有外在的勝利，因為內心深處之別人是無法成為對象的。別人有其中心，他是他自己的世界之中心。反注視之

---

12 參閱〈無路可出〉，收入顏元叔主編，陳惠美等譯，《沙托戲劇選集》，台北：驚聲文物供應公司，1970 初版，頁 240。

行為只是外在性的勝利，我仍有可能再被注視而淪為客體。德桑（Wilfrid Desan, 1908-2001）在《沙特的哲學思想》（編按：中譯書名作《沙德的哲學思想》）中如此描述沙特之概念：

> 當我在我周圍的物中發現無數可以被實現的機遇時（這就是為什麼我會把它們看作工具），我同時注意到別人也組織了他周圍的世界，也在物中發現他自己的機遇。別人是一股強大的力量，他的力量遍佈世界。他以一種具體的主體性的姿態出現，其內心深處永無法被我知悉。別人也是一個中心：他的整個生命也就是對其周圍的世界的不斷處置。他總是在，同時又總是不在。別人是一個「不在─在」：一個必須小心對付的東西。「我希望他永遠是個客體，我恨看到他變為主體！但他卻時常是主體。只有死人才能永為客體。」死人是被關在門外的人，他們是屬於活人的。活人可以任意批判死人的一生自己卻不會受到什麼麻煩。[13]

在〈無路可出〉一劇中三個關在地獄中的男女，相互偵伺，相互窺測。其中任何一人之任何行為都受到另二個「別人」的制約，這是沙特絕佳的他人「不在─在」的例子。地獄中沒有鏡子，只能在別人的目光中看到自己，然而這個自己已被扭曲。三人中一對男女有求愛的欲求，但他們無時或息地受到第三對眼睛

13　Wilfrid Desan 原著，張系國譯，《沙德的哲學思想》，台北：雙葉書店，1965初版，頁 59-60。

的制裁，這是一個同性戀女人的眼，她得不到的，也要毀掉。

> 伊娜：忘掉別人的存在？多麼荒謬的事，我的每個
> 毛孔都「感覺」到你在那裡。你的沉默在我的耳中喧
> 囂。你可以釘死你的嘴巴，割掉你的舌頭──卻不能避
> 免你「在那裡」。你能停止你的思想嗎？我聽到你的思
> 想像鐘一樣在走動，滴答、滴答地響，而我也確知你聽
> 到我的。你躲在你的沙發裡是很不錯，可是你是無所不
> 在的，而且每一聲傳到我的音響都被玷污了，因為有你
> 在中途截阻了這個音響。還有，你甚至偷去了我的臉
> 孔，你知道它的樣子，而我不能！至於她，文斯蒂呢？
> 你也把她從我這邊偷去了。要是她和我單獨在一起，你
> 想她會像這樣對待我嗎？別這樣了，不要用手遮住臉
> 孔，我不會讓你清靜的，那樣就太合你的心意了。你一
> 直坐在那兒，一副出神的樣子，像個瑜珈修士。而我就
> 是不看她，骨子裡都能感覺到──她在弄出各種聲音，
> 都是為了你，一直向你拋媚笑而你沒有看到⋯⋯嗯，我
> 忍受不了這個樣子，我情願選擇我的地獄，我情願眼睛
> 直看著你，面對面作戰到底。[14]

地獄中如果可以自由地愛就不再是地獄了。然而人世中亦因
別人之在，即地獄之在，所以不可能有真正的幸福。

14　《沙托戲劇選集》，頁204。

沙特的無神理論

沙特心目中的神即巨無霸式的「他人」。此神以不可逆轉的絕對主體方式與我對峙。人在這樣一個大主體前永遠無法翻身，永遠不能轉客為主，人永不再自由。

從沙特的《自傳》及劇本〈群蠅〉中，我們看到沙特對上帝的印象像似他的外公：「一個高個子，滿臉鬍子的老頭。」[15] 當沙特犯錯，如有一次玩火柴而將地毯燒著時，上帝的注視立即到來，看到他的作為。不過，沙特還能轉敗為勝，憤怒地拒斥被注視，而使自己從中解脫。[16]

在〈群蠅〉一劇中，宙斯神也是一個「有鬍子的傢伙」。[17]他的快樂即把莫須有的罪疚感如蒼蠅般散佈在城民中，使大家活在深沉憂鬱的氣氛中。甚至連只有七歲的小孩，想到「原罪」而不玩不笑。[18]而全國性的娛樂卻是懺悔。[19]這樣一種城邦生活簡直是活地獄。

沙特乃用王子奧雷特斯的口宣佈神的衰微[20]和死亡，[21]使人民因「代罪羔羊」[22]的出現而解脫折磨他的群蠅。這位新默西亞（彌賽亞）並不要作國王，卻把使其臣民不快樂的因素隨著自己

---

15 沙特（Jean-Paul Sartre）著，譚逸譯，《沙特自傳》（*Les Mots/The Words*），台北：志文，1969，頁 18。

16 同上，頁 7。

17 參閱《沙托戲劇選集》，頁 6。

18 同上，頁 12。

19 同上，頁 32。

20 同上，頁 109。

21 同上，頁 64，沙特之口吻儼然若尼采再世。

22 同上，頁 65。

永遠離開。那時候，人可以挺立起，重獲尊嚴和自由。[23]

神的存在與否在沙特的思想中完全來自主觀的決意，只是我願意祂不存在，祂就會不存在。下面一段話來自他的《自傳》：

> 1917 年的一個早晨，我正在拉荷雪爾等候同學一齊上學，他們遲到了，我不知如何是好。過了一會兒，我決定想全能的上帝。立刻，祂跌入蒼空不見了。我禮貌地、驚訝地對自己說：祂並不存在，我想事情已解決了。從某一點說，那是不錯的。因為我從未企圖使祂復活。[24]

然而這個退隱的上帝還通過聖靈來控制沙特，但終於「我在地下室抓住聖靈並將它甩了出去」。[25] 這個為自己和全人類驅神的英雄，使自己和一切人成為「完全的人」。[26] 這就是沙特人文主義的終極成就。

馬賽爾的人學

馬賽爾的人文主義與沙特迥然不同。他主張「別人」不單可以不是地獄，還能成為自我成長的契機。人與人相處固然有主客

23　同上，頁 82-83。

24　《沙特自傳》，頁 183。

25　同上，頁 184。

26　同上，頁 187。

對立及互換之現象，然而這並非人際關係的唯一真實。人與人可以締立互為主體的關係，雙方同時為主體，雙方都保持自己的尊嚴，然而在開放、溝通及互動的關係中，雙方都超越單一性而能把小我擴成大我，活到更充沛的存在中去。

笛卡爾的「我思故我在」，變成了馬賽爾的「我們是，所以我存在」。[27]「我們」是個體與個體的結合，是一個新的單位，是人的真諦，也是人性嚮往的滿全。

沙特的「我」在馬氏的哲學脈絡中是「他」，即在「我們」關係以外的存在。因為，馬氏認為除非人得到肯定、尊敬、信任與愛，人不可能成為主體。低於主體的人性存在便是「客體」式的「它」或「他」。納粹政權下的猶太人便是一種「它」或「他」。他們的生活的確可用沙特的「他人即地獄」來描寫。然而在「我與他」的人際關係之外尚有「我與你」，此指關係之雙方都以「你」來指稱對方，給予對方自由空間，也以尊重的心態「注視」對方。這裡的注視不同於沙特的，因為它把一種生長的力量輸給對方，使對方的生命充沛起來，使對方更存在。

馬賽爾的人文主義不單強調存在，更使人活一種「更存在」的生活。他把「是」與「有」作了區別。「有」的累積不能豐富內在生命，擁有者往往被其所有的東西佔有，而成為其所有的奴隸。[28] 相反，人「是」什麼才是人的實在，而在人與人真誠相處之刻，人超越其所有，而能達到其所「是」的高峰。

「是」的具體表現在於「充分地在」的能力。我人在尊敬或

27　《馬賽爾》，頁 201。

28　《是與有》，頁 153-159。

傾慕的對象前，生命的力量全然集中，向對方遞呈一個完整的我，這時，「我」就變成一種「你」式之我。「你」式之我指不以自我為中心之我，而以對方為關懷的焦點，把自己像一件禮物般地贈予對方，使對方能自由地跨入另一個精神空間。就在這兩種精神空間互移時，雙方內在生命的內涵及視域不斷拓展與擴大，而逐漸趨向所謂「生命共同體」的構成。

「是」常是「同是」，其中也有「有」的定位，即當「有」經歷了一個創造性轉化的歷程而綜合到「是」中之時。樂器化入音樂家的「是」之中，不再是外在之「有」了。

互為主體性說明了人與人相輔相成的真理與需要。人與人不必只有相互折磨相互爭奪主體寶座的關係；而能在一種知情意良性互動的情況下容讓對方成為主體，亦同時使自己成為主體。

沙特把人看成「無」，即不是實體式之有，空明靈覺，觀照萬物。然而這種「無」是缺乏，既不能安於「無」之匱乏，故要追求「有」，但既有之，又不能收之（免失空靈性），故又必須逐之，乃墮入永無止息的得與失的欲求之中。沙特自認人是一種失敗的存有。難怪德桑會說：「或許這是歷史上第一次出現這樣的意識形態：它通過自己的無神論卻不尋找頌揚人的力量。」[29]換言之，德桑認為沙特推崇的是一種失敗的無神論，人的真諦無法在此封閉的系統中得到使人滿足的論釋。沙特的失敗在於看不到主體際性的真理。

別人對我的注視必然是毀滅性的瞪視嗎？一定不是。別人的慷慨、友愛、犧牲，一旦化成他對我的注視，就構成了我的幸福

29　Wilfrid Desan, *The Tragic Finale*, New York: Harper Torchbooks, 1960, p.132.

泉源。也可以說：「別人即天堂」。只要人間有真情，主體際性的斷言是顛撲不破的。

馬賽爾的神學

沙特認為上帝即巨無霸式的「他人」，而上帝的注視把人壓倒在地，使人永無翻身之自由。[30]

馬賽爾揭開了人的另一平面：絕對者是人與人的深度關係的基礎。兩個平凡的主體，如何因機緣而變成相知相契的「我們」，其中另有奧祕。人與人之真誠開放和接納，固然把人內在潛力大量開發，然而這種關係之可深可久不是有限的人自能保證的。人性的脆弱易變顯示人藉己力無法締結永恆不變的關係。「絕對你」在主體關係底層給人支援，當主體與主體的關係達到最深的程度時，他們觸及了自己的根源，這根源如深井之下暢流的地下水，提供水源並聯結一切水井。馬賽爾說：「這（造物者）是匯合締結一切個體之線索的絕對中心。」[31]

中世紀聖多瑪斯（St. Thomas Aquinas, 1224-1274）[32] 用客觀性的推理思考，從果到因來證明神的存在。二十世紀的馬賽爾卻

---

30 Jean-Paul Sartre, *L'être et le néant*, Paris: Gallimard, 1943, p.295.

31 《是與有》，頁 221。

32 編註：聖多瑪斯·阿奎納，歐洲中世紀經院派哲學家和神學家，最重要的著作為《神學大全》，天主教於 1323 年冊封他為聖人，稱他為神學之王、天使博士或全能博士，視為史上最偉大的神學家及普世教會的聖師。其思想推動了士林哲學的全盛時期，形式上承繼亞里斯多德哲學，而以基督宗教信仰為內容，以理智的辯證指明人性的超越能力。

用人性主體的深度經驗來體證絕對與永恆。所謂「永恆不是無時間性，或恆久之延續」，而為「時間之深度」。[33] 時間之深度表現在人際關係之深度：「當我在時間中無條件地愛或做一件事時，此即永恆進入時間之內。」（同上）時間之深度使某一歷史性時間變成「絕對現在」，亦即「永恆」留駐之處。[34]

換言之，馬賽爾的上帝不是沙特式的大鬍子老公公，亦非其不可抗拒的注視，而是自隱其身地使人深度邂逅的因素。祂是締結「我們」之因素，是使人流露真我深我之機緣，因此神不必外求，祂就在一切「我們」之核心。祂努力使一切核心能向外移動，締成有更大包容性的「我們」。人類進化之完成在於形成一個大家庭，變成一個「我們」團體；而一切小型的「我們」只是此「終極我們」的象徵及準備。不斷地開放、不斷地提升、使人類充分地自我實現，這就是「絕對你」參與及主導的第二創造。

上帝的存在展現了人性的新的向度及可能性。神不單是人自我實現的助緣，還是必要的因素。人終其一生固然難免看到無數令人畏縮及難堪的注視，但無可否認地也接觸過許多振奮人心、使人能解除心靈武裝的青睞；這時，神的注視亦在這些青睞中播及我的身體和靈魂，祂以愛的慈暉來包容、寬恕、安慰、喜愛、鼓舞、再造我，這也是一份經驗事實。人與人的深度關係反映人與神的密切關係，這種思考方式與中古哲人證明神存在之方式殊異，但其力量卻不尋常，連有無神傾向的卡繆亦接受此類進路。

馬賽爾體認過「絕對你」的注視，後者給他的是幸福和喜

33　*Du refus à l'invocation*, p.295.

34　*Le mystère de l'être*, vol. I, p.209; *Présence et immortalité*, p.32.

樂：

> 我終於被基督信仰所包圍。我沉浸在裡面，幸福地沉浸……
>
> 在我思想中出現了的光為我只是「另一位」的延長，祂是唯一的光，喜樂的圓滿。我才彈了很久布拉姆斯的鋼琴奏鳴曲，從前沒有彈過，這些奏鳴曲將常為我提醒這些難忘的時刻。我怎麼能抑止「氾濫」、「絕對安全感」和「被包圍」在深厚的愛中的情緒呢？
>
> 支持我最大的力量，是我不願站在那些曾經出賣基督者一邊的意志。[35]

沙特與馬賽爾對「另一位」的描寫，竟有如此差異，神學是人學之延長：沙特的人際關係是敵我，馬賽爾的卻是互為主體的，雖然後者並不否定人與人之間有衝突的事實。

沙特去世前的變卦

1980 年沙特去世那年，他接受兩次訪問，一次是他的學生萊維（Beeny Lévy），訪問內容分三次在《新觀察週刊》（*Le Nouvel Observateur*）上發表（1980 年三月十、十七、二十四日）。另一次訪問由同一週刊的記者莫爾納（Thomas Molnar）

---

35 《是與有》，頁 8、13、17。

所作。莫氏是馬克思主義者，對著這樣的一位記者，沙特作了驚人的告白：

> 我並不認為我是偶然的產品，也不是宇宙間一撮塵土而已，卻是被期待、被準備、被預塑的某人。簡言之，是一個只有造物者可在此處置放的存有。而一個具創造力之手的觀念是指神而言的。

這段告白引起沙特的伴侶西蒙·德·波娃（Simone de Beauvoir, 1908-1986）的強烈反應。她說：「我的一切朋友、沙特的一切同志，以及編輯同仁全都支持我對他的憤怒。」[36]

這件事的確說明了人在未蓋棺之前不能被定論的真理。一生宣揚無神人文主義的沙特在去世前竟有如許改變，令人不可思議。這真是二十世紀思想界的大弔詭、大矛盾。從沙特數語及德·波娃的反應中，我們無疑看到沙特死前採取了有神論的立場，揚棄了一生追逐的無神主義。雖然我們無法詳知這種改變的來龍去脈，亦不知這種信念影響到他的哲學理論到什麼程度，不過，這項資訊已夠耐人尋味，而作種種猜測和思考。從尼采、馬克思到羅素等哲學界攻訐有神論之辯，竟會在二十世紀八○年代結束在沙特的有神論身上，有神論竟變成了結辯的贏家！

在另一訪問中，沙特坦承他給人設計的終極目標到頭來是一個徹底失敗。且聽兩人的對話：

---

36 N. J. Geisler, "The Collapse of Modern Atheism"，參閱 R. A. Varghese, (ed.), *The Intellectuals Speak Out About God*, Texas: Lewis and Standl, 1984, p.136.

萊維：你曾經說過，人們建立起一個未來目標，這個超越性行為最終也會失敗。在《存有與虛無》一書中，你描述一個人全心全意建立起一個目標，但卻沒有任何意義。人建立許多目標，但是基本上，人只有一個目的，就是要變成上帝，變成自己的推動力，因而也構成自己的失敗。

沙特：我並未完全拋棄這個失敗的觀念……每個人在即時的觀念和實際的目標以外，還有一個更為長遠的目標，我把它叫作絕對的或超越的目標，所有實際目標與這個絕對目標有關，才會有意義。人們的行動的意義也在於這個絕對的目標。當然，對於不同的人，這個絕對目標有不同的內容；但是，其絕對性卻是共同的。希望是與這個絕對的目標聯繫的，就像真正的失敗也是與這個絕對目標連在一起的……絕望就是認為個人的基本目標是不能達到的，結果，人類的處境包涵著本質上的失敗。[37]

這一段話顯示沙特看清了一個事實：如果他堅持他的無神論系統，他的絕對目標是無法達成的，他的絕對目標是變成神，終其一生，他體認這種目標是不可能達成的，因此持這種目標的人註定要失敗。不過，從上面另一段訪問中我們見到他已放棄了無神論，也可說他已放棄成為神的目標，而接受自己是受造及被塑造的事實，那麼，他又以某種方式超越了無神論的矛盾，踏上另

---

37 《沙特最後的話語》，頁 23-26。

一個邏輯平面。從有神論的角度看末期沙特及沙特一生，可以這麼肯定：沙特的無神哲學內含的矛盾不能叫人達到圓滿，但沙特自己放棄了無神立場，使沙特躍入另一平面，而不致全功盡棄。

沙特由無神到有神的心路歷程，因為缺乏充分的資訊故難以推論。至少，他用了自己的自由推翻了他過去的立場，證實了他的自由理論的邏輯。我們可以懷疑的是：沙特真是無神論者嗎？是否在他無神的外殼下，他根本從未徹底甩去信仰的企嚮？若然，他只曾是一個反神論者，而從未真是個無神論者。

結語

有神與無神之爭不會因沙特去世而結束，它還會繼續下去，刺激兩方去尋求更充足的理由來否證對方。不過，令人奇怪的是兩方都有一個共識：即認定自己的主張更有意義。從而可知意義之存在及重要是無法否認的事實。有神論認為神的存在構成人及世界存在的終極意義，而否認神之存在是否可說否定生命的終極意義？

（1993.7《哲學與文化》）

9　唐君毅的死亡哲學

　　《前世今生》於 1992 年出版之後，入暢銷書排行榜，兩年
來高居不下。[1] 座談會、雜誌專期紛紛出現，[2] 形成 1994 年的文
化現象。接著，台大心理系兩位教授合開「生死學探討」的課
程，報名人數聽說超過一百五十人，煞是奇聞。一向為國人避諱
的話題，現今變成熱門，從面對人生真實的角度來看，這毋寧是
一個健康的現象。海德格一直強調，除非我人面對死亡，並作一
基本抉擇，不然我人無法活真實的生活。他把死亡看成人必須去
實現的最後一個可能。

　　唐君毅先生（1909-1978）仙逝迄今已十六年。1979 年出版
的《唐君毅先生紀念集》[3] 中，有人稱他為「文化意識界中的巨

1　編註：《前世今生》的作者布萊恩·魏斯（Brian L. Weiss）醫師畢業於常春藤
　　名校耶魯大學和哥倫比亞大學，接受過正規醫學訓練，是一位權威的心理醫學教
　　授、主任醫師、堅決的無神論者。某次在催眠病患時，突然接觸到輪迴轉世，魏
　　斯對之既驚又疑，卻無法做出科學解釋。於是，他自認以客觀態度記錄下治療過
　　程，幾年後整理成書。該書甫一面世，竟連續九十六週雄踞美國佛羅里達州暢銷
　　書排行榜，旋即引爆歐美文化圈，譯成數十種文字，熱銷全球。台灣僅初版就銷
　　售了數十萬冊。參布萊恩·魏斯（Brian L. Weiss）著，譚智華譯，《前世今生：
　　生命輪迴的前世療法》（*Many Lives, Many Masters*），台北：張老師，1992。

2　座談會〈前世與今生的約會〉：「神祕主義與科學對話」，王溢嘉與高天恩，
　　1993.11.20；「前世今生的對話」，林治平與楊惠南，1993.12.12；「生命輪迴
　　的奧祕」，陸達誠與高天恩，1993.11.19；「對談生與死」，楊國樞與傅偉勳，
　　1994.1.8。《哲學雜誌》第 8 期專題即討論此書，1994.4。台大開「生死學」首
　　堂爆滿，見《聯合報》，1994.3.6。

3　馮愛群編，《唐君毅先生紀念集》，台北：學生書局，1969 初版。

人」，[4] 偉哉斯言。筆者在三十年前開始拜讀唐師作品，時受他
的愛國憂民的情操所震撼，覺得這樣一位學者才是真正的哲學大
師，才是文化界的巨人。稍後筆者有幸親炙唐師，並有數次魚雁
往來。[5] 希望這篇討論他的「死亡哲學」的文章能得其真髓，並
得唐師之助，使我們體認他死而人不滅，且生死兩界可以相通的
卓見，也以此體認與唐氏直接感通，使此知識得以圓滿。

死亡哲學之問題何在

　　孔子忌談怪力亂神，又說未知生焉知死，好像他把知識和智
慧限定於有生之年，對不可知者存而不論，更不去費力猜測。這
種態度形成了儒家不談死的傾向。

　　曾昭旭教授在《鵝湖月刊》中以〈零簡〉為題說了下面一段
話：

> 　　我七歲的兒子有一次說：「既然人都要死的，那為
> 什麼還要活？」是的，我們因此可以了悟人生的意義在
> 於歷程而不能定在任何目標之上，否則必引致人生終只
> 是一場空之否定理論。[6]

4　同上，頁508。
5　唐師〈致陸達誠神甫書〉，見《中華人文與當今世界補編》下，台北：學生書
　　局，1988 初版，頁 374-377。拙文〈沐春風、訴天志——憶唐師君毅〉，《鵝湖
　　月刊》，第 12 期，1978.6，參閱本書附錄二。
6　《鵝湖月刊》，第 109 期，1984.7，頁 50。

曾教授沒有回答他兒子的問題，卻說，人生之意義應在生命這一段看。弦外之義是：生命雖有結束，但此結束及死後的情況是不可知的，故不必去求知；要平撫這類問題的好奇，只需充分地活好人生就可以了。

唐君毅先生雖然也是孔門弟子，甚至是當代大儒，卻對生死終極問題抱持不同的看法。他認為死的問題不但可問，並且應問。對死亡真諦的好奇是合情合理合法的。他說：

> 蓋水火無知，人則有覺，水火可不問其始終，人則不能不問也。若謂人應求自然，不越自然所加於人之限制，則吾將曰：自然真加限制於吾人，則不應使吾人復生追索生前死後之心；吾人既有追索生前死後之心，則自然未嘗加吾人以限制可知。若謂此追索生前死後之心亦即自然所賦與而加於吾人之限制，則吾人追索生前死後之心亦即自然限制中之正當活動，追索生前死後，正所以順自然也。[7]

唐氏從而亦肯定宗教信仰中的超越要求，認為這些要求是正當合理的：

> 依良知為標準，我們可說一切高級宗教中之超越信仰，皆出自人之求至善至真完滿無限永恆之生命之要

7　唐君毅著，《中西哲學思想之比較論文集》，台北：學生書局，1988 全集校訂版，頁 439-440。

求，求拔除一切罪惡與苦痛之要求，賞善罰惡以實現永
恆的正義的要求，因而是人當有的。我們不能說此要求
是人心所不當有。[8]

人對終極問題之提出有正當性，因為人的理性不能不追求
「常」，生命如果隨死而消失，則為無常，也是違理。

> 吾人之思想行為蓋皆在變中求常。一切科學藝術政
> 治宗教之可能，無不本於此。吾人既無往不於變中有
> 常，則吾人之求吾人人格之常於變中，亦有吾人理性上
> 應有之權。吾人人格若果一死即煙落銷沉，化為異物，
> 則實為有變無常也。故吾人求其不朽不墮斷滅，實為論
> 理上之應然。[9]

對生命不朽為正當合理之問題與否固可肯定，然而如何回答
此一合理問題則又另當別論。因為生死兩界如天人永隔，死之表
像可見，死之本質則不可知，死後種種更非現象界之事，則吾人
何以知之，何以答之，所答者是否是真相更令人懷疑。

唐先生認為不需要從死瞭解死，亦不必由彼界傳來的資訊去
瞭解死後世界之謎，他說：「人對於人生之真瞭解，與對死者之
真情實感展露出：一條由生之世界通到死之世界，由現實世界通
到超現實世界，由生的光明通到死之黑暗的大路。此之謂通幽

8　唐君毅著，《人文精神之重建》，香港：新亞研究所，1955 初版，頁 583。
9　《中西哲學思想之比較論文集》，頁 443-444。

明的大路。」[10] 唐先生的方法是兼用理性觀察分辨亦用真情去體
證。用理性去瞭解全面人生，就會看到人生的多面性，除了構成
人的身體之物質外，尚有精神、心或道德主體，後者在有生之年
一直表現超物質的能力，且直通宇宙本心，故不會隨身體之毀損
而消失。對於理性活動之考察，唐氏絕對站穩哲學家的立場，他
的結論是可驗證的，故有普遍價值。至於以真情通幽明，雖然似
乎不合哲學常規，然而不是悖理的，因為人人可有以真情通幽明
的體驗，生死兩界可藉真情而溝通。真情不是幻覺亦非情緒，而
是出自人心深處之道德活動，此活動超出理性管轄的範圍，因此
理性不能對之妄加判斷，而循「常規」的理性只是工具理性，此
處之我已是我之全體，本體之我。由這種生命體驗開釋出的知識
遠遠超過理性之知。

　　不論用人生之現象分析或以真情體驗後之絕對肯定，唐氏都
未用超自然的啟示或想像性的猜測來達到死後生命之謎的解答。
至少在方法上，唐氏符合儒家的傳統，這也是哲學異於宗教之
處。

物質與生命

　　同人在一起便是同人的身體在一起。在活人世界中，身體與
人是絕對等同的。身體不單是人的表像，人的工具，也是人自
己。人之精神即心，心身如呼應，「呼是心願，應是身行。心所

10　唐君毅著，《人生之體驗續編》，台北：學生書局，1980 四版，頁 89。

願者，直不只是此身之行，另無外在目的。則心身之關係，才呼即應，才應即止。處處道成肉身，處處肉身即道。」[11]肉身既為道，不再是工具，心身二位一體是完美的結合，身體分享主體性，如馬賽爾所言身體兼具「所有」與「所是」兩性，我有我體，我也是吾體，而其工具性功能並不使身體喪失其參與「使用工具者」的主體身分，所以身體絕對地與心結合成人的主體性，精神（心）因身體而落實，能在時空中有其定位亦有其作為。[12]與道化成一體之身體雖有物質性，但非純物質，身體之物質性隨物質環境的影響，「向橫的方向動」，與「逐漸表現與向上的生命力相反之趨向。身體中物質的惰性，強到某一階段，不能為生命力表現之工具時，生命便離開物質世界，而復歸於其自身了。」[13]

　　這裡講的生命已是精神生命，精神生命需要身體來體現其自身並有各種活動；但它的活動方向不像物之橫向，而是縱的往上方向。人內兩種動向構成一股張力，也是一種活力的表現。橫向之物生阻力，但阻力中仍使生命力表現出來。人的一切經驗都在此張力中達成。與身體結合之心在生時獲得各種經驗，這些經驗都化到生命中，不會隨死而消失。他說：「當我們死時，我們並莫有損失，我們是帶著更豐富之生命經驗，回歸於生命世界自身了。」[14]所以離開物質世界之生命力不是一「空洞的

11　同上，頁 117。

12　同上，頁 117-118。另請參閱《馬賽爾》，頁 140-157。

13　唐君毅著，《心物與人生》，台北：學生書局，1975 增訂版，頁 74。

14　同上，頁 76。

生命力」。[15] 身體在人「死」後固然物化，但身體在生前之一切活動已豐富過人之全體，將與生命永存，因此也可說身體未全滅。「身體所留於心中之印象者亦屬心，故身體亦有隨心不滅者。」[16] 換言之，身體參與人全體之活動所有之成果都已種植到主體之中，已進入不朽之領域。此說與天主教的復活神學之新解若合符節。[17]

身體中的物質性受物質定律之管轄，因此會衰弱與僵化。身體之惰性增加時，生命力之表現就受影響，但生命本身並未衰弱。到物質的表現能力完全消失時，生命就躍出物質之外，轉化成另一種生命活動。唐先生用一個比喻來說明生命力之表面消失：「猶如我們遠遠看見一人在繞山走，漸漸看不見，這只因為他轉了彎，暫向另一進向走去，如果我們只以山之橫面為唯一真實，我們會以為他已死了。」[18] 事實上，普通人確說他死了，不過知道他未全死。所以我們在「死」之字上加一個引號。

心之現象與本質

唐君毅認為生命不隨物質死亡，生命無生滅，這是基於他對心的體認。生命分享心之恆常性乃可與心永垂千古。然何以知道心有恆常不朽之特性呢？此須自心之現象來透視。唐師先對心之

15　同上，頁 80。

16　《中西哲學思想之比較論文集》，頁 445。

17　黃鳳梧編著，《人類的未來》，台北：光啟，1975 初版，頁 118。

18　《心物與人生》，頁 82。

本體作如下斷語：「我相信我心之本體是恆常、真實、清明、無限廣大、至善、完滿。」[19] 這句斷言是出自心理要求 [20] 及與世界暫隔後默識自體而得。[21]

心觀照心外一切且涵蓋一切。既能認識心外一切就不受身體所限。與心所對的是境，心境不分。心是困於有限之無限，其無限表現在打破身體與外物之互閉互隔關係，而在打破消除此兩端限制時，自心世界自然顯現。心的無限是「消極的無限」，[22] 因為它只能在限中表現它破限的品德。限可破，則限為可生可滅之現象，心破限，心無生滅，為恆常存在者。

此恆常無限之心住何處？住於身內？唐氏說：「說我的心限於我之身，真是何等的自小之說呵。如果我的心真限於我的身，我如何能對外界有任何認識。」[23] 所以他認為心無住，也住在一切內，如上所說它涵蓋其觀照的一切，在萬境中周旋。這時唐師體驗到心之廣大、清明、完美，乃忘卻世界一切缺憾和罪惡，甚至可說：「使我常覺神即在我之後，我即通於神、我即是神。」[24]

「我是神」基於「我通於神」，通於天心之謂，這時我心可有至廣至大之境。我心通天心天理，亦在此通之中與古今一切之「合當然之道之心」[25] 合而為一，因為天理天心是「原即自此一

---

19 唐君毅著，《道德自我之建立》，香港：人生出版社，1963，頁 88。
20 同上，頁 90。
21 同上，頁 100。
22 同上，頁 97。
23 同上，頁 89。
24 同上。
25 唐君毅著，《病裡乾坤》，台北：鵝湖，1984 再版，頁 45。

切人共有之此理之交遍相攝而立名」。[26] 如此：我心、天心、一切合道之心三種心合於一理。這是心之超越本質的形上基礎。再從根源回至形體，唐氏由二種活動分出二種心，一是經驗的心，隸屬於現實存在之生命，亦即自然生命，其中有非道非理，故可滅可死，但另一為合道之心，此心不把當然之道虛懸於外，能見道、存道、體道，則隨道不滅。[27] 換言之，心若不求理求道，只求私利私益，則難以想像其能永存。

其次，心的活動雖藉身體而進行，然亦不全受身體所限，故可破限越限。人的情感和志願都是超限的。情感、志願和認識使心搭上身外之境，而與之相合，這些行動不斷消耗身體，而把身體生存之延續欲望加以否定。唐氏舉捐贈遺體之例說：「他在生前之精神早已超乎他個人身體之存在與生死之問題之上了。在生前已超乎生死之上的精神，是斷然不能有死的。」[28]

於是在生命過程中出現二種反方向的存在動向：「人以其身體之走向不存在，成就其生活與精神活動之走向存在，是即人之生活與精神活動，由人之不斷去迎接『其身體之不存在以存在』之直接的證明。亦即人之有生之日，皆生於死之上之直接的證明。生於死之上的生，乃以最後之死，成就其一段最大之生，亦成就其生活與精神活動之最大存在。故死非人生之消滅，而只是人生之暫終。」[29]

人生之暫終是生命現象之暫終而非生命本身及精神之暫終。

---

26 同上。
27 同上，頁44。
28 《人生之體驗續編》，頁91。
29 同上，頁92。

生命只轉了一個彎，看不見了，但繼續在山間行走。唐氏肯定人
「死」後精神不死，此不死不是立功、立德、立言之不朽，而是
人本身之不死。沒有身體之精神體稱為「鬼神」，鬼神有別於
人，已入幽冥黃泉，但其精神之超越性未曾失去，其「在」仍可
被感受：洋洋乎如在其上，如在其左右。與鬼神相通唯賴真情。

　　真情通幽明。鬼神之情按其生前關念之情之大小而定，生前
關念一家一鄉一國或天下萬世者，死後之德亦然，故孔子、釋
迦、耶穌，情在天下萬世。活人以誠敬之心祭親人，使後者之情
有所寄，而足慰其在天之靈。就在深度紀念及弔祭亡者時，超生
死之心終能脫幽入明。兩情相接之真實，反證有情者之生命存
留，請聽唐師之語：

> 懷念誠敬之意者，肫肫懇懇之真情也。真情必不寄
> 於虛，而必向乎實，必不浮散以止於抽象之觀念印象，
> 而必凝聚以著乎具體之存在。既著之，則懷念誠敬之
> 意，得此所對，而不忍相離。事死如事生，事亡如事存
> 者，「如」非虛擬之詞，乃實況之語。[30]

　　鬼神乃人本身之實體。此實體非由理智感覺來把握，而由至
情彰顯的，至情彰至理及人之「大實」，要先去掉理智感覺壟斷
知識之偏見，然後才能得由情入實之真見。另一方面，人鬼之通
亦包括了與古往今來、東西南北海一切聖賢之心的相通，自盡己
心時亦兼盡一切善士之心，「心光相照，往古來今，上下四方，

30　同上，頁100。

渾成一片，更無人我內外之隔。肫肫其仁，淵淵其淵，浩浩其
天。是見天心，是見天理。」[31]

我心、眾賢之心和天心三心合而為一，這是唐氏所謂「我即
是神」[32] 之真義。人非神，但心與心相遇時天人合一。

死的智慧

上節提及的是他人之死。唐氏強調他人「死」後仍然存在：
成為有情的鬼神，情之大小依其在世時之情和德來衡量。鬼神與
活人以情相通，而除幽明之隔。現在要談的是個人之死。每個人
都要面臨個人的終極問題。死亡是一切生物的共同遭遇，知死卻
唯人有之，因知死而有怕死，甚至掩蓋死。掩蓋死指不願面對必
須要面對的死亡，盡量避免與死有聯想的東西，譬如醫院不設四
樓，紅包不送四字數，親人病危還騙他沒問題。這種不敢面對死
的生活態度逼人走向不真實，如果用逸樂散心來使自己麻醉，或
隨著大眾求世俗化，免得面獨，則更是「陷落」。這些面對死而
產生的現象，是海德格《存在與時間》一書中對人生現象之描
述，唐君毅照單全收。[33] 人會死，人必死，然不知何時死，且不
知死之樣態，這就構成人對死之恐懼：存在之焦慮，原始的不

31　同上，頁 101。

32　《道德自我之建立》，頁 87。

33　〈述海德格之存在哲學〉，見唐君毅著，《哲學概論》下，台北：學生書局，
　　1975 四版，附編頁 54-115；討論死亡部分，頁 82-88。《人生之體驗續編》，頁
　　114-115。

安。

　　死之智慧乃肯定生命整體必須包含死。唐氏認為孔子言未知生焉知死；但海德格卻說：「人如不真知死，則並不能知生。」[34] 死在生的邊界，在經驗及非經驗的分界線上，不在我之意識範圍中。每一個人單獨地去面臨死亡，結束人生旅程，因此各人的死亡必須各人自己去解決。[35] 以現實生命來說，人活在潛能與實現的過程之中，不斷地把潛能實現出來，則人不斷進步，愈來愈完美。死亡一面叫人不再有實現，一面也是人生之最後一次實現，如此，死亡成為人生最後之一個可能。揭開對死之掩蓋，即「把死真實地接受下來。死是將來的事，然我在現在真知我將來必死，我即在思想中跑到將來，而人生即跑到將來的死之前。我把將來的死，在現在加以把握，我即把人生之最後的可能與人生之全體性加以把握。我真把死把握，我即可真不怕死，而自死解脫，自『死』自由，而可使我有真實的全體性的人生。」[36]

　　何以自「死」自由呢？他說從向外陷落與虛偽化中拔出，不再流失於人群之中；自由亦指從一些搖擺不定的泛泛可能與機遇心態中自拔。死亡雖若一種空無，但此空無可把人生之真實可能襯托出來，使人生超脫空無，完成真實。二十世紀存在大師雅斯培有「界限處境」說。[37] 雅氏認為死亡、痛苦、掙扎和罪惡感使人走向真正的存在，亦即走向超越。受海德格和雅斯培的存在思

34　《哲學概論》下，頁 82。
35　同上，頁 86。
36　同上，頁 85。
37　黃蕣著，《雅斯培》，台北：東大，1992，頁 110-113。

想啟發，唐氏走出儒家的人生哲學範圍，而能面對死亡並討論死亡，且看到死亡提供的智慧：死亡使人活得真實和完全。

唐氏認為不論是橫逆之死或自然命終都包含善性，即死亡顯現仁德。死亡之本質為善，何以知之？這是唐氏最後一書《生命存在與心靈境界》中第二十五章〈天德流行境〉中討論的。橫逆之死指一個生命被其他生命殘害受苦而死，這類死確是一種惡，不能成為有價值意義者，但「在人的道德生活中，則人可有一所以自處其橫逆之死之道。此則不外人能先以盡道存心，則其受橫逆而死，皆是盡道而死，而橫逆之死即非橫逆，正所以玉成人之道德人格者。」[38] 換言之，客觀之惡因遭橫逆死者內心之道而得以轉化，使此不善不仁之遭遇變成成就道德之機遇。橫逆之死對不同德性之人有不同之後果，唯對存德者成為善行。

其次是自然之死。自然之死是壽終，是生命之休息。人工作一生，奉公盡責，有死乃能休息，休息本身為善。賢勇之士若把持其位使後世賢勇之士不能繼守世間之業，不能得位，是不仁。相反，死使人讓賢，而使人守仁，這自然之仁，上帝亦以之為善。[39]

橫逆之死為善是針對有道德心的人而言，自然死之為善是對一切生命而言。宇宙生生不息，人參與其創生工程，到一階段，把工作及位子讓給後繼者，使後繼者亦能充分發揮其創造力，推進宇宙整體的完美。死乃變成美德，成他人之美。

總之，唐氏常從道心整體來回觀個別生命，在道心角度下，

---

38 唐君毅著，《生命存在與心靈境界》下，台北：學生書局，1977，頁847。
39 同上，頁847-848。

個人之志不因個人去世而失或徹底改變，個人通於道心之心願常會有後起者繼續完成之，故無悲可言。至於私志私願因死而未了者，唐氏認為亦不足悲，因生命本身不隨「死」而消失，必在此體內有一番實現方式，心不在此體內，它或暫不需此實現，或有其他實現方式。唐氏用樂器喻肉軀之用：「身體非其所執著的工具，只為一直接表現其心靈活動之一時之憑藉，如彈奏心靈樂曲之樂器。若然，則此樂器，經一番彈奏，自有一番樂曲之聲。若不彈奏，則樂曲和樂器，可同歸於寂。若人亡琴破，則樂曲自在天壤，另有他琴彈奏。此中便使心身兩無遺憾。」[40]可見天心、道心之永恆本質是唐氏體察一切個人本身價值完成與否之最後依據，個人之心結合道心，則個人志願不會因死而失陷；卻重回天道大流，而以其他方式表達或完成，乃無悲可言了。

輪迴：業種與投胎

輪迴投胎是佛教的基本信仰，但也不限於佛教之內。《前世今生》一書由美國精神科醫師魏斯撰寫，涉及的人事均與佛教無關。古代希臘亦有輪迴之說。中國傳統一向不信人死俱亡，故信鬼神，但此死後生靈之會投胎轉世，倒並非是普遍信仰。唐氏秉持儒家立場，以非佛教徒身分來探討輪迴，頗見其獨創性。上文提及唐氏相信有超越能力[41]之心體，以及與心體結合之生命不隨

---

40 《人生之體驗續編》，頁 117。

41 心之超越能力表現於良知無法客觀化，見《人文精神之重建》，頁 579；知人會死而超死，見《人生之體驗續編》，頁 115；超忘，見《生命存在與心靈

身體之「死」而毀滅，卻有「轉化說」，人在山中繞行，轉一個彎就不見了，不是死了，而是轉成另一種活動。循此思考，本亦可以推出輪迴之假設，至少給輪迴投胎說開了一扇門，即生命可入另一肉體來完成其未竟之願、未了之業。然而唐氏未取此說。先從他對佛教輪迴觀之瞭解著手，再介紹他對此觀點之批判。

唐氏認為佛教把「無明」看成生老病死之原，而以超世、出世去破無明以去求德行智慧。唐氏對無明說不予贊同，因為自然生命之向命終而死體現自然之仁德、禮讓之德、義德及智慧。[42]又說佛家之無明包括不知其生之所以生，不知有前世及後世。唐氏認為「不知」與忘卻是善，此待後述。總之，唐氏認為死亡是自然現象，不涉及無明或缺德。

至於死後之信靈魂不死則從心之超越能力、人之情和德推出，在〈天德流行境〉內更以觀念之存說之。觀念不隨事境之變而消失，對去世親人之印象亦然，其音容猶留於後死者之心目，「既念其生，即不忍其死，更依此情而望生者之不死。」[43]這種不忍之心固是主觀的，但配合前面對人生前的超越活動以及人死後幽明兩界以真情相通而得之「大實」，則亦有超主觀的全面論證功效。唐氏除前面一般性的推理外，更站到佛教立場上看六道超度的可能。他說：「推此情至乎其極，則對一切自然界之其他

境界》，頁 850-852；死前努力不懈，見《中西哲學思想之比較論文集》，頁 441；破有限，見《道德自我之建立》，頁 96；忘掉前世是超越根源，見《生命存在與心靈境界》，頁 850。

42　《生命存在與心靈境界》，頁 849-850，「由其死以使繼起之生命存在，得有其世間之住」見自然仁德與禮讓之德；「使自己之生命存在與其他生命存在，分別得其在時間中之位」見義德；「不自覺地求自超越其生命之執著」見智德。

43　同上，頁 845。

生物之死，亦不當謂其死後，其自身之生時所以成其生之功能種子，皆一死而無餘；故必當謂此一切自然生命存在，皆有死而不亡者存，更有其來世，歷無量劫，皆能成佛。此則佛家之悲情大慧，吾亦不忍否認之者也。」[44] 唐氏把一切有情皆能成佛，與基督教之萬物為人而造，只人能蒙恩得救之說比較，認為前者表現一更廣大的慈悲心腸。[45] 雖然唐氏本身的哲學信念可以對輪迴轉世有開放性，而他又肯定佛教比基督宗教有更大的慈悲胸懷，但他討論輪迴時並不以輪迴為事實，而只以假設的方式出發，他對輪迴提出的質詢也說明了其假設的立場。可以說，唐氏相信鬼神存在，以及幽明可通，但未取輪迴為絕對信念。

談輪迴首當其衝的是業（Karma）。業分行業及業種。唐氏如是說：

> 行業有遷流而業種則潛存而不失，今生後世之業種乃相續而無間，因緣聚會，自當重視。千萬年如瞬息，固不須憂其斷滅。然善業種不滅，不善業種亦如之，苦樂之種亦如之。此生生世世善惡苦樂之種，雜糅而輪現，終無了期，亦未必能自憶。[46]

這段話了無新意，唐氏將之提出作為討論的出發點。

業不滅，則投胎轉世無終期。而轉世者不能記憶前世之事，但必須承受業報。唐氏認為忘掉前世之事並非壞事，忘前世之作

---

44 同上，頁 849。
45 《人文精神之重建》，頁 585。
46 《病裡乾坤》，頁 41。

為，忘前世之善惡業，使人進入一種無知，倒可有原始的純潔，而使天德更能暢流。超忘前生乃成「一『破空而出』之赤裸裸的生命，以存於天地之間。則其初不自知有此前生，亦不自知其根源，即皆同為表現其生命之先天的空寂性、純潔性，而為一善之流行者矣。」[47]

其次，忘前知前念，可使本心空虛，心不滿而虛乃能有新念新知。若一念永續而不能忘，千萬年同一念，就不能超越，滯於已知。[48] 此與沙特之無化意識內容以達絕對自由有異曲同工之妙似。唐氏之忘有破除限制之用：

> 我們所認識的對象，都只是一象徵，每一象徵之形色，只是表示一限制之破除，只是一心之本體表現之通路。若果每一對象之形色，均是心之本體表現之通路，則每一對象之形色，便都不會是心之本體所願停滯之所。心之本體本是要破除一切限制，它破除了此種限制，還須破除其他限制，而表現於他處，造成其他現實世界中之通路。如果它停滯於一通路之上，它無異把它自己限制住。我想起了，當我心陷於已過去之對象時，則我們對當下之對象，便視而不見；於是我瞭解，心要有繼續的認識活動，便必須忘掉過去。[49]

47　《生命存在與心靈境界》下，頁 851-852。

48　同上，頁 851。

49　《道德自我之建立》，頁 99。忘能為善，但忘不該忘者則乏善可陳，且記而不必滿，因所記非實體（筆者有感）。

認識層次之生滅或有其必要性，但為存在層次來說，可被遺忘之生命部分顯出此部分對自己當下生存關係闕如，那麼可忘之前世不足夠慰我有來生之念。

> 人已長大，自視其兒時與少年事，已若漠不關己，而視同他人之事；則今生之我視後世之我，亦另是一人。彼自生而我已亡；則恒情於此，仍將唯慮其今生之死亡未必能由其來生之必有，以自慰其情。[50]

此外，唐氏亦對投胎靈魂為有限數或無限數之問題提出討論。他說：「若人之靈魂有一定之數，則一旦人之靈魂均投生為人之後，勢必有男女配合不能生殖之一日。此殊令人不可解。」[51]若六道輪迴，生物可投生為人，則又有三難：一、其他生物之靈魂如亦有定數，則亦會發生雌雄生物配合而不能生殖之事；二、其他生物生為人，若此生物為犬猴，則投入人胎後，生下的該是犬猴之體，則發生人生犬猴，此為不可能。若生下為人，則此犬猴之魂必須與人之魂結合才能生人（或混合體），但上面已假定人的靈魂已全數投胎了，那麼現在須與六道之一結合之人魂何處來呢？三、有些低級生物，其體分割後各成個體生存，如螞蝗；而蚜蟲一卵細胞可成一蚜蟲，再加一精細胞亦成一蚜蟲。「若謂一生物化為多生物時必有多生物之靈魂來，多生物化為一生物時必有多生物之靈魂去，則吾將問如何知之。若謂此

---

50 《病裡乾坤》，頁 41-42。
51 《中西哲學思想之比較論文集》，頁 435。

據靈魂不可分合之理故知,則我將問:汝所謂靈魂不可分合之理究為何本,非本於高等動物之有不可分合之單獨個體性耶?⋯⋯若汝可本高等動物之不可分合性而主靈魂之不可分合,人又何嘗不可根據低級生物之無不可分合之單獨個體性主靈魂之可分合耶?是則主其他生物有靈魂,對於個體流轉不朽論,非特不能救其難,且為之增加三難矣。」[52]

上面三難都出自靈魂為有限數或無限之數之辯,以及靈魂與其他的靈魂結合之難,靈魂自己之可分成若干或若干可合成一魂之問題。這些問題是六道輪迴未曾思及,或大而化之者。唐氏卻以哲學思辨追而不捨:「靈魂究竟有多少,實無由測也。」[53]唐氏在〈論不朽〉一文結尾時提出完善不朽應具備八條件,其中第六條是:「須承認個體流傳有限度內之可能,並說明於何種限度內可能,且須說明投胎時與父母精神肉體之各種關係,而不悖乎各種科學所證明之事實。」[54]

由於筆者非佛教徒,無法解唐先生之惑,或許參與此次會議或有機會閱讀此文的大德學者可以作個說明,使大眾可以看到唐先生之問題不是難答的問題。可惜唐先生本人已無法聽到了。

唐君毅先生的《病裡乾坤》

馬賽爾的奧祕哲學,認為某些問題不再是單純的問題,而已

---

52 同上,頁 435-437。

53 同上,頁 435。

54 同上,頁 446。

成為超問題性之問題（Metaproblematic），亦即奧祕。所謂奧祕即把反省問題者本人亦包括在內之問題。對於奧祕，人不能取外在或主客對立的態度，因為主體本身無法把自己從這類「問題」中抽離出來，受苦、愛、絕望、親人之死、希望等即是。

唐先生以哲學智慧分析死亡，深入精微，見解獨到。但當他生了病，臥在病房裡，知道會變成雙目失明者之刻，他對人生的個人終極有了不尋常的體驗。病苦及死亡之可能變成他的切身遭遇，也成為他的奧祕經驗。這時他仍有一番反省，但這些反省及言說都非空論，而是出自肺腑的真言。其實，反觀唐先生一切有關生命體驗的文章都出自肺腑，因此都深刻動人，尤在《人生之體驗續編》中的每篇文章。但面對自己的衰弱，有感而發而直接表達的當推《病裡乾坤》。該書成於 1967 年二月十六日至三月三日於日本京都醫院，每日清晨寫一節，共十六日畢。其中第四節〈憂患與生死之道〉（頁 18-23）及第十一節〈盡生死之道與超生死〉（頁 40-47），曾為本文所引用。仍有餘義可供參考，特簡述於下：

唐氏先提：「天之使我得此疾，正所以使我於失明之際，更從事於反省默證之功。」此「天」究有何義？命運？或自然？筆者認為是冥冥中之上天，是先秦時儒者相信之超越天。唐師秉持儒家立場，貫徹天道流行而人盡心知性知天，然在生死關頭顯示通過心及性而知之天並非自性，而是一能主宰他生命的更高源頭。

其次他提到目疾帶給他一極深之憂患感，順此而想及失明後之種種悲苦以及死之來臨，而直接論死：「人生之憂患，莫大乎死，其他之任何憂患，皆不足與死相比。人有其他憂患而尚生，

則必尚有不憂患者存。人之有其他憂患，或不免或可免，而死則人所必不能免。茫茫世界中之人，無一非未定死期之死囚。人能知所以對付必然不可免之死之憂患，則亦無憂患之不可免矣。」（頁 21-22）一念而使自己超拔於憂患，此時尋找對付死亡之道。他發現有二件「當事」，一為當養病，二為當了未了之事，如回信債、回人事應酬、校對已作之文章；蘇格拉底臨終前還托人還一雞。二當之間尚能矛盾，而須以養病為先再酌情完成當了之其他事。

第十一節中討論業種及來生，發現有來生不足以慰自己，因可以忘掉此生之來生，可視此生為陌路之另一生，雖有業之因果聯繫但無情之聯繫，有如此來生不足慰我將死之生。但為解脫其憂患，他又回到儒家立場，即強調德及行當道。德使人通今生後世，如「心思之所及，其能通達於今生與後世，則繫於人之德量，亦如人之心思之能通自己與他人者，繫在人心之德量。」[55]至於行當道當理，使人合入超生滅之大道，乃能合之而成永恆普遍者。人若自感平日之心都為「非道非理之心者，亦當唯以求此心之死為念；並感彼當然之道之全，乃超越於其心之上而虛懸於外，……若乍隱而乍現；乃切切於求見道，而不及自見其『見道之心』；彼乃只視道或理為永存；而於人之能見道之心，乃成其為可有而可無者，而疑其可生可滅矣。」[56]反之，以道眼觀其合道之心，則見道非虛懸於外，乃知合道之心非有滅有死之「現實存在之生命」，亦非「經驗之心」。今問此可從生滅中救脫我之

55　《病裡乾坤》，頁 42。

56　同上，頁 44。

現實生命之道，即非僅義理之道，何以有此拔生死之力，可否將此終極之道歸於有終極位格之「絕對你」，而此永恆不死之完美生命不單給予人合理之法則，且使人分享其完美生命，而在人死時，大伸援手，拔人於萬劫不墜，使人「搭上另一人行之大道」？[57] 自力與他力在生死之關卡能否渾然合一，人乃能超越死，合道而入永明？

筆者是天主教徒，有確定的信仰立場，此立場與唐先生之哲學立場沒有衝突。個人之詮釋，或許已違唐師原意，但亦可說是同情的詮釋，是個人設法綜合兩種信仰的嘗試。至於唐師之良知透天心，而人世間主體際經驗構成的心與心之「互攝交遍」，[58]實可與馬賽爾之主體際奧祕說比美，只是馬氏設立「絕對你」在這心心輝映之中心，後者助人作最後一躍，結束人之形上之旅於永福之境。相信對真理絕對忠誠的唐師在我們之前已體驗過這無法言宣之絕對臨在經驗吧！

基督信仰的內容或許與唐師某些理念有扞格，但基督信仰包含及開向的超越天，就像唐師一再提示過的「天主之無限之愛心」、「天主之無私」，而人應以「無限之愛心」與「天主之無限之愛心相契應，以知其密懷」，[59]唐師本人應是此語之履行者，他應為此類密契經驗之過來人。對此文化偉人，我人只能噤聲合什。唐氏比宗教人更為宗教人，還不清楚嗎？唐氏讚揚「精神教會」說：「基督教中，又有人主張於形式之教會外，有精神教會者，在此精神的教會中，正可包括一切在形式上不信基督教

57　同上，頁94。

58　同上，頁47。

59　〈致陸達誠神甫書〉，《中華人文與當今世界補編》下，頁376。

者，而肯定其皆可入天國。」[60] 則此超形式之終極具何名不再重要，亦可以無名，唐氏絕對肯定地說：「在遙遠的地方，一切虔誠終當相遇。」[61]

我們相信這個遙遠的地方並不遙遠，人與人之心真誠相遇處，即此終極之處。願唐師在此處啟導我們體認永恆的生死真道。

（1994.7《哲學與文化》）

60　《人文精神之重建》，頁 588。

61　〈我與宗教徒〉，見《中華人文與當今世界補編》下，頁 277。

10 從存有化角度來看德日進宇宙觀的基督論

前言

德日進神父（Teilhard de Chardin, 1881-1955）曾在中國住過廿二年（1923 至 1947，其中 1924 至 1926 曾返法國），重要的作品都在中國寫成，如《神的氛圍》（*Le Milieu Divin*, 1927），《人的現象》（*Le Phénomène Humain*, 1940）。由於他堅持演化論，他的神哲學書籍要到他去世之後才得問世（1955）。到 1965 年共出版十六本書。該年研究他的作品共二百五十件。十年內研究德氏的書目索引長達九十四頁，兩年後，即 1967 年，一年之內研究他的文章高達四〇四篇，[1] 這時期，在國際思想界，無人可與匹敵。不單在他本行古生物學，及其投身的神哲學內，還在心理學、政治學、人類學、社會學等領域，他到處激起讀者的興趣，各界學者從他的思想中找到可資研究的靈感。由於他的出現，若說全球學術界都受到震撼亦不為過，可謂不鳴則已，一鳴驚人。非洲塞內加爾總統桑戈爾（Senghor）[2] 曾說，是

---

1 前述資料取自徐志忠〈德日進對人類前途的遠景〉，參王秀穀等著，《現代先知德日進》，台北：先知，1975，頁 105。

2 編註：利奧波德・塞達爾・桑戈爾（Léopold Sédar Senghor, 1906-2001），塞內加爾詩人、政治家、文化理論家，天主教徒；1960 年至 1980 年任塞內加爾首任總統，咸認為是二十世紀非洲最重要的知識分子之一。早年留法，致力於民族解放與黑人文化運動，1945 年發表第一部詩集《影之歌》（*Chants d'ombre*），大

德日進把他從信仰危機中拯救出來，真是一針見血，他實可為二十世紀基督徒知識份子的代言人。

德日進的思想遼闊壯大，幾千篇研究他的論文都未把他寫完，筆者僅選「宇宙性基督」一題來討論，著重點在神學方面。但宇宙化基督之存在模式和行動，可用馬賽爾的存有化概念（l'existentiel）來加以詮釋，把兩人的思想比較與綜合，可說是本文的特點。是否可以成功，有待讀者評估，至少這是一個嘗試。

馬賽爾在四十歲時皈依天主教，筆者於 1970 年在巴黎拜訪他時，見到他書房內有一張德日進的放大照片，表示兩人有默契，今把兩位哲人湊在一起，共為信仰作詮釋，應是極有意義的事。「存有化」這個概念在其他哲學思想中亦被應用，意義卻不全相同；而中文界稀有人提及，表示馬賽爾思想在中文界並不普及，或許這個詮釋尚須斟酌，在沒有找到更好的詞彙前，仍用「存有化」一詞，略加說明之，使其意義較為確定。

討論宇宙性基督時，難免涉及德日進的其他關鍵思想和術語，在本文撰寫的過程中，會逐漸引入並略略介紹。

德日進的思想跨越了宗教的藩籬，所以為各界學者樂以閱讀及使用，但其「宇宙性基督」之概念是有基督信仰預設的，因此

獲好評，1979 年獲義大利第一屆「但丁國際獎」。他於總統任內採行非洲社會主義政策，卻極力避免後殖民時代盛行於非洲的馬克思主義和反西方意識形態，對外極力與西方國家及法國交好，並參與法語圈國際組織的創立。塞內加爾在其施政之下政治穩定，並實現權力更迭的和平過渡，是從未有過政變的少數非洲國家。他在 1980 年辭去總統職務，1983 年獲選法蘭西學院院士，1985 年獲諾尼諾國際文學獎。桑戈爾認為是德日進給非洲人提供了一個可以取代馬克思的政治方案，德日進神父是挽救他信仰危機的大恩人。

適用範圍較小，其普遍性不及一般科學及哲學言語之大，這是此概念之侷限。身為天主教神父，當然有信仰預設，因此在他整個思想架構之背面，出現了這個神學詞，非基督徒學者如對基督宗教不持成見，並對人類命運高度關切，且有興趣瞭解德日進，則「宇宙性基督」一詞並不會構成無法克服的思路障礙；不然，亦可以比較宗教學及文化角度來品嘗此詞之義，至少對它增多一份瞭解，這是身為哲學教育者不得不提出的，或許教神學的老師不會考慮到此點。另一方面，有基督信仰的國人同胞有權利也有渴望對自己的信仰有更深一層的體認，使自己更能安身立命，更能綜合世俗知識和心靈的祈嚮，並且能用當代知識份子較易接受之語言說明自己的信念。

「宇宙性基督」之本意

宇宙性基督（Cosmic Christ 或 Universal Christ）指歷史性基督死而復活之後，超越了一切限制，充分展現祂原有的神性，而與天主同有、同存於宇宙萬物，成為宇宙的中心，一面推動宇宙及人類之繼續演化，一面也成為演化之方向及目的，在演化之終極點吸引萬物向上推進，終能彙聚於高峰點，德日進稱之為奧米加（希臘字母中最後一個字）。本來，德日進的整套言說可說是現象描述，從物到生命到人之出現，再由人的努力而完成人類合一，不牽涉宗教信仰，但在宇宙完成之刻，把奧米加稱為基督，就構成了某種侷限性，因為終極超越為各種不同宗教信仰的人士來說，都可以把自己崇信的對象命名之；不過，除此之外，德氏

理論仍能自圓其說，他的內在邏輯不至於使整體動搖。

宇宙性基督不屬於科學和哲學，而屬於信仰部分。德日進以基督徒的身分，看到世界之現象背後有一位具體化的神在支持及推動。創造工程之完結篇由基督主導。因此人化（hominization）[3]之龐大事業以基督創生（Christogenesis）來結束，而基督在復活後已化入宇宙，基督宇宙化也使宇宙逐步基督化，此時之基督是大基督，而非歷史上之耶穌，是具有神性的宇宙性基督，在宇宙演化中，與宇宙一起成長與生成，因此奧米加點為宇宙性基督生成之刻，也是宇宙超越現世性之刻，是完全基督化之宇宙躍入永恆之刻。

「宇宙性基督」之名稱故由德日進發明，但其內容完全來自基督徒的信仰，其依據是四福音和保祿（保羅）書信。基督的先天神性是《新約》的特色。祂在降生之前是聖言，三位一體中之第二位，在降生之後，聖言取了肉體而進入人類家庭，分享人類的歷史和命運。這一個階段是歷史性的耶穌，有血有肉，能為人受苦一直到付出生命。但當祂吐出最後一口氣，高呼：「完成了」（《若望（約翰）福音》第十九章 30 節）之後，祂便從物質的束縛中解脫出來。復活以後的基督，雖然仍以個體的面貌顯現給門徒，祂的新生命已不受時空侷限，而為超時空的與宇宙化和同在的神性基督。耶穌升天時，門徒看到祂裊裊上升，被一朵雲遮住，這時基督擺脫了個體形象，而完全與宇宙同化，就像天主原來的本性一樣。此後基督仍能以個體之面貌顯現，但在一般情況中，祂完全參與世界之演化，徹底地降孕（incarnation）到

3　Pierre Teilhard de Chardin, *Phenomenon of Man*, London: Coolins, 1959, p.164.

物質內促進一切元素之開發和實現，因此，祂真實的是：「我同你們（和萬物）天天在一起，直到今世的終結。」（《瑪竇（馬太）福音》第二十八章 20 節）宇宙性基督之理論根據即為降孕、復活和升天的奧蹟，這些奧蹟根本是基督徒的共同信仰，沒有什麼新穎，只是德日進用富有活力的言語把它們活化起來。

　　歷史上的耶穌已經完成了祂的使命，結束了祂的歷程。宇宙性的大基督卻一直要到奧米加點才得以圓滿，且聽德日進自己的宣言：

> 　　從上至下震撼引導宇宙一切之元素的歷程只是一個。我們更清楚地看出，基督君王，像是一個大太陽，在我們內心的世界上昇起，披戴著世界的基督，或可稱為「宇宙性的基督」。宇宙的一切，一步步，一節節地終於跟一個最深處的核心連繫起來，「在祂內得以穩固」，從這核心湧出的活力，不僅在人類操作的「超性」和「有功勞」的高層中發生作用，降生成人類的天主子也投射其援救的高能量進到物質內，它深深地滲入，直到低級能量的陰暗底層。這個「降生成人」的化工，要一直進行直到一切物體中所涵有的「被選元質」都受其化育：最先是我們的心神先被神化，再則，我們的靈魂因與耶穌相合而達到確定性的圓滿核心時，「道成人身」的奧蹟才算告成。那時經上的話才得印證：「那往上昇起的，莫非就是那首先降來充滿一切的一

位。」[4]

德日進自己是個宇宙人，入耶穌會之後，到過英國、埃及、北美，來中國後去過蒙古、戈壁、紅海，法屬索馬里和阿比西尼亞，也到過中國南部各地、長江流域、四川、廣西、廣東以及印度中西部、爪哇、緬甸等地勘查和挖掘。[5] 在這些不同的地域，他有機會接觸到不同的人民和文化，並在不同的山巔和海邊瞻示過宇宙的奇妙，纖柔與壯美的景色盡收眼底，但他隱隱地看到這個宇宙與他崇信的基督是重疊與吻合的，基督無所不在：宇宙在基督內，基督在宇宙內。整個宇宙變成了一個被祝聖的聖餅。這個聖餅要在宇宙的祭臺上被祝聖的，整個天地變成了一座聖殿：

> 這個大麵餅像一個熊熊的火爐，不停地播射火焰。
> 每當一顆火星輻射到樹叢中時，即刻被一圈火圈包圍起
> 來。這樣，一個世紀隨著另一世紀，聖體聖事的餅（在
> 一個接一個的司鐸手中變得愈來愈大），這個餅被另外
> 一個更大的餅緊緊包圍，後者無限倍地更大，它即宇宙
> 本身。宇宙逐步地被宇宙之素（Universal Element）所
> 吸收。[6]

4　德日進著，鄭聖沖譯，《神的氛圍》（*Le Milieu Divin: Essai de vie intérieure*），台北：光啟，1986，頁46。

5　德日進著，鄭聖沖節譯本，《人的現象》（*Le phénomène humain*），台北：光啟，1972，頁13-19。

6　Pierre Teilhard de Chardin, *Mon univers*, 1924, cited by Henri de Lubac in his *Teilhard de Chardin, The Man and his Meaning*, N.Y.: Hawthorn Books, 1965, p.58.

　　這幅近似神祕主義的描摹，把整個宇宙同神聖的聯結關係表達無遺。司鐸們用被祝聖過的手指，多次握過要被祝聖的麵餅，以耶穌之言使之質變，變成耶穌自己；如今，他要再次握住包含整個天地的大麵餅，以基督之言將天地祝聖，使物質整體變為神聖。這種靈視（Vision）強有力地顯示深度信仰，德日進的神祕主義是徹底地把自己奉獻給這個要被祝聖為基督聖體的宇宙，他的司鐸使命就是要使這塊大麵餅充分實現其一切潛能，直至聖化的潛能，雖然他借用了天主教聖體聖事的言語，但比喻得恰當及真實，可謂上乘之舉。一切有信仰的弟兄姊妹都因領洗而分享基督的司祭職，都可以像德日進一樣，在宇宙聖堂和大地祭臺上與一切司鐸祝聖這個大麵餅。具體地說，就是投入開發世界的洪流，不論在什麼崗位，從事什麼工作或研究，都可促進創造工程之完成，一面使世界更美好，一面使世界更升揚，使他日益肖似其創造者，使宇宙整體成為創造者的活肖像。

　　上面提及的靈視是德日進有此宏觀的條件。他是一個可以「看見」的哲人。看見表象，也透過表象直達本體，表象乃成現象。德日進看的能力來自他的信仰和靈修，因此他講過驚人之語：「因著創化，更因著天主子降生的德能，為明眼人，在世上沒有一件事是庸俗的了。對那些能看清楚的人，也就是說，對那些能在每一受造物中，分辨出在被選的存有都含有一小部分的東西已接受基督的引力、因而踏上完成之道的人，一切都是神聖的。」（Nothing here below is profane for those who know how to see）[7] 看不到的人是有禍的（To see or to perish）。[8] 信仰給了我

7　Pierre Teilhard de Chardin, *Le Milieu Divin*, London: Collins, 1962, p.66.

8　*Phenomenon of Man*, op. cit., 31.

們這個「看見」的能力，看不到的人會停止進化，留於原點或倒退，放棄完成天國的努力。能夠看見的人卻不然，他不斷見到天主的臨在，對聖保祿（保羅）來說，那「充滿萬有」[9]的就是基督；對德日進來說，宇宙不斷地在基督化的過程中，直到大基督完成之刻（Plèrome[10]圓滿）。

奧米加──力拔山兮氣蓋世

奧米加是宇宙萬物進化的終點。由於信仰，德日進已把他設定為具位格的基督。這是整個基督奧體，包括一切信仰祂者，亦包括整個宇宙及其能量通過人類的活動而能整合到不朽生命中之萬物。「祂在萬有之先就有，萬有者都賴祂而存在；祂又是身體──教會的頭：祂是元始，是死者中的首生者，為使祂在萬有之上獨佔首位，因為天主樂意叫整個圓滿居在祂內，並藉祂使萬有，無論是地上的，是天上的，都與自己重歸和好。」（《哥羅森書》〔《歌羅西書》〕第一章，17-20 節）德日進發現在新天新地尚未來臨之前，宇宙由創造者和復活者推動朝向一個目標行進。說「推動」亦可說「吸引」。基督在復活之後，雖以隱密的方式，退到幕後，但祂的全部創造力都釋放出來，不但與宇宙同在，且入宇宙核心，成為宇宙內一切能量之發動者；祂結合了物質中原有之潛能，再予以強化、昇華，而實際上充分實現出來，

9　《致厄弗所人書》（《以弗所書》）第三章 10 節。
10　《神的氛圍》，頁 40。

這包含物質能與精神能，後者亦指倫理之造化。如此，整個宇宙更積極地「動」起來，大步地邁向原始創工之完成。基督不但只在物質之中心，亦在物質之頂峰，祂是宇宙之整幅肖像，祂使宇宙越過一切阻礙不停地向前及朝上伸展，氣象萬千，真可謂力拔山兮氣蓋世。

宇宙在動是絕無爭議之事。但動得有方向，並從低到高地動，就不是「妄動」，而是「進化」。德日進認為在演化過程中人出現在地面之後，進化趨向人之分散、上升和匯合。分散指多元化：各文化、各民族、各宗教、各知識都充分發展，頗似球形之底部向上伸展時之分枝，但上升至球之赤道線時，其分枝已到極處，再繼續往上，便到球之上半部，而趨向更高中心匯合，[11]這指各文化、各宗教間之大交流，人類交往密度大量增加，而逐漸形成國際性大型社會，[12]整個人類逐成地球村，大家休戚相關，互通有無，從小我到大我。這種擺脫自私的力量來自頂峰無盡之愛的力量，是那終極點之愛擁抱了萬千眾生，並使眾生分享其無窮之施與性的愛（Agape）。終於，人能不受物累而墜落，卻奇妙地往上提升。基督同時在頂峰吸引，也在物質中心開發，後者似乎是所謂的「自力」，前者則似「他力」，兩者合作而達

---

11 德日進著，李弘祺譯，陸達誠校訂，《人的現象》，台北：聯經，1983，頁148。「人化的臨介面一經意識所突破，就由發散轉為彙聚，並且可以說從此它不僅匯合為半球形且本身也成了軸。在那轉捩的『赤道』下一半的發展是趨向多樣性的狀況；但一到那上一半時，即有繼續成長和一去不返的統一。」（見頁222）

12 「由東到西，演化開始進入更豐碩繁複的領域，正藉著眾心的彙集而建構『一個心』。朝著超越國度與種族之分那一端的方向，人類以無可避免地開始走向合成一體的大運動。」（李弘祺譯，《人的現象》，頁227）

到真實的超越。

德日進非常樂觀地一再宣稱：「凡上升的，必將匯合」（Everything that rises must converge）。[13] 二十世紀的經驗告訴我人，這不是唯心論式的幻覺。歐洲經過兩次大戰浩劫之後，出現了「歐盟」；美俄冷戰四十年後竟能握手言和；東西德回歸統一；兩韓交談出現曙光，甚至中國海峽兩岸在不同意識形態堅持下逐顯對話的痕跡。地球上的人在動，這是球面上半部之動，逐漸趨向匯合，德氏可稱為先知先覺者。

德呂巴克（Henri de Lubac, S.J., 1896-1991）神父發現德氏體認基督之大能來自祂的大愛，而宇宙性基督生自「耶穌之心之擴充」（the "universal Christ" was born from "an expansion of the Heart of Jesus"）。[14] 是降生為人的歷史性耶穌，在十字架上付出生命時，祂無限的愛日後以長矛刺透之心的象徵來表示：一顆為全人類犧牲自我之心，在復活及升天後，變成了全宇宙之心，與宇宙一同進化，與宇宙一起完成，宇宙多大，其心亦多大。祂的心是一個「火源」，[15] 炎炎愛火足以燒毀一切腐敗和自私，而使萬有終能因愛而聯結。

德日進認為有此力拔山兮巨能的奧米加一定不會低於位格性存有，而被祂吸引和凝聚的眾個體亦不會失去各自的個性；相反，愈與此「眾心之心」[16] 結合者，愈不會失去其自我，反而

13　Pierre Teilhard de Chardin, *The Future of Man*, London: Collins, 1964, p.192.

14　*La Parole attendu*, 1940, Cahiers Pierre Teilhard de Chardin, 4, p.28. Cited by de Lubac in his book *Teilhard de Chardin, Man and His Meaning*, see above, p. 47.

15　《神的氛圍》，頁 120。

16　李弘祺譯，《人的現象》，頁 218、221。

「加深了自我的深度」，[17]「越接近奧米加點，它就越顯然存其自我，越與其他意識不同。」[18] 這與滴水入汪洋以及鹽粒化入鹽液完全不同，個體與奧米加是同中有異，故能互為真愛及交流的對象。

演化的終點終於來臨，就像人的意識脫離本能世界躍入意識之門檻，到達這終極臨界點的人類也受奧米加的吸引，完成了長期的創造和仁愛的努力，把他們的「機體的、屬世的支持拋去，而轉向那日益集中的超越中心。這就是大地精神的終點和完成。」[19] 至此，宇宙逸出太極，躍入無垠之境。

神奇的「存有化」——回頭一笑百媚生

「我父到現在一直工作，我也應該工作」（《若望（約翰）福音》第五章 17 節）。復活後之基督如何工作呢？用什麼言語來描述基督「化」此宇宙及其中之人呢？法哲馬賽爾之「存有化」（l'existentiel）一詞頗為恰當。何謂「存有化」呢？讓我們來省視一下此詞之義。

耶穌復活後，發顯給一些人，尤其那些與祂同受苦難的弟兄姊妹。按《聖經》記載，第一位（聖母除外）得此殊榮者為瑪利亞瑪達肋納（抹大拉的馬利亞）。後者在天色還黑時就匆忙地提了一大壺香液到墳地去，卻找到一個空穴，不見耶穌，就在墓外

---

17 同上，頁 212。
18 同上。
19 同上，頁 236。

哭泣，曾與天使對話，不得要領，突然聽到背後一聲：「女人，你哭什麼？你找誰？」模糊的淚眼看不清還以為是園丁，她說：「先生，若是你把祂搬走了，請告訴我，你把祂放在哪裡，我去取祂回來。」耶穌對她說：「瑪利亞！」她便轉身用希伯來語對祂說：「辣步尼！」[20]（參閱《若望（約翰）福音》第二十章，1-18節）

耶穌一聲「瑪利亞」把她從幻覺中驚醒，她的心靈被復活者接觸到，基督的叫喚把瑪達肋納的愁苦化為至樂，原先尋找的屍體變成一位有血有肉的活人。只要接觸祂，會死的人頓時躍入不死之境。復活後耶穌的臨在喚醒了生命中不朽的種子，使它突然抽芽，綻現永恆生命，分享復活者的滿盈喜樂。這個事件是絕對的意外，無法設計的，是平白地獲得的，受惠者從最深的底谷躍升至巔峰，脫胎換骨，變成新人，這種經驗除了奧蹟外無法名之，因它無法歸類到日常生活之中，是異軍突起的另類，是人生之高峰經驗。復活的耶穌一旦接近一個幸運的靈魂，後者必會產生質的變化，化腐朽為神奇，真可謂基督一笑百媚生，見得復活的主耶穌，聆聽祂的聲音，就會躍出時間，暫時進入永福之境，這也是耶穌三愛徒在高山上見耶穌顯聖後不願再下山的原因，他們面見了至美。[21]

L'existentiel，「存有化」，即此類高峰經驗之稱謂。存在之物本來位於時空之座標上，不是空無。但時空之有只是客觀之有，不具價值含義。存有化是一個關鍵，存有化把低級的時空存

---

20 編註：「辣步尼」也譯作「拉波尼」，是希伯來語「師傅」「夫子」的意思，與「拉比」意思相同，但「辣步尼」是敬意更重、更高貴尊崇，也更親切的稱謂。

21 編註：參前〈奧古斯丁與馬賽爾的光之哲學比較〉一文的註30。

在轉變成有價值和意義的存有，通過深度的交流，麻雀變成了鳳凰，瑪達肋納等待的屍體變成活生生的新生命，瑪達肋納自己從痛苦的深淵躍出，不再受死亡之威脅。存有化使已存在者更存在，更徹底地存在，更真實地存在。存在一詞或無價值含義，但存有一詞絕對有價值感。「存有」在馬賽爾的哲學中不是客觀或中立之物，而為「主體際性」（intersubjectivity）之義。一物之可以稱為存有，並非只是一種存在，且是被珍惜，被尊重之「物」。存有化發生之後之存在，已非普通存在，而是一種翻新過的存在，它原有的內涵豐富地展露，在與另一存有交會時「互放光亮」。單純地稱它為存在是無法表達其實況的，除非前面加幾個形容詞，如「真實的」、「充實的」，甚至「喜悅的」、「嶄新的」等等。

存有化指存在因某種機遇產生了變化。從一物變成一存在，因該物或該人接觸到了存有。存有可以是一種生命境界，也可以是一個開放的生命體，用馬賽爾的術語來說是一個「你」，不是一個「我」或「他」。接觸到一個「你」時，原本只為「我」的某人突然變成一個向別人開放之「你」來。這種互相開放、互相容納的關係使生命豐富起來，充滿喜樂，而此類經驗來得如此突然和意外，更顯得不合常理，馬賽爾認為這是「初版的、空前的、無法還原且無法綜合入任何以往的經驗之中」的。[22] 存有化使「涕泣之谷」中度日如年之眾生突變，體會永恆臨在人間的喜樂。其果遠大於可指認之因，頗似國人所稱的緣。

筆者一直認為這類存有化經驗是被復活後之基督觸及的經

22　*Journal métaphysique*, p.319。亦見《馬賽爾》，頁 125。

驗。就像瑪達肋納一被耶穌觸及，立刻破涕為笑，其他的幸運者也是一樣，擁有巨能之宇宙化基督不斷地在修復心靈、投射光明、撫慰創傷、復活垂死者。由於基督已擺脫物質的羈絆，已達大自由之境，如吾人所說祂有神速、神光、神透、神健之能，故若為一無實體之「輕」（借用「生命中不能承受之輕」），但此神妙之「輕」可以不斷點化凡人，使「不存在」（沮喪、失望、放棄）再獲生機，而能存有化起來。復活之基督不斷給人加油，使人猛進，這是一股愛的力量，它是永遠不會用盡的，因為祂是創造者，力拔山兮氣蓋世，整個宇宙之繼續進化都與祂之作工有關。

上面之描述亦可放到聖神（聖靈）身上，因為耶穌復活後，是聖神成為基督奧體的靈魂，不斷活化這個大機體，不斷產生新的創造。筆者認為聖神與宇宙化基督是永不分離之同工，祂們的活動構成存有的生機之源。

當生命從僵化到活潑，從昏睡到清明時，它便能自己運作。存有化是特殊時間，是「頓」式的恩寵時刻，是天主直接觸及生靈之當下經驗。其後之努力，是在恩寵中的自立奮發，是「漸」式地改造自己生命。後者是「寵愛」（habitual grace），前者是寵佑（actual grace）。寵佑之哲學名詞即存有化，存有化之當下都使人體會永恆，而產生樂極忘返之感。這是最高層次的自我實現，自力化入神力之中，自我幾乎全然消失，但這類經驗之完成需要自由與恩寵之合作。一神信仰不同於自力宗教（佛教或當代新儒家）之說，而含天主與人互為主體性之經驗，也是「我與你」全然相愛和交融的經驗。在存有化之當下，神使自己隱失，受惠者在大躍進中不知是受了誰的恩惠，還以為是一種無法解釋

之緣或好命。從信仰的角度看,存有化是神性的存有者之作為,而基督即那一位 L'Existentiel。

從存有化一詞可窺見宇宙性基督作工之特色,就像祂在復活後安慰及治癒一切門徒,今日,祂也以不顯明的方式在無限的時空中改造人類,而使人有大喜大樂、有「神來之筆」式的創造活動、有意料不到之邂逅相會、有柳暗花明又一村之新希望⋯⋯。宇宙性的基督不停地作工,所以演化會繼續,人類可以上升而匯合,凡人可以超越自私而度仁愛的生活,地球可以成為團體。德日進在各處都可以看到無所不在的那一位,而整個地球變成了一個等待祝聖而成為聖體的麵餅。從這個大聖體中大量地射出的愛、力、光,使演化永不中止。而在演化的終點,這位隱藏的奧米加的面容必會綻現,「祂有一個面容和一顆心」,[23] 就像保祿所言:

> 我們現在是藉著鏡子觀看,模糊不清,到那時,就要面對面地觀看了。我現在所認識的,只是局部的,那時我就要全部認清了,如同我全被認清一樣。(《格林多前書》〔《哥林多前書》〕第十三章 12 節)

我們在奧米加點看到的那位尊者實是一切人之原版,因為一切人是以祂的肖像塑造而成的。而整個宇宙到此臨界點也肖似了

23　「集合宇宙所有精神洪流之海洋不只是某物,更是某人物。而這位人物有一個面容和一顆心。」H. de Lubac 引其書 *Teilhard de Chardin, Man and His Meaning*, p.13。亦見李弘祺譯,《人的現象》,頁 217:「有臉有心」。

這個原版，這實是大基督創生（Christogenesis）之刻。[24]

結論

　　德日進和馬賽爾是二十世紀兩位法國天主教思想家，前者從科學走入神學，後者從哲學潛入信仰的奧祕。他們兩人都被基督深深地滲透過，都與復活的基督相遇過，都在靈魂深處被基督觸摸過，這兩位幸運的靈魂有力地把個人經驗化成文字，將火般的思想通過文字鑲入讀者的靈魂裡去，使讀者也體會到那股火般的熱情與無法抑止的聖愛，通過存有化體驗而化入宇宙性之基督內，Oh Christ, ever greater![25]

（1997.8 香港《神思》季刊）

24　李弘祺譯，《人的現象》，頁 246。

25　H.de Lubac, op. cit., p.45. 原文在 Pierre Teilhard de Chardin, *Le Cœur de la Matière*, Paris: Éditions du Seuil, 1950。

11 牟宗三逆覺體證與馬賽爾 第二反省之比較

前言

逆覺體證是牟宗三先生的重要概念之一。在他的《現象與物自身》、《心體與性體》、《中國哲學十九講》、《智的直覺》、《圓善論》等書中都有提及。藉這概念，牟先生把哲學的理論與實踐配合起來，這是孟子以降，尤以宋明盛行的傳統。這種功夫在儒學以外又是東方宗教，包括佛道均崇的修持法門，說它是東方靈修的主流亦不為過。從這個角度看，逆覺體證確可作為判別中西哲學差異的基準之一。

二十世紀法國思想家馬賽爾在三〇年代發展出第二反省的學說，第二反省是對第一反省之反省。第一反省是純粹理性思考，重視客觀和普遍性，基本上是知識論之工具。然而這類知識論之廣泛使用，侵佔及取代了存有論，致使人性真理無法洞現。馬賽爾從存在經驗出發，返回主體，藉內斂功夫觸及存有底基，而使知識回歸存在，基本上是超客觀知識論的還原工作，沒有一般的反省義。不論在其進路、過程及效果各方面來看，第二反省神似逆覺體證。把兩者加以比較，可見「道」不孤，必有鄰。這股西方哲學傳統的逆流，一面反對理性稱霸，一面給信仰的體驗在哲學中予以定位，使逆覺體證式的第二反省成為歐洲哲學打破瓶頸、重獲生命的契機。

這篇小論文共分「逆覺體證」和「頓悟」兩點來對照牟、馬二氏的見解，並希藉此比較能直窺二氏的形上學。

逆覺體證的意義

牟先生在《心體與性體》第二冊中有一節專門討論「逆覺的功夫」，把逆覺正名：

> 良心發見之端雖有種種不同，然從其溺而警覺之，則一也。此即是「逆覺」的功夫。言「逆覺」之根據即孟子所謂「湯武反之也」之「反」字。胡（五峰）氏雖未明言此詞，然吾人可就其實意並根據孟子之「反」字而建立此詞。此詞是最恰當者，亦是孟子本有之義，並無附會。人若非「堯舜性之」，皆無不是逆而覺之。「覺」亦是孟子之所言，如「先知覺後知，先覺覺後覺」，此言覺雖不必即是覺本心，然依孟子教義，最後終歸於是覺本心，先知先覺即是覺此，亦無不可。象山即如此言。故「逆覺」一詞實恰當也，亦是孟子本有之義也。[1]

「逆」來自反，反即返，返回真實自我，是自覺和覺悟，湯武不能免，唯堯舜可免，因堯舜「性之」，此指堯舜常盡心依

---

[1] 牟宗三，《心體與性體》第二冊，台北：正中書局，1978，頁476。

仁，常「精誠惻怛，存而不放，故能隨事而充之也。」[2] 一般凡人多少都有過放其心而溺於流，所以要別人或機遇來點醒之，使他警覺而返，而再次體悟良知本心。體悟良知本心就是體證，牟先生說：「『逆覺』即反而覺識之、體證之之義。體證亦函肯認義。言反而覺識此本心，體證而肯認之，以為體也。」[3] 逆覺體證乃是收心而返，體察及肯認良知仁心之謂。由牟先生之解詞，可見此詞為他首創。

其次牟先生有兩種逆覺體證說，其一是內在的，其二是超越的：

> 「內在的體證」者，言即就現實生活中良心發見處直下體證而肯認之以為體之謂也。不必隔絕現實生活，單在靜中閉關以求之。此所謂「當下即是」是也。李延平之靜坐以觀喜怒哀樂未發前大本氣象為如何，此亦是逆覺也。吾名曰「超越的體證」。「超越」者閉關（「先王以至日閉關」之閉關）靜坐之謂也。此則須與現實生活暫隔一下。隔即超越，不隔即內在。此兩者同是逆覺工夫，亦可曰逆覺之兩形態。「逆」者反也，復也。不溺於流，不順利欲擾攘而滾不下去即為「逆」。[4]

內在與超越之分在於有隔與無隔，無隔者當下體證，有隔

2　同上，頁475。

3　同上，頁476。

4　同上，頁476-477。

者，則須閉關靜坐，逐漸修得；但後者證得之內容直探意識未發前之原始大本氣象，故其體認更為徹底。體驗「未發」，按陳來先生之解釋，是：

> ……要求體驗者超越一切思慮和情感，最大程度地平靜思想和情緒，使個體的意識活動轉而成為一種直覺狀態，在這種高度沉靜的修養中，把注意力集中在內心，去感受無私無情無欲無念的純粹心靈狀態，成功的體驗者常常會突然獲得一種與外部世界融為一體的渾然感受，或純粹意識的光明呈現。[5]

陳來描寫的「無私無情無欲無念」的意識真空境界，實與佛教之理想切近，都是通過逆覺而達到「空」「無」。以後朱子從道南學派李侗為師，一直無法進入此「未發」界；李侗去世後，朱子轉向程伊川的理性軌道。[6]不過，這種「未發」之界，卻是返本復原的基地。西方現象學企圖用「存而不論」（Epoche）逐入意識腹地，終能直觀現象本源之純意識，[7]與東方有異曲同工之妙。胡塞爾通過此法建立知識論基礎，東方人用此法為達到中和心靈之效果，[8]更接近馬賽爾之構想。

高柏園先生按牟先生的內在和超越逆覺體證之分類，綜敘了

5　陳來，〈心學傳統中的神祕主義問題〉，參閱《有無之境——王陽明哲學的精神》，北京：人民出版社，1991，頁405。

6　同上，頁407。

7　鄔昆如，《現象學論文集》，台北：先知，1975，頁111-266。

8　《中庸》：「喜怒哀樂未發謂之中，發而皆中節謂之和。中也者，天下之大本也；和也者，天下之達道也。」

中國傳統中儒道佛各師的體證形式。他把孔子和惠能放在內在類，把老、莊、神秀、達摩放在超越類。前者可在生命中當下體仁或證得般若，而後者都有退返（致虛收靜、觀複、坐忘、心齋、去執、壁觀、禪坐、慎獨）的工夫，都要求人擺脫世俗，通過閉關靜坐而達徹悟之境。唯孟子兼有內在及超越兩類體證。孟子一面強調「聞一善言見一善行，若決江河」之當下體證，又主張存夜氣以養仁義（〈告子上〉）。高柏園加以詮釋：

> 吾人在夜深人靜之時正是生命無所牽引、誘惑之時，而此時也正是吾人良知得以自然發用之時，吾人當即於此時去體會良知之發用，並存養之、擴充之……當吾人於深夜暫時隔開一切的牽引、誘惑，其實也就是暫時由日常生活中掙脫出來，而讓本心良知得以充分發用，此暫時之隔不正是超越之逆覺體證之所以為超越嗎？[9]

此外，高柏園又列孟子之寡欲（〈盡心下〉）來言其隔，藉此隔將生命的負面氣質加以貞定安頓。不過高先生認為不論孟子或其他持超越體證之大師都只把超越體證看成權宜之計，而非終極目標。換言之，撤離人間只是為了更好地回入人間，是入世法。這樣，超越法又與內在法銜接起來了。或許內在體證之功力本就來自超越法之修煉，由「山不是山」再回到「山又是山」。

9　高柏園，〈論牟宗三先生「逆覺體證」義之運用〉，宣讀於 1995 年十二月三十日在「牟宗三先生與中國哲學之重建」學術會議上。該會議由鵝湖雜誌社等單位主辦，後發表於《鵝湖》第 259 期，1997.1，頁 5。

逆覺體證之果——頓悟

　　牟先生關於頓悟有精闢的論點，茲錄於下：

　　　　……就本心性體之朗現而言大定，並無修之可言。
一言修，便落習心，便是漸教。從習心上漸磨，縱肯
定有形而上的本心，亦永遠湊泊不上……此大定如真
可能，必須頓悟。頓悟即無修之可言，頓悟即是積極的
工夫。（當然從習心上漸磨亦有其助緣促成之作用，但
本質言之，只是頓悟。）……逆覺體證並不就是朗現。
逆覺，亦可以覺上去，亦可以落下來。但必須經過此體
證。體證而欲得朗現大定，則必須頓悟，此處並無修之
可言。（修能使習心凝聚，不容易落下來。但從本質上
言之，由修到逆覺是異質的跳躍，是突變。由逆覺到頓
悟亦是異質的跳躍，是突變。）其實頓悟並無任何神祕
可言，只是相應道德本性，直不使吾人純道德的心體毫
無隱曲雜染地（無條件地）全部朗現，以引生道德行為
之「純亦不已」耳，所謂「沛然莫之能禦」也。「直下
使」云云即頓悟也。普通所謂「該行則行」即是頓行，
此中並無迴護、曲折、與顧慮……再該行則行中吾即受
到此是義心之不容已……此覺亦是頓，此處並無漸之過
程可言。覺到如此即是如此耳，並無所謂慢慢覺到，亦
無所謂一步一步覺到，一、覺到是本心之不容已，並毫
無隱曲地讓其不容已；二、本心之純，是一純全純，並
不是一點一點地讓它純；三、本心只是一本心，並不是

慢慢集成一本心。合此三層而觀之，便是頓悟之意。[10]

　　牟先生這段話把頓悟之義闡明。首先，頓悟不同於漸修，兩者間有異質關係，有突變性。其次，本心之純當下頓現，沒有時間性可言。再者，此頓現直下使頓行可行，完全省略理性之作為，不需再三分辨，權衡輕重，當行即行。而頓悟之效果是「朗現」，其次是「大定」。朗現即清明，大定是安身立命。若然，哲學通過實踐徹底實現人性，使人在情、意、理各方面得到滿足。

　　這種異質之生命體驗應可接近馬斯洛（Abraham Harold Maslow, 1908-1970）的高峰經驗說（peak experience）。林月惠女士參照李安德（Fr. André Lefebvre, S.J.）新著《超個人心理學》[11]作如下解釋：

　　　　當人們在欣賞日落、冥觀星空或品賞名畫時，突然經驗到一個「神入」（ecstasy）或忘我的境界。在那短短的幾分鐘內，時間、空間，甚至他自己的存在都突然消失了。他好似突破了小我限制，剎那間融入了美的本身或浩瀚無際的宇宙中。在那一剎那，他經驗到難以言語的喜悅，意識境界的擴大。經歷過這種經驗的人，對自己及世界的看法會突然改觀，生活也變得更有意

10　《心體與性體》第二冊，頁 239-240。

11　李安德（André Lefebvre）著，若水譯，《超個人心理學 —— 心理學的新典範》，台北：桂冠，1992。

義。[12]

馬斯洛通過高峰經驗之介紹，把他前期之人類五種基本需求（生理、安全、歸屬與愛、被尊重、自我實現）擴展到更高層次的自我超越需求。在此需求中，自我不再為中心，而有無私之心及行為。另外值得注意的是：馬斯洛理會到這類頓悟會產生「神聖、善良、愉快的感覺⋯⋯那樣的平靜、安全、充分享受內在的滿足感⋯⋯較有整統感⋯⋯較富創造性，最能擁有此時此地的感受⋯⋯最能體會一切具足的感覺。」[13] 這些描寫補充了牟先生的「朗現」和「大定」。

馬斯洛後來為了避免高峰經驗中之誤差，如有些人通過吸食迷幻藥來達到剎那式忘我高潮，而改用高原經驗（plateau experience），把該經驗之神祕性降低，使它成為人人可及的生命事業。[14] 筆者認為這種修改有損於頓悟之原意，並與牟先生對修頓之異質討論不合。

至於頓悟之效果，尤其是釋放、解脫、喜悅、安定等感覺是一切靜坐修持者的共同經驗，難怪靜坐逐漸變成超宗教超文化之普遍內修功夫，中外賢者趨之若鶩。陽明之學生黃綰記其師說：「日夜端居默坐，澄心精慮，以求諸靜一之中。一夕忽大悟，蹴

12　林月惠，〈聶雙江「忽見心體」與羅念庵「徹悟仁體」之體驗——一種「現象學的描述」之理解〉，宣讀於 1995 年十二月三十日「牟宗三先生與中國哲學之重建」學術會議上，後發表於《鵝湖》第 260 期，1997.2，頁 33。

13　同上。

14　A. H. Maslow, *Religions, Values and Peak-experiences*, N.Y.: Penguin Books, 1970, pp.XIV-XVI.

躍若狂者」，[15] 陽明妹婿徐愛云：「已而大悟，不知手之舞、足之蹈。」[16] 宋程顥早有同類感受：「存久自明……天地之用皆我之用，孟子言萬物皆備於我，須反身而誠，乃為大樂。」[17] 可見宋朝學者對逆覺中喜樂的體認一點不陌生，此樂實是高峰經驗中頓悟之果。

馬賽爾的第二反省

馬賽爾以笛卡爾為第一反省的代表。笛氏之「吾思故吾在」中之「吾思」變成第一反省之代名詞。笛卡爾從懷疑存在到肯定存在，尋找的是客觀的、抽象的真理。懷疑表示採取距離，客體化、對象化。然而「存在」是懷疑和一切思想之預設條件，因此證明之是多此一舉。第一反省把個別性解消，而平面地以類（genus）的角度檢查對象的合格性，純為知識論的進路。如果把這類反省的使用範圍無限地擴大，則存有及一切有關人的瞭解都會蕩然無存。人變成客體，也變成物。

第二反省是對第一反省加以批判，試圖超越客體化的二元思考，尋獲存有。此處之反省遠大於反省之名，諸凡人的感覺、感受、意欲、思維、情意、信仰都可包括在內。第二反省之主體是具體的自我，從全面的體驗出發，再返回深度內在，又藉直觀之助超克限制，達到光明和自由。此一過程恰可與牟宗三先生的理

15　《陽明全書》，卷三十七。

16　《陽明學案》，卷十一。

17　《二程遺書》，卷二上。

論對照，只是用辭不同，並因其對存有之見解不同而對人性之終極詮釋亦有不同之處，但其過程若合符節。

為克服理性過分運作，馬氏強調分而合之體驗及表而裡的功夫。所謂分而合，指存有化經驗（l'existentiel），即在某一當下，主體超越差別相，體驗共融與合一。在人際關係中為邂逅、一見如故（或一見鍾情）、臨在。在人與景間則為神往、忘我、出神。主體由「我」變成對方之「你」，這是分而合。

表而裡者，指具有存有化經驗者將之內化，且深入內心，體會終極合一。從具體生活中撤離就是有隔，也是牟先生所謂的超越的逆覺體證。馬賽爾把這種功夫看成體悟存有的絕對條件：「我們無法把自己提升到『超越問題性事物』之層面，或奧祕層面，除非先經過了一段叫我們投入經驗，再擺脫經驗的歷程。……我深深相信除非我們能夠自我凝斂（recueillement, recollection），我們絕無可能把握存有之奧祕，也無法使存有論產生。」[18] 存有論像中國哲學之體良知本心一樣絕非一套知識理論，而須加上實踐功夫才能契入。而所謂擺脫，即隔也，超越也。

自我凝斂乃成為第二反省的核心，進入凝斂之自我從經驗世界往後退一步，把一切不屬於自我本質的「所有」、「所作」都暫時放下，而以「純是」進晤「純我」。馬賽爾說：

> 在自我凝斂時，我面對自己的生命採取一個立場，
> 更好說我使自己採取一個立場：我多少從自己的生命的

18　參本書頁 303。

地方退一步，然而退的方式並不像認知主體所作的那樣。在這後退的行為中，我攜帶著「我之為我者，而這或許並非我生命之所是者」。這裡我之存有與我之生命的不同就顯露出來了。我不是我的生命，並且如果我能判斷我的生命，那必先假定了我能在自我凝斂中越過一切可能的判斷和表像層面，而與最內在的我再次銜接而致。無疑地，自我凝斂是靈魂中最不會令人吃驚的東西，它的要點不在於注視某樣東西，它是一種凝聚力和整修內心的工作。[19]

「我之為我」即我之「純是」，把一切可與我分開之身外之物都分開了，而單純一己地回入內心與「最內在的我」銜接。這裡上場之「最內在之我」是否即中國哲學講的本心良知呢？它是我，因在我內，又大於我，即不被我限制及包圍，它像老子之道那樣可展現於天地間，超越一切個別仁心與良知。馬賽爾認為回入內心之純我與此最內在之我可以締結互為主體之關係，兩者均以我稱，但可銜接，表示非同一，可藉意願及努力而合一，構成內在的主體際性，而此主體際性使原來純外在之自我得一基礎而可免除外界的擺佈，有屹立不拔之風貌。也在二種我的銜接中，我才超克分裂而達成一致性。這個神祕的「最內在之我」究竟是什麼？

用哲學語言可說是存有本身，用信仰語言來說是「絕對你」，或人與之作深度交談的對象，是一種具有位格性的臨在

---

19 同上，頁303-304。

（personal presence）。換言之，即一神論信仰之神。從這裡
看，馬賽爾因為信仰與中國哲學對同一經驗之詮釋分道揚鑣，至
少中國哲學沒有如此明顯的表達。內在之我是我之土壤和先驗基
礎。內在締結的「我與你」關係由愛來維繫。「愛……把自我隸
屬於一個更高的實體──這個實體是在我心靈深處，比我自己更
為我自己。」[20]「在我內心深處有某樣不是我的事物，它比我對
自己來說更為內在。」[21] 熟悉奧古斯丁自傳《懺悔錄》的朋友都
對這類的話不陌生。馬氏在五〇年代出版的一部劇本《我的時間
不是你的》（*Mon temps n'est pas le vôtre*），劇中人佛娜維小姐
有下面一段話：

> 我們愈走入靈魂深處，我們愈滲入那些不會發生變
> 化的地區。新穎是商人作廣告的用辭。但在內心的國土
> 內──這是我的國土──沒有人作買賣。這是默觀的國
> 土，恩寵的國土。[22]

由於絕對者臨在於我靈魂深處，馬賽爾的另一段話得以
解釋了：「自我凝斂實在是我藉之再把我自己若不分裂之一
致性地把握住，然而這種再一次的自我把握具有放鬆和委付
（abandonment）自己的效果。委付自己給誰？在什麼前面放
鬆？我沒有辦法在這個體驗內加一個實體名詞。我們的思路在

20　《是與有》，頁 161。
21　同上，頁 116。
22　參閱《馬賽爾》，頁 194。

＿＿的門檻前必須駐步。」[23] 1933 年，馬氏在法國南部給哲學家年會演講時，故作玄虛；但在其他著作中清楚地給了答案。在馬氏的逆覺體證中，他面對的是他深愛及虔信的天主，在天主前他終能完全解脫因思維及人際關係構成的勞累，而獲得放鬆及休息。[24] 此外，就在這內在一致性達成的時刻，人更深刻地體會到把自己完全奉獻給天主的迫切願望，而有上述的委付行為。

在討論有頓悟效果的馬氏直觀之前，筆者願意交代一下馬氏對聖者的看法。牟先生認為「堯舜性之」，聖人不需要逆覺體證；馬賽爾心目中之聖者為從未喪失過天真或已超越「吾思」、重返樂園之智者。兩類聖賢都持赤子之心，每時每刻活在存有化的氣氛中，不需逆覺而與存有直通。「這些大聖大賢歷盡了人世百般經驗，而在航行的末了終於回到兒童的幸福境界之中，好像回到人類良知的失樂園中一樣。」[25]

這種心境與老子的「常德不離，復歸於嬰兒」（《道德經》第二十八章）同出一轍。不過馬賽爾之嬰兒觀其來有自，他認為這些大智大德「與至高精神（即神）維持子女性的關係，而只有這種關係能夠使人在一切事物之最後奧祕之前保持兒童的心態。」[26]

23　參本書頁 303。

24　「凡勞苦和負重擔的都到我跟前來，我要使你們安息。」耶穌語，見《瑪竇（馬太）福音》第十二章第 28 節。

25　《是與有》，頁 219。

26　同上，頁 218。

馬賽爾的直觀

　　自我凝斂是一種逆覺工夫，實踐此工夫者不一定有體證。牟先生提出頓悟之說，提示在逆覺之「漸」與體悟之「頓」間有異質關係，是一跳躍與突變。馬賽爾在第二反省的自我凝斂中提出直觀，來說明自我凝斂之完成。

　　自我凝斂發生實效之刻，馬賽爾稱之為「被瞎的直觀」。[27]「被瞎」（aveuglée）與「觀」兩詞詞義相反，如何可以聯在一起呢？回入自我的主體在極度專注及肅穆的情態中，遇到了終極對象——最內在的「我」。這個地區產生了互動，主體之「見」受益於另一主體之「予」。另一主體的豪光遮蔽了主體的理性，使其有「被瞎」的感受，但卻在此光中，圓熟了真正的溝通和體證。這不是獲得一種新知識，而是洞察存在關係中的迷惑，衝破辯證的枷鎖，走向超越的自由。直觀中之光源非主體，而為主體內的終極光源之光。此光使主體整體改變，內外刷新，猶如重生。

　　這種直觀對眼目來說，似乎強烈得令人無法睜目，但它頗能配合聽覺，這是一種用聆聽來體認之「覺」與「悟」。馬賽爾描寫說：「一種非常神奇的音樂和音在我身上甦醒過來，這是一種靜觀式的旋律，為它我無法找到語言。」[28] 存有的密碼不用視覺而用聽覺去測知。形上學家應勉力找到可以安放自己耳朵去聆聽存有訊息的地方，聽到超感覺、超概念、超文字、言語的靜默。

27　*La dignité humaine et ses assises existentielles*, p.120.

28　G. Marcel, "Aperçu sur la musique dans ma vie et dans mon œuvre", *Livres de France*, Août-Septembre, 1965, pp.33-34. 參閱《馬賽爾》，頁 59。

馬賽爾似乎鼓吹一種聽覺性的直觀（auditive intuition），[29]要人用靈性的耳朵直探存有的奧祕。或許這類體證太直接，因此禪師不立文字。馬賽爾會說，要討論這類直觀，就像設法在一架無聲的鋼琴上彈奏一樣。[30]

直觀的結果是主體分享了存有之顛仆不破的穩定性格，並因存有之「投資」，好像得到了存有之「加持」，而能使主體縱身一跳，義無反顧地躍入另一高原，使真正的個人於焉誕生。「本體之次序只能被一個整體地切身投入一個存在處境中的人所體認……他可以肯定『存有』，完全向祂開放，或否定存有而同時把自己封閉起來。就在這兩難的情形中，人的自由顯出它的真諦。」[31]終於馬賽爾直截了當地稱此直觀就是信仰，[32]神力加上人力、恩寵（grace）與自由互動，使人達成最高超越，徹底解脫第一反省的魔咒，大量開發無私的愛及寬恕的潛力，生命終能圓熟。

在 1929 年三月五日的日記上，馬氏寫下這樣的話：「今天早晨，我有了奇蹟般的幸福感，我第一次清楚地經驗到恩寵。……我終於被基督信仰所包圍。我沉浸在裡面，幸福地沉浸。……這實在是一次誕生，一切都變成不一樣。」[33]二天後他記下：「我怎麼能抑止『氾濫』、『絕對的安全感』和『被包

---

29 參閱《馬賽爾》，頁 59-60。

30 參本書頁 305。稍前，馬氏又說：「一個直觀的位置愈處在中心地位，它在其所照明之存有愈深邃的地方作用，那麼，它愈無法回歸自己而把握自己的實在」，頁 304。

31 《是與有》，頁 111。

32 同上，頁 87。

33 同上，頁 8。

圍』在深厚的愛中的情緒呢？」[34]

在第二反省之充分實現之刻，即直覺達成之時，主體的創造力大量湧現，伴隨的情緒是喜樂洋溢，而非焦慮或荒謬，這是馬賽爾自承為其生命及作品的基調。茲引筆者曾寫過的一段詮釋來結束對「直覺」的討論。

> 滿盈感是創作時的情境，文思泉湧，正因為有資源，生命充實到滿而溢的地步，就像探險者挖到了寶藏，一切痛苦均退去，主體沉浸在喜樂中，覺得自己完全飽滿：「喜樂與取之不盡的感覺是相聯起來的」。在創造的經驗中，作者體會自己無限的富有而感到喜樂，沖毀了平凡的生涯。這種體認使馬賽爾一再強調他與其他一些存在學者之基調不同。他不但不會像沙特和卡繆之用荒謬，也不苟同齊克果和海德格之焦慮；卻認為存有的基調是喜樂，是存在之喜樂，這是在主體際性中充分發揮出來的喜樂。「我與海德格之間對存在的詮釋有很大的差異，比較接近克勞岱爾（Paul Claudel, 1868-1955），[35] 因為我愈來愈發現我們可以有喜樂和滿盈的存在性經驗。」[36]

---

34 同上，頁13。

35 編註：克勞岱爾，法國著名詩人、劇作家、散文家及外交官，創作許多詩歌、多部詩劇和宗教及文學評論。他在1886年十八歲那年的聖誕節，在巴黎聖母院聽了大禮彌撒的聖樂合唱深受震動，決心皈信，其作品因而多有濃厚的宗教色彩與神祕感。曾在中國擔任外交官十四年（1895-1909），是其駐外生涯中停留時間最長的國家。1946年當選法蘭西學院院士。

36 《馬賽爾》，頁235-236，其中二句引馬賽爾的話，可參閱《是與有》，頁91；及 *Entretiens Paul Ricoeur-Gabriel Marcel*, p.87。

結論

　　牟宗三與馬賽爾是當代中西兩位哲學大師，儘管他們有很大差異；但在「逆覺體證──第二反省」及「頓悟──直覺」兩點上有極大的類似。兩人都主張回入主體，體悟存有真諦，再充分開發人性潛能，活濟世助人的生活。或許有隔之超越逆覺正是無隔之內在逆覺之充足條件，有深度內修而能處處體仁；到此階段，幾近聖人之無隔，亦如孔子之隨心所欲不逾矩焉。至於馬賽爾通過信仰經驗而把逆覺體證之達成詮釋為「我與你」之相遇，則不似牟先生之思維方式，但牟先生之良知本心究無「他我」性否，值得學者深究。

（1997.10《哲學與文化》）

12 馬里旦與馬賽爾

前言

馬里旦（Jacques Maritain, 1882-1973）與馬賽爾是法國當代兩位頗負盛名的天主教思想家，兩位都在盛年皈依基督（馬里旦於 1906 年，二十四歲；馬賽爾於 1929 年，四十歲），兩位都致力把信仰結合哲學，以期超越理性的限制，在不同的領域中，各有一番成就。前者成為新士林哲學或新多瑪斯主義的領導人之一，後者被沙特譽為「有神存在主義者」。[1] 兩人都於 1973 年去世，以不同程度受到教會的褒揚。[2] 馬里旦畢生努力詮釋聖多瑪斯哲學，深得教廷青睞，曾任法國駐教廷大使（1945-1948）。馬賽爾從傳統中逸出，另闢新徑，在「大系統」哲學之外開創一片新天地，但始終未受正統派賞識，直至梵蒂岡第二屆大公會議

1　見沙特於 1946 年的演講〈存在主義是一種人文主義〉，中譯載於陳鼓應編，《存在主義》，台北：臺灣商務印書館，1967，頁 269-296，由鄭恒雄譯。

2　教宗保祿六世向馬里旦所屬的耶穌小兄弟會院長致哀：「馬里旦去世的消息令我深深震動，他會一直是有極大價值的哲學家和基督徒的典型。對我個人而言，從他當駐教廷大使起，他就是我的至友。我謹向他願意在其內度過生命最後一段的修會表達我深切同情和宗座降福的慰安。」參閱 *L'Osservatore Romano*, May 3, 1973。馬賽爾的追思彌撒在巴黎聖許畢斯教堂（Église Saint-Sulpice）由 Daniélou 樞機主禮，在講道時他稱馬氏為「最真實的基督徒」，是我人「思想和生活的導師」，參閱 Gabriel Marcel, Gaston Fessard, *Gabriel Marcel-Gaston Fessard Correspondance (1934-1971)*, Paris: Beauchesne, 1985, pp. 495-498.

（1962 至 1965），[3] 其思想才通過某些神學家之影響直接滲入梵二大公會議文獻中，有過頗似德日進神父的遭遇。從此可見，二位馬氏的哲學境遇相當不同，雖然他們都篤信天主教，但他們的哲學觀點極難重疊，二位雖然努力嘗試過對話，但似乎並無結果。二馬未曾交合，並不影響他們的成就，各有各的欣賞者及追隨者，並且客觀地說，他們的價值都已受後人肯定。在今日重視多元及容忍差異的哲學氣候下衡量，二馬之未曾重疊毋寧是件好事，是豐富天主教文化的契機。從這個積極的角度出發，我們試著分析二馬，並渴望找到可資中國哲學參考的資訊。

本文將從馬賽爾皈依的記載出發，探討存在哲學與新多瑪斯哲學的辯證關係。存在哲學方面以馬賽爾與狄博（Charles du Bos, 1882-1939）為盟，新士林哲學則以馬里旦及其夫人蕾依莎（Raissa，猶太後裔，二人於 1906 年同日領洗，均熱衷於聖多瑪斯哲學，夫婦在哲學觀點上幾乎全同），另一位士林師輩是阿代孟（Altermann）神父。這位神父雖然名氣不大，但本文提到的三位學者：馬里旦、狄博和馬賽爾都在皈依及領洗前後接受過他的指導。阿代孟神父的確保全了上述三人的信仰；但在哲學方面，對狄博和馬賽爾似乎只起了反面的影響，這兩位學者雖然不滿阿代孟神父的態度，但對他的鐸職和人格還是極表尊敬

3　編註：梵蒂岡第二屆大公會議（Second Vatican Council）是天主教會第二十一屆大公會議，也是截至目前為止最後一次大公會議，在羅馬梵蒂岡舉行，故名。從 1962 年十一月十一日開始，到 1965 年十二月八日止，中間經歷了若望廿三世（John XXIII, 1958-1963）和保祿六世（Paul VI, 1963-1978）兩位教宗；共含四階段一百六十八場全體會議。其最大成就就是使教會「向現代開放」，發起了教會內部的革新和教會向外的對話，認同教外之傳統可以與天主教、新教相容，且可以互相援引。

的。遺憾的是，如果他們遇到另一位像馬賽爾稍後結識並通訊達三十七年（1934-1971）的費沙神父（Gaston Fessard, S. J., 1897-1978），[4] 那段與阿代孟神父的痛苦交往或許可以免去。因此本文討論的二馬思想侷限在 1929 至 1931 年，到 1931 年時，雙方心知肚明，不再勉強，各奔前程。要再過三年，馬賽爾才遇到費沙，而充分得到後者的讚賞及鼓勵，終於在天主教思想家的行列中逐漸穩定下來。本文的進路以歷史為主，稍涉若干思想的討論，如直觀、真理、奧祕等；又以敘述的方式來對比二馬的心理和氣質，對兩位哲人均予以肯定。

馬賽爾的信仰與矛盾

馬賽爾在缺乏宗教氣氛的家庭中成長，但他天生傾向神祕思考。比如當他四歲母親去世時，他會問別人母親去了哪裡，並渴望知道生死兩界溝通之可能性。大學時，他主修哲學，碩士論文研究的是柯律芝和謝林，博士論文則以《宗教之可理解性的形上基礎》為題。由此標題可見其關切之點。身為無信仰（至少並未投入信仰）的研究生積極追尋終極關懷的本質。他大量閱讀唯心論的艱深著作，把個人的心得以日記體記錄下來，於 1927 年（三十八歲）發表為《形上日記》，而具體的表象則以戲劇為主，1914 年（二十五歲）發表《恩寵》和《沙土之宮》兩個劇本，已有探索超越界的蹤跡。不過，理性的運作壓制了情

4　關於費沙，可參考 *Gabriel Marcel-Gaston Fessard Correspondance (1934-1971)*。

感和自由，使這個研究生無法翻騰，更無法像莊子的大鵬鳥直沖天際。還好生命如活水，一波又一波地遇到新的開發點。先是第一次大戰中與尋找失蹤兵士的家屬接觸，體會到真實個體的活潑生命，把他人看成「你」的思潮一湧而出。從此，他無法再在抽象思考中給哲學畫藍圖，他必須走出自我，與有血肉的「你」交往，才能體認存在的真義。換句話說，他在哲學的心路歷程中已引發了一次哥白尼式的革命，他要打倒「我思」（cogito），而以「你」或「我與你」的方式來重估存在，這種進路稍後深得呂格爾（Ricœur, 1913）的讚賞，認為馬賽爾不像胡塞爾之封閉於主體性，而能達到與對象融通之主體際性。[5] 但要到 1929 年的恩寵經驗中，他才第一次體會到天主與他完全契合而有「我與絕對你」的切身感覺。這段經驗在他該年三月五日、七日、二十一日、二十三日的日記中有記載。[6] 這份經驗使他完全解脫了形上的披掛，而以最單純的童語來表達，那是一份難以言宣的喜悅和重生。這段時期，他接觸到了輔導過馬里旦和狄博的阿代孟神父，後者竟讓他在恩寵經驗後第十八天就領洗。由於恩寵經驗的強度驚人，得此恩寵者的意志已完全成熟而能作此斷語：「支持我最大的力量，是不願站在那些曾經出賣基督者一邊的意志。」[7] 四十歲的皈依者把往後的四十三年餘生的方向固定下來，在信仰上他不再搖擺。值得一提的是他的夫人賈克琳（Jacqueline）並未同日領洗（數年後皈依），並在 1947 年留下

5　Paul Ricœur, "Gabriel Marcel et la Phénoménologie", *Entretiens autour de Gabriel Marcel*, Neuchâtel: La Baconnière, 1976, pp.53-74.

6　《是與有》，頁 8、13、17。

7　同上，頁 17。

她的丈夫孤寡一人。

阿代孟神父確定這位新皈依者的信仰無誤，但並未預測到一個不曾反悔的抉擇背後能夠發生的知性糾葛。馬賽爾在次年（1930年）八月十一日給狄博的信上說：「我曾向阿代孟神父訴說：我內心的大部分尚未皈依，它們沒有受到1929年春天的恩寵經驗所觸及，因此我感到一種內心強烈的分裂之苦，這也是非常危險的事。」[8]奇哉，何以有此矛盾？究竟此「內心大部分」指的是什麼？有此分裂和矛盾為何還要受洗？

四年後他把此矛盾之意義稍作解釋。1934年二月二十八日他在給天主教大學生聯會的演講中說了這段話：「我絕不以為我是一個已經『到達』終點的旅者。……在我之內有一些最放鬆、最多獲得解放之部分已沐浴在光明之中，可是尚有許多部分還沒有——讓我用克勞岱爾的說法——被破曉時分幾乎從地平線輻射過來的陽光所照明，換言之，還沒有受到福音的薰陶。這一部分很能與在黑暗中摸索前進的其他心智締交深誼。我們還可以反省得更深入一些。我想實際上沒有一個人，不論他已多麼強烈地被照明過，或已經抵達多麼高超的聖德境界，他絕不能算是已經抵達目的地者，除非其他一切人都振作起來隨著他一起向前走。」[9]

原來，他所謂的「未被照明」或「尚未皈依」乃指與他四周未皈依或拒絕皈依的人相應的自我部分。如此說，馬賽爾的最深的靈魂核心已被恩寵觸及和改造，但他對四周無信仰者的關懷卻

8　Charles du Bos, *Cahiers Charles du Bos*（之後此冊簡稱 *Cahiers*），1974, p.43.
9　《是與有》，頁199。

無法因自己的皈依而解脫。只要他感覺尚未找到可向那些摸索的心靈投射光明的言語，他仍不是完全「到達」真理者。所以這裡的問題是傳遞信仰的問題。已皈依的馬賽爾覺得在教會官方神學內不易找到可以吸引信仰「消費者」的有力言語。

馬賽爾在領洗前後接觸的言語是什麼呢？如果馬氏不是高級知識份子，或許給他準備領洗的神父會用淺近的《聖經》言語來傳遞信仰內容，那是老少咸宜的生活言語。可是，正因為馬氏是位有身分的學者，已出版過六部劇本，數篇艱深的哲學論文，及一本三百二十九頁的《形上日記》，他的信仰動向，無人會等閒視之。他自己也認為哲學與神學是信仰之必要武裝。為了配合已有的裝備，他必須就教於一位或一些神哲學專家，結果他找上了阿代孟神父。後者曾指導過馬里旦，他把兩種哲學氣質完全不同的學者湊在一起，使他們勉為其難地交往二年，最後「不歡」而散。阿代孟神父本身也是新士林學者，亦是激發馬賽爾反感的焦點人物。他與馬里旦夫婦雖然使馬賽爾對天主教官方哲學敬而遠之，但後者對信仰從不動搖。德日進的演化論受到教廷和耶穌會的管壓，生前無法出版其書，但他從未喪失忠貞服從的態度，也不放棄他的學術立場。馬賽爾不至於像德日進那樣受到「迫害」，但他對當時教會官方神學一元主義和對其他思想不寬容的態度異常反感，經過二年的努力，最後他還是走出士林哲學的樊籠。1971 年，即馬氏逝世前二年出版的自傳中，他說：「我覺得不算誇大地可以說：羅馬教會一直在我身上引發一種不信任感，因為她的教條主義和自稱單獨擁有全部基督信仰的真理。……當我自問我的信仰是什麼時，我常發覺在確定感內也有所保留，一方面，原則上我肯定天主教有普遍性，但另一方面

我無法隱瞞一件事實，即這種普遍性的要求在教會內部經常被破壞，或許屢次是在教秩的頂端處。」[10] 他寧可做邊緣的基督徒（Péri-chrétien），[11] 側身於信者與不信者之間，使自己一面得到教會的支援，一面能夠向不信者進言，使後者對信仰產生興趣，或進入良性的對話。[12]

　　天主教的神學態度在二十世紀三〇年代是非常保守的，神哲學培育以多瑪斯思想為主。聖多瑪斯是十三世紀的偉大學者和聖人，發揮了理性認知真理的極限，奠定了神學的哲學基礎。不過在中世紀前後除了聖多瑪斯以外尚有其他大聖，如聖奧古斯丁、聖波那文都拉（或譯聖文德，St. Bonaventura, 1217-1274），密契主義有艾克哈（Meister Eckhart, 1260-1327）等傳統。中世紀之後的觀念論、經驗主義、唯心論等思潮不斷向信仰挑戰，也提供許多嶄新的觀點與思路。教會卻以「對手」（Adversarii）視之，以護教學（apologetics）的方式將異己者判為「異端」，其書為禁讀之書，而逐漸與當代文化隔開，構制一套局外人無法滲入的系統以求自保。這種現象一直到二十世紀五〇年代還是非常強烈和明顯。一些有原創性的公教思想家一面侷限在正統的束縛中，一面努力掙脫，並設法以較能被教會當局接受的言語來詮釋信仰，這種努力旨在使天主教的信仰再次普遍化，成為人人可及的言語，而能在現代人心中有效地重建信仰，並將之扎根。馬賽爾皈依得早了一些，三〇年代有對話意識的神職尚少，馬氏遇到的阿代孟神父和馬里旦夫婦都無法給新皈依的哲人圓滿的詮

10　*En chemin, vers quel éveil*, p.141.

11　*Entretiens Paul Ricœur-Gabriel Marcel*, p. 89.

12　Ibid., p.82.

釋。如果馬賽爾在士林哲學外繞圈子，不得其門而入，與其說問題出在士林哲學的內容，毋寧說是該哲學的某些傳遞管道缺乏機動性，這種情形在二、三十年後，即在教宗若望二十三世出現後（1958）會大為改觀。

狄博與馬賽爾之契交

狄博與馬里旦同年（1882 生），於 1927 年（四十五歲）皈依，比馬賽爾早二年。1922 年因愛好音樂，二人（狄博與馬賽爾）初次邂逅。1927 年至 1936 年間的通訊有二十一封信已發表。[13] 從中可以讀到二人心靈的完全契合，幾乎看不到任何分歧點。兩人年齡相差七歲，狄博以文學和倫理關懷為生命主要取向，馬氏則重哲學，其他方面不論對柏格森的強烈喜愛，對生命中悲劇性的重視（狄博通過尼采，馬賽爾則藉實存體驗），欣賞聖奧古斯丁，熱衷於靈修與密契，關心當代人的需要而求改善信仰言語的急切心情，主張具體哲學，重視感覺和情緒等。二人對天主教定聖多瑪斯為官方神學都有極大的困難。總之，這二位新皈依的學者在不斷地交流下，形成一個思想共同體。我們幾乎可以從狄博中讀馬賽爾，反之亦然。正因如此，在探討馬賽爾與馬里旦的關係時，我們可以從狄博的文字中取得大量相關資料。另一方面，馬里旦夫婦與狄博自 1927 年至 1937 年間曾有八封書信（已發表的），從中可知二人間的相互賞識、尊重、信任，以及

---

13 *Cahiers*, op. cit., pp.25-56.

坦誠表達的不同觀點。1931 年的信結束在狄氏與蕾依莎（馬里
旦夫人）討論真理之純潔性與悲劇性的差異上，此後他們不再討
論下去。不過狄氏對馬里旦一直尊敬有加，六年後致馬里旦夫婦
之信上提及他準備寫一本題名為《馬里旦和理智的聖德》的書，
大概他覺得馬里旦對存有的純粹思考契合來自馬氏的聖潔生活，
從這位哲人身上他可以體認聖德的光輝。可惜這本書因狄博去世
較早（1939，享年五十七歲）而未見出版。

　　就狄博喜歡讀奧古斯丁、尼采、柏格森、馬賽爾等作品，可
知他的氣質與馬里旦截然不同。他愛的是人格型、生命型、直
覺、感性、人性關懷課題，就是以後流行的存在哲學。他渴望的
那類形上學在馬賽爾身上完全體現，或許馬賽爾皈依之後的主
要思想都是這個思想共同體的成果，馬氏為其執筆人而已。狄
博性格溫和、善體人意，故能與自己哲學性格迥異的思想家，如
馬里旦夫婦交換觀點，也作二馬間的橋樑。1931 年二月二十一
日馬里旦讀了狄博討論馬賽爾的文章後向狄博致意：「您自稱不
是哲學家，但我必須承認您在批評的天份上極有才華，因為您可
以內在地、明晰地、完全令人滿意地重建一位形上學家之思路
歷程，這位形上學家也是我們的朋友。」[14] 至於狄博則在他以後
出版的《日記》第四冊中，把馬里旦描寫成愈來愈「透明」，
整個人散發出一種「慈幼會 [15] 會士式的溫柔」（une douceur

14　Michèle Leleu, "Deux amitié fraternelles: II. L'architecte, Jacques Maritain", *Cahiers*,
　　op. cit., p.74.

15　編註：慈幼會是「鮑思高慈幼會」（Society of St. Francis of Sales）的簡稱，是
　　天主教男性修道團體，為義大利籍司鐸若望‧鮑思高（John Bosco, 1815-1888）
　　所創辦，以教育貧苦青少年為宗旨。

salésienne）。[16] 這可說是他對後者人格的最高評價了。

　　由於狄博這位好友的居間調和，思想比較強項的馬賽爾也能接近哲學背景完全不同的馬里旦夫婦。其實馬賽爾在皈依後主動要求阿代孟神父指導，並設法接近馬里旦，願意隨從後者學習天主教的神哲學思想。馬賽爾對馬里旦的關係可謂君子之交，但對阿代孟神父的強制性頗難接受，對馬里旦的夫人蕾依莎屢表不耐。因著阿代孟和蕾依莎的負面影響，他對士林哲學產生了一種抗拒的態度。1938 年狄博在芝加哥演講時提到：或許聖多瑪斯是聖人中大聖，我人可以同他一起祈禱，但不必按其不妥協的規律去思想。思想是天主的恩惠，天主的思想不是別人的思想，即使是最大的聖人的思考。[17] 阿代孟在 1929 年指導狄博和馬賽爾時強調多瑪斯思想絕對足夠為詮釋天主教信仰，[18] 嚴格審查（censure）一切不符合聖多瑪斯的思想，[19] 絕對服從羅馬 [20] 等態度，在在引起馬賽爾的不滿。總之，他們兩人的交往無疾而終。

　　馬里旦夫人蕾依莎是馬賽爾和狄博接觸天主教的另一考驗。蕾依莎與她丈夫都專精士林哲學，兩人一起切磋而進步，深入多瑪斯思想的殿堂。丈夫的性格比較平和，雖然立場鮮明，態度則一逕溫文爾雅。妻子容易激動，反應直捷。爽直本來是優點，但有時會傷害交談的對方，而使交談中止。如果狄博、馬賽爾和馬里旦三人單獨討論，有些僵局是可以避免的，因為馬里

16　*Cahiers*, p.75.

17　André A. Devaux, Charles du Bos, "Jacques Maritain et Gabriel Marcel, ou peut-on aller de Bergson à saint Thomas d'Aquin?", *Cahiers*, p.103.

18　*Cahiers*, p.74.

19　Ibid., p.73.

20　Ibid., p.50.

旦非常欣賞狄博的為人，[21] 後者足以調和二馬間在任何觀點上產生的緊張。蕾依莎卻不然，心直口快，要調解也來不及了。德沃（André Devaux）在一篇名為〈狄博、馬里且、馬賽爾，或能否從柏格森到聖多瑪斯？〉[22] 的文章上提到二則往事，這是德沃在蕾依莎於 1963 年出版的《日記》中找到的記載：

先是馬賽爾和狄博在 1929 至 1930 年間為了順從傳統，辛苦地（pénible）投入不可或缺的（indispensable）對聖多瑪斯思想的研究。蕾依莎描寫在別爾嘉耶夫（Nikolai Alexandrovich Berdyaev, 1874-1948）[23] 家中，馬賽爾、狄博與他丈夫馬里且（稍後吉爾松〔Étienne Henri Gilson, 1884-1978〕[24] 也參加）進行了一場「悲劇性的戰爭」（une lutte tragique）。後來馬里且加注：

21　Ibid., pp.74-75.

22　Raïssa Maritain, *Journal de Raïssa*, Desclee De Brouwer, 1963, p.206，見 *Cahiers*, p.91。馬賽爾在自傳中提及此事，稱蕾依莎熱昏頭腦（fanatique），見 *En chemin, vers quel éveil*, op. cit., p.141。

23　編註：別爾嘉耶夫，俄國宗教及政治哲學家，1922 年被布爾什維克政府驅逐出俄羅斯，於 1923 年輾轉移居巴黎，在此講學、寫作，並與法國知識界進行思想交流。

24　編註：吉爾松，法國哲學家，歷史學家。新多瑪斯主義的代表人物，曾任教於巴黎索邦大學、多倫多大學、法蘭西公學院，1947 年獲選為法蘭西學院院士。畢生致力於中世紀經院哲學史的教學和研究，強調真正的哲學必須以信仰為出發點。他認為對理性來說，信仰是不可缺少的，而多瑪斯主義則為現代哲學開闢了道路；故其主張「回到中世紀」，使哲學回歸於神學。著有《中世紀哲學》（*La Philosophie au Moyen Âge*）、《基督宗教哲學概論》（*Introduction à la philosophie chrétienne*）等書。其著作中譯，可參沈清松翻譯的《中世紀哲學精神》（*L'esprit de la philosophie médiévale*），台北：臺灣商務印書館，2001。

「他們是我的朋友，但是他們反對我與蕾依莎一直堅持
認為唯一真理（l'unique vrai）的哲學態度。」

另一次，也在別爾嘉耶夫家裡，馬賽爾宣稱：「我不夠資格
衛護同一律」，蕾依莎看到在旁的狄博有贊成的姿勢而大為不
滿，戲劇化地回應二人：否認由理性可獲得人的本性獲救之原
則，與伯多祿（彼得）否認耶穌一樣嚴重。[25]

那次場面相當火爆，馬賽爾在自傳中承認他本來可以更深入
地學習聖多瑪斯思想，但非因「懶惰」，而因「不耐煩」而放棄
了這份努力。而馬雷夏（Joseph Maréchal, S. J., 1878-1944）[26]神
父的作品比馬里旦的更易使他達到這個目的。德沃總結說：沒有
狄博，二馬很可能不曾邂逅，而二者的友誼也在狄博去世後似乎
不再繼續。

25　編註：耶穌受難前，門徒伯多祿（彼得）聲稱願意與師傅出生入死，耶穌預告雞
　　鳴以前他將會三次不認自己，伯多祿則賭咒寧願同死也絕不會不認耶穌。在耶穌
　　被捕後的凌晨至天亮之間，接連有三人認出伯多祿，指出他與耶穌是一夥的，伯
　　多祿三次聲稱自己不認識耶穌，一次比一次激動。雞啼之時他記起耶穌的話，不
　　禁痛哭失聲。
26　編註：馬雷夏，神學家，耶穌會士，以多瑪斯思想為根基結合康德的超驗哲學，
　　開創「超驗多瑪斯主義」（transcendental Thomism）；其思想內容精深博大，拓
　　展了士林哲學與神學的內涵。神學家拉內（Karl Rahner）推崇馬雷夏改革士林哲
　　學傳統的作品恢復了與康德、費希特的交談，甚至開啟了與海德格哲學對話的視
　　野。

二馬信仰同，志趣、思路均異

前文已提及二馬之異同。現在更仔細地予以說明。

由於狄博和馬賽爾是思想共同體，因此在把二馬比較時，也把狄博的見解放入，以補足馬賽爾未明言之處。

首先要提到的是直觀問題。狄博在十七歲時因友人介紹而讀柏格森的《意識的直接與料論》（*Essai sur les données immédiates de la conscience*, 1889），立刻著迷，自稱十七歲（1899）認識柏格森的那天才是他真正的生日，[27] 之後他花三十年的功夫研究柏格森，[28]「我的思想在其深邃處完全仿照柏格森，同柏氏的交往構成我此生最大的快樂。」[29] 狄博和馬賽爾先後在巴黎的法國公學接受柏氏教誨。馬氏把他的第一本哲學著作《形上日記》題獻給柏格森和霍金（William Ernest Hocking, 1873-1966，美國哲學家）。1959 年在柏格森大會中，馬賽爾在演講時回憶五十年前柏氏散發出魔術般的力量，觸及自己心靈深處，使自己飽和，至今難以忘懷。[30] 馬賽爾形成具體哲學後重用 Immédiat 和 existential（「當下」和「存有化」）兩概念，[31] 應與柏格森的直觀、生命衝力、創造力、開放意識等見解直接有關。其實那一代不少大思想家都是柏格森的學生，包括德日進、普魯斯特（Marcel Proust, 1871-1922）、貝璣（Charles Péguy,

---

27 *Cahiers*, p.64.

28 Ibid., p.72. 同處他表示願以同樣時間研究聖多瑪斯。

29 Ibid., p.88.

30 *Bulletin de la Société française de philosophie*, janvier-mars, 1960, pp.27-32.

31 我的博士論文題目是 *Conscience et Mystère*，副題為 *La phénomenologie de l'existentiel immédiat*。

1873-1914），[32] 甚至馬里旦。[33] 對他的狂熱若說橫掃二十世紀初期的法國精英，亦不為過。

馬里旦夫婦於 1904 年結婚，1906 年六月十一日一起接受天主教洗禮，1908 年從德國海德堡大學學成歸國，隨道明會神父克雷利薩研讀聖多瑪斯的《神學大全》，大澈大悟，決定終身投入聖多瑪斯的研究中，由於過分地擁戴多瑪斯，對其他思想頗有批判和排斥的態度。1914 年寫成《柏格森哲學》，認為柏格森與天主教思想互相枘鑿，乃「毅然放棄對柏氏學說的服膺，對柏氏的學說加以激烈的批評。」[34] 馬里旦對柏格森之批判不但無法說服狄博，且使後者逐漸疏離馬里旦服膺的多瑪斯思想。而狄博與馬賽爾的觀念接近，也使二馬產生了鴻溝。其中比較明顯的歧見是關於直覺（或直觀）的看法。馬里旦重視理智在直觀中的運作，而反對那種神祕性的直觀，這種對理智力量的肯定多少承自其師聖多瑪斯，有關細節請參閱高凌霞教授的著作《馬里旦論存有直觀》。[35]

其次是哲學的切入點的不同。馬里旦的理智運作直接進入純粹思維的領域，企圖通過概念尋獲存有的真理；馬賽爾經過世界大戰的洗禮，放棄了抽象進路，而改用具體進路，他從人的悲劇

32　編註：貝璣，法國詩人、作家，生於奧爾良，家境貧苦，靠獎學金讀完中學；服完兵役考入巴黎高等師範學校，受社會主義思想影響。他的作品結合基督信仰、社會主義與愛國主義，並付諸實踐。1900 年創辦《半月叢刊》（*Cahiers de la Quinzaine*），介紹法郎士（Anatole France）、羅曼・羅蘭（Romain Rolland）等進步作家的作品。在德雷福斯事件（Affaire Dreyfus）中，他為德雷福斯主持公道。1914 年參加第一次世界大戰，於馬恩戰役中陣亡。

33　趙雅博，〈馬里旦逝世周年祭〉，《哲學與文化》，第 5 期，1974.7，頁 51。

34　同上，頁 49。

35　參高凌霞，《馬里旦論存有直觀》，台北：臺灣商務印書館，2008。

遭遇著手，扣緊生命之荒謬、絕望、背棄承諾等實況，逐步進入存有之殿堂，終於找到超越人生負面現象之可能途徑。從主體際性之認定到人與「絕對你」之交往而能作不反悔之斷言和承諾。其間尼采反而成了邁向最高希望的跳板。從悲劇性存在經驗出發探討存有的方法絕不會為馬里旦夫婦欣賞。後者尋求的是純粹真理，通過清明思考而獲得，就像人與天主的關係可以直接通達一樣。蕾依莎給狄博的信（1931 年三月十二日）上說：「真理愈能抽離情感的色彩，它愈能引發我的喜愛，因為真理之光，在我看來愈純潔，愈有透人心坎的力量。從我領洗開始，我一直努力除掉生命中個人的悲劇面向，以免它們遮蔽客觀真理。」[36] 第二天狄博就給蕾依莎回信，告訴她尼采對悲劇的強調協助自己體認存有，在對人類整體的關懷中，悲劇絕不可少。[37] 此信之後兩人斷訊，可見狄博和馬賽爾的哲學焦點不是「純粹真理」，而是關切人類命運的真理，頗似中國儒家傳統的憂患意識和人文關懷。如此，二馬之二種不同的生命型態就很難相合了；不過，最後還是異途同歸的，因為他們的終極關懷絕對相同。

馬賽爾的其他關切，如思想與存有、真與愛、概念的感性因素、主體優位等[38] 都無法與馬里旦的思想相符。甚至在奧祕的界定上，馬里旦只套用馬賽爾的「奧祕與問題」區分之名稱，而不採用後者對奧祕之定義。[39] 簡言之，二馬的焦點不同而構成了二種不同類型的哲學。馬里旦以理性為主，清晰明潔；馬賽爾推崇

36　*Cahiers*, p. 85.

37　Ibid., p.84.

38　Ibid., pp.92-97.

39　Jacques Maritain, *Sept Leçons sur l'être*, Paris: chez Pierre Téqui, 1934, pp.8-9.

經驗，關懷民生疾苦。一個是冷媒體；[40] 一個是熱媒體。馬賽爾肖似齊克果力求可為之生且為之死之主觀真理。狄博和馬賽爾服膺柏格森之言：「所謂創造，首先指興奮（émotion）。」[41] 這種「興奮的情緒」對馬賽爾和狄博來說是哲學的原動力，也是直觀要素。馬里旦聖潔超人，類似天使；馬賽爾注重人性，力求全人企嚮之滿全。試用一段筆者在他處發表過的話結束這段討論：

> 馬里旦的清晰純潔和馬賽爾的熱情奔放全然不同，後者若火把，照亮黑暗散播溫暖，給人激勵的力量，使人投入存在的核心，徹底地去活。他所教的不只為叫人理解的理論，而且叫人興奮地活出這套理論來，若一個可點燃其他火炬之火炬。[42]

結論

　　把狄博加入馬賽爾之行列雖然不合題旨，可是從馬賽爾的主體際性的存有詮釋角度看，亦有其內在意義。狄博之名未遠播法國之外，大概因為沒有英譯，也缺沙特這樣的文化名人論馬賽爾般的評價來增加其知名度，但他在法國的思想界中佔有一席，本文原可定名為：狄博、馬賽爾、馬里旦。由於國人不

40　*Cahiers*, p.100. 德沃引馬里旦在《柏格森哲學》之語：「哲學家絕不應當被激動（s'émouvoir）」。

41　同上，引自 Bergson: *Vie et littérature,* décembre, 1935。

42　《馬賽爾》，頁251。

諳狄博，而將此名省掉。狄博性情溫和，廣結善緣，但他不因此而改變哲學觀點，他堅持馬賽爾的立場，重視內心經驗、情感、直觀、愛，文學、音樂，他與馬賽爾都比較喜歡奧古斯丁，而遠多瑪斯；在同代天主教的思想家中，他們都比較愛讀布隆德（Maurice Blondel, 1861-1949）[43]、馬雷夏、吉爾松、別爾嘉耶夫、吉東（Jean Guitton, 1901-1999）[44]、伍斯特（Peter Wust, 1884-1940）[45]、克勞岱爾，但無法與馬里旦深契。

　　二位馬氏去世至今已有二十五年了，二位留下的豐富遺產，同屬於天主教的傳統。當代的哲學愛好者大概不會偏於一面，而會同時截取二哲之長來平衡自己的思想與生活。馬里旦和馬賽爾都是追求真理者的傑出典範。重視士林哲學的輔大系所是否可以吸取存在哲學的活力來重新開創士林哲學的高峰呢？讓我們一起努力吧！

（1998.3《哲學與文化》）

43　編註：布隆德，法國天主教哲學家，提出行動神學，畢生探討「人的行動」之意義，旨在建立自主哲學推理與基督信仰之間的正確關係。他認為若要使同時代人接受教會的觀念，必須從普遍都能接受的「人」的定義著手。「行動」是人的存有結構之一，但行動本身不能賦予意義，生命意義的決定應超越在生命之上；故他不以人為實在界的中心，而將人的行動都視為朝向神的行動。

44　編註：吉東，法國天主教神哲學家、文學家、靈修家，推崇柏格森哲學。他是哲學家阿爾都塞（Louis Pierre Althusser, 1918-1990）在里昂求學時的老師，後者表示受到吉東很大的影響。

45　編註：伍斯特，德國天主教哲學家，著有《形上學的復活》（*Die Auferstehung der Metaphysik*）。

13 馬賽爾的存有哲學

　　馬賽爾 1889 年生於巴黎，他的父親是法國政府的重要官員，擔任過國家博物館館長、國家圖書館館長、國家美術館館長，也當過國府資政和法國駐瑞典公使等要職。他從小隨父母到處遊歷，參觀過不少充滿藝術和文化氣息的都市，周旋在政治界及文藝界人士之中，他的文化資源特別雄厚。馬氏四歲喪母，只記得母親在黃昏時分給父親彈鋼琴的身影。五十年後他在自傳中寫道：「母親永遠神祕地留在我身邊。」這個經驗後來形成他的臨在哲學。

　　父親娶了姨母，他們沒有生孩子，使小馬賽爾感到難以忍受的孤獨，他用想像結交很多玩伴，八歲時甚至寫過一部小劇本來與想像中的弟兄姊妹對話嬉玩。有一天，克勝孤獨要成為他哲學主題之一。此外，後母亦無法回答「媽媽去哪裡了」這問題，使他決定有朝一日自己要找到該問題的答案。可見母親的去世帶給他多大的思想影響，幾乎可說決定了他未來哲學研究的基本路向，塞翁失馬焉知非福。

　　二十歲他就獲得哲學碩士學位，研究的主題是柯律芝與謝林；博士論文研究的是「宗教之可理解性的形上基礎」。第一次世界大戰中止了他的工作，以後他沒有再寫，因此他沒有博士學位。倒是在大戰前後研究過程中寫的日記後來出版了，成為他的成名大作：《形上日記》（1927）。為什麼他不能繼續原先的研究呢？因為其間發生了一件大事，需要說明一下。

　　馬氏因健康關係不能上前線打仗，就留在後方，在紅十字會工作。他幫助來尋找丈夫、兄弟或兒子消息的婦女聯絡前線，這些失蹤的兵士往往已經喪亡，面對這些痛苦的婦女，這位年輕的學者首次遇到了所謂的存在。存在不再是一個概念，而變成活生生有血有肉的具體。前者是「他」，後者是「你」，頗似馬丁・布伯的哲學所表達的：真實的人是不能被抽象的。另一方面，他體驗到自己從自我中解放出來。他已不可能回入出賣真實的抽象裡去，他已從理性哲學皈依到存在哲學裡來了。從此以後，他用自己的詞彙來陳述自己的思想，終於形成了自己的原創哲學。

　　戰爭中另一經驗是靈媒。藉著占板使亡者回來告訴未亡者彼界的事情。多次的嘗試成功使他無法懷疑。這類經驗逐步進入他的作品，包括哲學和戲劇的創作之中。對於存有為主體際性（Intersubjectivity）的靈感，不少來自這個經驗。簡言之，戰爭徹底改變了他的哲學方向和內容，這就是他無法再繼續完成抽象式研究的原因。通過這次靈媒的經驗，使他初步得到了母親去世後向後母所提的問題的答案。

　　戰後不久，他認識了賈克琳，邂逅發生在巴哈音樂會中。自傳中有這麼一句話：「賈克琳之進入我的生命，使我有了一段充滿歡娛的日子。」童年以及苦讀經典時的孤獨勞累都成了過去式。「你」的體驗日益加深，對存有的解讀愈趨確定：存有不是別的，是愛的奧祕，是主體際性。

　　成家後一年他寫了一部劇本叫《別人的心》（*Le cœur des autre*）。劇中男女主角在婚後數年一直沒有小孩，就領養了一個男孩。這簡直是他自己的寫照，因為他自己也是沒有子女而領養了一個男孩。我人可以肯定他在借「劇」發揮。從這個劇本

中我們可偷窺他的閨房秘密，其中的幸福實在值得我人羨慕。太太酷愛文學和音樂，二人是絕配，一起閱讀，一起聆聽美妙的音樂，啊！這真是人間天堂。其他的存在思想家可沒有他那麼好運。難怪他對生命充滿積極信念和喜感，這是與以荒謬、焦慮、空無為基調的存在派全然不同的調調，他是不能歸類的異類。

太太很會速記，把丈夫在鋼琴上彈出的即興曲記了下來，後來他說：「這些樂曲有一天要編入我的作品全集中。我深信那些能聆聽我音樂的人，會在那裡找到一道可以照亮我作品中最個人及最秘密部分的光明。」

夫人於 1947 年去世，音樂即興創作靈感逐漸消失。主體際性還是不折不扣的真理，至少為這位作家而言。

音樂使他獲得愛的幸福，也使他獲得信仰。

1929 年馬賽爾四十歲，三月間他得到一個使他不再懷疑的恩寵經驗。契機是莫里亞克[1]的信。之前馬賽爾為莫里亞克的小說《神與金錢》寫了篇書評。莫氏是天主教作家聯盟的主席，得過諾貝爾文學獎，讀了他的書評後，問他為何不參加自己的團體。馬賽爾覺得這個邀請似乎來自上天，把他多年來感受的傾向推了一下，使他終於投入了信仰。

早在十六歲時他就買了六十至八十首巴哈的聖曲（Cantates）。其中受難曲（Passions）帶給他基督生命的強烈震撼。他認為巴哈給他的宗教影響遠超過巴斯噶（Blaise Pascal, 1623-1662）。十四年後（1919 年）在巴黎馬塞教堂聆聽巴哈的苦難曲和清唱劇時，神性的愛和力量再次感動了他，為他十一年

1　編註：參〈有神及無神哲學對比下的宗教觀念〉一文之註釋 6。

後皈依天主教作了準備。他寫道：「那處在我內心景致中的音樂瀑布多少映現了我虔信的上天。」

終於決定性的時刻來臨了，在《是與有》中他坦直地記下這個不尋常的經驗：「我不再懷疑。今天早晨，我有了奇跡般的幸福感，我第一次經驗到恩寵。這是些驚人的話，但都是真的。我終於被基督信仰所包圍，我沉浸在裡面，幸福地沉浸，但我不願意再多寫了。然而我覺得需要再寫一些，有種乳兒牙牙欲語的印象……」「這實在是一次誕生，一切都變成不一樣……這世界從前已經完全的在，但現在終於露面了。」（1929 年三月五日）「在我思想中出現了光只是『另一位』的延長，祂是唯一的光，喜樂的圓滿。我才彈了很久布拉姆斯的鋼琴奏鳴曲，從前沒有彈過。這些奏鳴曲將常提醒我這些難忘的時刻。我怎能抑止『氾濫』、『絕對安全感』和『被包圍』在深愛中的情緒呢？」（三月七日）「今天早上我領洗了，內心有一種我不敢奢望的情境：雖然沒有什麼亢奮的感覺，但卻體會到一片安詳、平衡、希望和信賴的心情。……神的臨近給我帶來暈眩之感。」（三月二十三日）

從深度臨在到忠信的路是存有的邏輯，是走得通的，雖然還需要主體的自由持久地合作。領洗前二日，他寫道：「支持我的最大力量，是不願站在那些曾經出賣基督者一邊的意志。」

主體際性哲學在信仰內獲得了終極的支持和基礎。天主成為他的「絕對你」，這一位「絕對你」要進入他所有的深度關係之中，亦即存有經驗之中。到這裡，他的存有論終於有了定點，在人與人及人與神的經驗上，他完整化了他的哲學歷程。

進入存在

　　存在有兩義，其一是時空之有，與「無」相對，其二是成為具價值含義的有。科學之對象為時空的客觀之有，主客對立情況下的對象都是如此的，你我壁壘分明，馬氏稱之為「我與他」或「我與它」關係。第二種「有」通過了一個關卡，使前者轉化成「我與你」的關係，即價值的存有。這個關卡叫「存有化」（existentiel）。什麼是「存有化」呢？筆者試作解釋如下。

　　Existentiel 指生命中突發事件，使某種生命深度獲得揭發，某個潛能得以開顯。普通而論，這個經驗伴隨著一種有相當強度的情感，可說情感獲得了大解放。這是一種意外的感受：喜悅甚至大喜，新穎感、充實感、美感、「初版的、空前的，無法還原到且無法綜合入任何以往的經驗之中」。「存有化」顛倒了原有的次序，自我逸出自我意識之上，馬斯洛會說是「高峰經驗」。在這經驗中時間從同質的變成異質的，「此時此刻」已變成不能歸類的時間單位，馬賽爾甚至稱之為「絕對現在」。絕對現在要成為個人未來歷史的中心或頂峰，要進入未來的每一個時間單位中去。臨在是不會死去的，可以說是某種永恆。

　　在「存有化」發生前，某主體已存在，「存有化」使他邁入更深和更高級的存在；也使某類「不存在」變成存在。什麼叫「不存在」呢？此指原先為非價值或極低價值之物變成了有價值或高價值的東西，同一物身分不同了，麻雀變鳳凰。在「存有化」的當下，「他」化為「你」。一物，一景，一地，一關係，一團體……都變得不尋常起來，令人刻骨銘心、畢生難忘。忽現的靈感貫通了許久的思考，突發奇想，悟到出人意表的新觀念、

新發明。無法溝通的絕路，豁然洞啟。積年的仇恨得以消解，盡釋前嫌……啊，妙哉！妙哉！「存有化」法力無邊，這是一個馬氏存有論的絕對關卡，真正的存有哲學從此開端。

第一和第二反省

第一反省是一般的反省，是理性的、抽象的、客觀的，以認知為主的心靈活動，馬氏以笛卡爾之「吾思」代表之。此法先懷疑，再肯定存在，馬氏認為此類作為多此一舉，因為存在是思想運作的絕對預設，是懷疑行為的絕對條件，人可懷疑其他的東西，但不能懷疑存在。「吾思」對「存有化」之可能性大有殺傷力，它使人停留在低級的存在，隨著懷疑而來的是不信任和永不休止的批判，這些作為使人永困於第一反省內，所以「吾思」是存有的剋星。此外，第一反省也包括抽象行為，這原是知識論的任務和功能，馬氏認為抽象對獲得知識固然重要，但對存有之傷害無以復加，因為抽象即不參與，即自我中心，且求不「給」而獲，知識論的態度一旦轉用到存有論，就可不折不扣地逐出存有。具體地講，抽象使人遠離深度的人際關係，使主客對立的關係模式永遠稱霸，同人來往只為獲得知識，把別人當作資料中心或工具，他者因而淪為客體，永無翻身的可能，這是充斥「問題」的世界，「奧祕」遠遁。馬賽爾有一部劇本叫《破碎的世界》（*Le Monde cassé*）即描寫失去存有後之世界實況，頗為生動。

什麼是「奧祕與問題」間的區分呢？

「問題」是主客對立關係中可加以處理的東西或事件,這是第一反省的本色。「奧祕」反之,「奧祕」是置己身於物內,發生的「問題」絕不可能在我前或在我外,這個「問題」為「超問題式的問題」,可說是與我絕對休戚相關的問題,主客融合為一。要舉例子不難,愛、邂逅、忠信、背信、劇烈的痛苦、絕望、死亡意識等均是,而存有與人的關係即此類關係。使存有成為客體的思想運作者都出賣存有,因之馬氏極力反對第一反省;第一反省解構奧祕,使生命平面化,使意義與價值系統崩潰,他說:沒有奧祕之處,人只能苟活。

如果第一反省出賣奧祕那麼何物可使人重獲奧祕呢?馬氏提出第二反省來救助。第二反省建立在一種覺悟的基礎上,即當主體體認第一反省帶來的困境之後,決意走出死胡同時才有轉機之可能。存有化是一種機緣,可欲而不可求,但它確給人開一通道,在一般情形下,需要廣義的存有化的助援。這就是臨在。臨在轉化了關係模式,使主客對立改成互為主體的關係,「你」終於出現了,情勢頓時改觀。第二反省不讓反省回入抽象世界,卻要深入存有的資料中。

「你」有深淺,最深者直搗黃龍,潛入存有腹地:體會對象之價值倍增,從「其有」、「其為」到「其是」,達其人格的核心。「你」解放我內之「你性」,亦解放了我內最大的愛能,因此我能夠無條件地愛與付出,馬氏稱之為「可全在性」或「可全給性」(Disponibilité absolue 或 absolute availability)。奧祕的焦點是兩個互為主體的「你」間的關聯,臨在亦為「絕對者」的臨在,是這關聯使兩主體之關係改變,兩顆單子的窗戶終於洞開,溝通終於達成。

「同在」表達這份親密關係的充沛感受。「我們」亦具備了真實性。存有的本質即主體際性，至此明焉。

逆覺體證

「逆覺體證」是牟宗三先生的用詞，為說明一種心靈的修持功夫：退入自己內心深處，體驗超越和自由；這是中國靜坐之道，宋明理學和禪修均用之。馬賽爾與牟氏異曲同工，不過他並不像佛教徒進入一個「空」、「無」，而是進入一種比存在化更強的臨在中。當主體把自己從各種關係網絡中解脫出來，而持其「純是」回入生命原點時，他與自己的本根結合，進入無言及自我臨在之中。主體將其「純是」的深度經驗帶入核心，後者使其貞定，不再漂失，這裡會洞現一種「神聖感」，類似宗教經驗。自我與此神聖對象密契，深入存有腹地，乃在此處得以建立其顛仆不破的主體性，主體性者主體際性也，對象是絕對存有，「絕對你」，心靈的終點。奧古斯丁的「比我更內在」的那一位，就在逆覺體證中被體驗，這是被深愛的體驗，整個人乃脫胎換骨，這才是奧祕之所在，第二反省在此得以完成。

馬氏把這個功夫稱為「凝神」（Recueillement），或可譯為「自我凝斂」。凝神與一般說的反省大不相似，稱它為第二「反省」實在有些牽強；但它的確把第一反省從死胡同裡救了出來，使理性不出賣存在，並且抵達生命的深度，找回失樂園。所以馬氏直截地說：人除非通過第二反省，無法進入奧祕之境。換言之，世界之所以充斥「問題」，乃因人停留在純客觀的理性運作

之中之故。

被瞎的直觀

就像存有化之爆發，凝神在其核心亦有類似的情形，馬賽爾稱之為「被瞎的直觀」。直觀原指突然的洞見，像似「得來全不費功夫」，使人豁然貫通。藝術家、大科學家、宗教家都會有之。長久的辛勞終於有了成果，存在進入了存有，存在開花了，這是不可思議的經驗。第二反省在深度的回歸自我時，也會有類似的奇蹟；不過馬氏在直觀上加了一個「被瞎的」形容詞，這表示什麼呢？表示這個洞見不是尋常理性運作之果，而是有了「他者」的參與。這「他者」非外在於我，卻是如聖奧古斯丁所謂的「比我更內在於我者」，這「他者」自有其光，其光照入我的理性，使理性得以超越自己的侷限，一躍踏上存有，許多事突然明朗化，理智看到了，也看懂了。理智接上了另一光源，此光太大、太亮，以至理智似乎無法再像平時那樣獨霸，而從絕對主動到相對主動，甚至被動，一直到絕對被動的程度；但這種角色的轉移，使理性達到它的最高目的，也是它的完成。與絕對你的絕對結合使人建立自己真正的主體性。這是最終的互為主體性：人與神（絕對你）的絕對結合！

第二反省借此光之助而超克第一反省。存有的富有源源不絕地輸入「此有」（借海德格之詞），存有對此有的投資，使此有具有新的裝備，足以作超越自己能力的承諾，此承諾亦超越時間。剎那乃成永恆，此剎那即奧祕剎那，它不會成為時間之一單

位，或未來的一個過去，卻永保其現在性，馬氏稱之為「絕對現在」。這是生命的高峰，永存在未來的每一個現在中，繼續其主導功能，臨在不死即是此謂。

存有之光是內在地體會的，但光源非我，我承受光的恩澤，我之「視」受照亮，而後有更高級的「視」。此光源非我，但在我內運作。他力與自力匯合構成同一力。自力得「他」力之助而超越其限，此第二力實為神助。第二反省藉「恩寵」得以竟功，故若將第二反省稱為「第二力反省」，大概不算違反作者原意。

創造性臨在

逆覺體證在直觀達成時大功告成。此時的充沛感伴隨著靈感而至，靈感指思想中創新觀念洶湧而出，新者自舊者中脫穎而出，但亦可是全新者。這是分享創造者本身的創造力，創造性活動實具超越性。

創造性活動可分事功及自身二種。事功的創造指各類有創意的成品，如寫作、繪畫、發明等。自身之創造指一個生生不已的新個體，常保清新，常活在存有化中，這是一種人人可及的生命創造。馬賽爾不惜用很多筆墨來討論這個課題。這種人才稱得上存在者。大體來說，這種人是充滿愛、熱忱及內心自由者，換言之，他是別人的「你」，他對別人的關懷使他不再以自己為中心，他變成了一個新光源，使別人分享其光。他的生命基調是喜樂，不是海德格式的焦慮，亦非卡繆式的荒謬，更非沙特之嘔吐，希望的哲學可從此點推衍而出。總之，馬賽爾的存在哲學與

其有同名的作家大不一樣。

由於臨在之根植於存有，故此有藉存有之助不致朝令夕改。存有的恆持性使受惠者擇善固執，從一而終，這就是忠信，是承諾和踐諾之力量的來源。不過他加了一個形容詞：創造性，此指其忠信非墨守成規；相反，他的忠信充滿活力和創意，不停開發潛能，呈現新的方式，危機逐一化解，柳暗花明又一村。

新天新地

回到存有即回到被第一反省作用前之樂園，那是純粹的一元世界，沒有對立，單純質樸，一片童真，處處是存有化般的存在，我與他者結合成為「我們」，仇恨消解，愛能大現。啊！這真是喜樂洋溢的時刻。老子之言如：「常德不離，復歸於嬰兒。」「專氣致柔，能嬰兒乎？」在此充分獲得體證。辯證思想的任務告一段落，讓位於愛和信任。通過猶如中心單子（萊布尼茲，Gottfried Wilhelm von Leibnitz, 1646-1716）的媒介直通一切個別單子，即與一切個體都能溝通，如天真兒童之無礙，處處是岸，福哉！

馬賽爾認為只有愛能使人獲得關於人的真正知識。客觀知識論出賣人的真實，最多只能產生科學性的對物之知，因為由客觀知識論得到的關於神及人的知識是「他」或「它」的知識。當愛參與認知行為時，「你」或「絕對你」才會出現，我人才有對人的真正認知。

西方哲學一直偏好客觀，真正的人學無法在主流傳統中立

足，宗教稍來彌補此缺點。其實宗教給思想開出一條通往天國的大道：神只能是愛的對象，我人只在懇切的祈禱中才能逐漸接近天主，才能體會這位「絕對你」對你我的深愛，也在深度的祈禱中，我人與一切生靈相通。事實上，人與人間發生的一切深度關係，都是「絕對你」的恩澤，都是「絕對你」參與的結果。誠如馬氏所言：「愛環繞著一個位置旋轉。這個位置既不是自我的，又不是別人的，這就是我稱之為『你』的位置。」[2] 他又說：「可稱為奧祕的東西，並非是愛的對象若其所是，而為愛所包含的關係形式。」[3] 他在另一處說：「依我看來最真實的哲學思想位於自我與他者的接頭（jointure）之處。」[4] 簡言之，臨在即神的臨在，奧祕即神進入人或人與人的關係中的奧祕。人被真愛時，是被真神所愛。「絕對你」以隱秘的方式一直都在深度的關係中，也一直在促進此關係。卡繆曾說：我對神的客觀論證完全無動於衷；但從關係模式來探求天主的存在，我會非常熱衷。

這是一條值得我人重視及開發的形上之路，馬氏可為我人的嚮導。

結論

施皮格爾貝格（Herbert Spiegelberg, 1904-1990）在他的大著

2　《是與有》，頁 161。

3　*Journal métaphysique*, p.226.

4　*Présence et immortalité*, p.23.

《現象學運動》（*The Phenomenological Movement*, 1960）[5] 中，
描述了現象學運動在德國的各階段之後，用兩百頁的篇幅來敘
述法國現象學，而列馬賽爾於榜首，然後再列沙特、梅洛-龐蒂
（Maurice Merleau-Ponty, 1908-1961）、呂格爾諸人，可見馬氏
在現象學史家心目中的地位。該書作者在馬賽爾一章結束前寫
道：「馬氏的《形上日記》顯出了真正的現象學的特色，盡力使
這些現象明朗化，並具有對永恆的哲學問題找到新角度和新進路
的能力。」

　　另一位作家郝林（Jean Héring, 1890-1960）寫道：「我們相
信可作如下斷語，即使德國現象學不為法國所知，法國本身也會
萌生一種現象學，而這種可能性大部分來自馬賽爾的影響。」

　　我們用不多的篇幅介紹了這位當代的存在大師，由於他堅持
反對西方哲學重理性思考的傳統，一直未被經院主流學派納入正
規的學程之中。但在研究者心目中，每年各國有不少高品質的馬
學研究問世，表示他的思想一直有極大的吸引力，他的原創性進
路已被大部分當代哲學所吸收，影響層面遍及神學、心理學、社
會學、政治學、管理學、教育、傳播的理論和技巧，在人文和社
會科學領域中他的觀念幾乎可說無遠弗屆。他的靈活思考和對現
象的鮮活警覺贏得後生的普遍喜愛。此外，他活化了存有的概
念，開展超越工具理性的第二反省，結合靈修與思考……都給現

5　編註：Herbert Spiegelberg, *The Phenomenological Movement: A Historical Introduction*,
　　The Hague: Martinus Nijhoff, Third revised and enlarged edition, 1980. 中文譯本
　　讀者可參考：詩鏡戈博（Herbert Spiegelberg）原著，李貴良譯，《現象學史》
　　上、下，台北：正中書局，1971；赫伯特‧施皮格伯格（Herbert Spiegelberg）
　　著，王炳文、張金言譯，《現象學運動》，北京：北京商務印書館，1995。

代人提供存在的啟示。我們可以斷言：馬賽爾的哲學不會隨流行
而消亡，卻會恒久地被尊重和欣賞。

（2000.7《輔大哲學大辭書》）

14 生死與價值

　　靜宜大學舉辦這次「生死與價值」研討會，從醫護、教育、文學、文化、哲學與宗教諸向度來討論這個主題，非常有原創性。本人獲主辦單位邀請擔任主題演講人，覺得受寵若驚，亦有惶恐之感。我雖然在輔大宗教系所開過二次「生死學」，在此新領域，我還是一個初學，談不上專業；不過由於長期研究過存在主義，而存在思想中不乏死亡的論題，因此就大膽地接受了邀請。在這次演講中我設法把我所知的有關資訊作個說明，也希望在其他同仁的論文中學到有關生死的新知。

　　生與死都可成為「價值」嗎？這個問題連五歲小孩都能回答：生是價值，死則免談。價值是「善」，是人之所欲的東西。實際上，沒有人會欲死的，除了少數瀕臨失望邊緣的可憐「蟲」。死亡就像一隻過街的老鼠，人人喊打。由於死亡終點站無人可以逃過，因此對之產生各種情緒：反抗、懼怕、悲傷、焦慮、不安、無奈、放棄⋯⋯全部都是價值和意義的否定和絕滅，人間的偉大和可愛在死亡前都變成泡影，一切都化為毫無意義的荒謬。

　　另一個大弔詭是這個人類共同的噩運，人人為之頭痛的問題居然是沒有答案的，至少死去的人都不回來告訴我們「彼界」的消息。如果有人起死回生，那麼我們會說他非真死，而他提供的資訊不見得是真正的死亡資訊。

　　宗教的內涵有一大部分觸及「彼界」，但這類「真理」並非

人人接受，宗教對死亡的答案只為信此教者是真理，其他的人或不信或嗤之以鼻。不過雖然宗教的答案沒有絕對的確定性，為了心靈的需要，還是使人趨之若鶩，因為有個答案總比什麼都沒有要好。信仰是另類知識，它的可靠性雖可置疑，但接受之後產生的效果倒也不小，亦可驚天地泣鬼神。基本上它們使信者脫胎換骨，對有死之生萌生無敵的希望，不屈不撓地活下去。死亡的威脅被信仰解除了，信者不怕死，為他們，死是「往生」，死是邁入永生的門檻，死是真正生命的開始，死是人的第二生。對他們而言，死亡把人引入終極幸福之門，後者既是人的絕對價值，那麼那扇門自然是有價值的了。換言之，死亡有沒有價值的問題，在信仰的脈絡中是可以談的。因為如果通過死亡，人可擁有完美的生命，而生命如上所述是人的絕對價值，那麼死亡便是促成此絕對價值的條件，當然也是一個價值了。

由此可見，想從純理性推論死亡的價值是一條不易走通的路，但藉著信仰去推論同一問題，倒是有路可循。有信仰支援的哲學思考，多少可以幫助我們進入問題的堂奧，甚至對無此信仰者，亦能提供頗有意義的建議。本文不從信仰出發，而從被信仰支持的理性來討論「死亡與價值」的問題。我們預設從這一角度來看死亡，後者不但可具意義和價值，甚至可成為超價值和超意義，可與「高峰經驗」相比。本文的立場和進路是略略傾向信仰的哲學思考。

儒家忌談死亡？

孔子的名言「子不語怪力亂神」及「未知生焉知死」，使人以為儒家只談生不談死。[1] 學者解釋為：孔子避談超自然（怪力亂神）為了使人重視已有的能力來克服困難，不崇尚迷信。[2] 至於知生知死的問題是或因當時對話的情境不適合談；[3] 或可談，但因孔子未全知曉而不談。孔子表示樂意接受別人的開示，故說：「朝聞道，夕死可矣！」整體來說，孔子的關切點確實不在死亡，而在此世善生。

二十世紀新儒家大師唐君毅先生跨出了孔子的設限，他不只談死亡，還肯定死亡具有積極的意義。唐先生精通中西哲學，尤諳當代存在思想，所以他一反儒家給人的一般「不談死」的印象，卻滔滔不絕地談死。

首先，他認為詢問有關死的種種問題是人的天賦權利。水火無知而不問，人則有覺而不能不問：

1　曾昭旭教授提及他當時八歲的兒子問他：人既然會死為什麼還要活？曾教授告訴兒子說：人生的意義只在歷程，不能定在一目標上，否則到頭來會感到一場空。（參閱《鵝湖月刊》，第 109 期，1984.7，頁 57）杜維明教授持不同看法：「知生的起點不必涉及知死，知生的極致則不得不包括知死。」（參閱〈儒家的人文精神的宗教涵義〉，《鵝湖月刊》，第廿五卷，第 4 期，1999.10，頁 28）

2　傅佩榮教授詮釋孔子之「敬鬼神而遠之」，說：「明智的領袖應該承擔現世的責任，靠實際的努力來解決百姓的困難。敬畏鬼神而保持距離，可以避免人神混雜，互推責任。譬如，遇到洪水，要設法疏濬，不必求神問卜。」（〈儒家生死觀背後的信仰〉，《哲學年刊》，第 10 期，1994.6，頁 39）

3　關於「未知生焉知死」，傅教授說：「向孔子問及死亡的是子路，子路是個魯莽好勇不善思考的人，孔子為了因材施教，便答以『未知生，焉知死』，不願跟他多談死亡。」（同上，頁 32-33）

　　蓋水火無知，人則有覺，水火可不問其始終，人則
不能不問也。若謂人應求自然，不越自然所加於人之限
制，則吾將曰：自然真加限制於吾人，則不應使吾人復
生追索生前死後之心；吾人既有追索生前死後之心，則
自然未嘗加吾人以限制可知。若謂此追索生前死後之心
即自然所賦與而加於吾人之限制，則吾人追索生前死後
之心即自然限制中之正當活動，追索生前死後，正所以
順自然也。[4]

　　哲學可以追索生前死後的謎，宗教也有此權利嗎？唐氏認
為：

　　依良知為標準，我們可說一切高級宗教中之超越信
仰，皆出自人之求至善至真完美無限永恆之生命之要
求，求拔除一切罪惡與苦痛之要求，賞善罰惡以實現永
恆的正義的要求，因而是人當有的。我們不能說此要求
是人之不當有。[5]

　　解脫了死亡的禁忌之後，如何談死呢？唐氏首先確定人死後
精神不與肉體同歸於盡，而能在脫離肉體之後，獨立生存，成為
「鬼神」。

　　在哲學界的學者中用純哲學的思考或體驗達到此結論者不

4　《中西哲學思想之比較論文集》，頁 439-440。
5　《人文精神之重建》，頁 583。

多，唐氏是一異類。他怎樣推論人死後靈魂不死呢？他用觀察及深度情感來「證明」。

先說「觀察」吧！唐先生舉許多例子說明人在生前所有的精神活動都是超出肉體以外的，譬如妙齡少女出門前打扮半天，不只想她的肉體，更是想在別人心中留下好印象。同理，除了生病以外，人的一切活動常是超越肉體的：我們的精神展向花草、雲彩、建築、事業、成就、子女、夫婦朋友關係、國家之富強、人類的和平康樂、歷史文化的發展與悠久、真善美諸價值、古今人物和神靈。[6] 肉體因不斷消耗能量而逐漸衰竭，從存在走向不存在；但精神愈行愈健，在肉體瓦解之刻達到自身最大的完成，徹底獲得解放，超越肉體而獨立自存，是為「鬼神」。

人生前精神的超越活動顯示的性格，在人死的剎那有更驚人的超越表現。彌留的老人指點後事、戰場上受重傷的士兵關切同伴的危險、革命家在床頭策劃未來……「此處人明知其將死，已走至其現實生命之存在的邊緣，於是其平生之志願，遂全幅凸出冒起，以表現為一超出其個人之生命的，對他人之期望、顧念、期盼之誠。此期望、顧念、期盼之誠，直溢出其個人之現象生命之上之外，以寄託於後死者。此即如其精神之步履，引至懸崖，而下臨百仞之淵之際，驀然一躍，以搭上另一人行之大道，而直下通至後死者之精神之中。」[7] 活入別人的精神中是不朽方式之一種，唐氏不停於此地，他一再強調人死後不死之精神是獨立地存在的。

6　《人生之體驗續編》，頁 101。
7　同上，頁 104。

　　獨立存在的「鬼神」是通過「深情厚意」與活人相契的，而這種相契的體驗使活人不能懷疑去世親友之泯滅。我們雖無法知道鬼神身在何處以及其實況，但通過真情交流可確知其繼續存在著。鬼神在生前對世界有的照顧關念之情，死後仍綿綿不絕，不斷與世人通播；活人如果有心，也以深情厚意回應鬼神，則人鬼世界仍能打成一片。唐氏特別提出祭祀來說這類的溝通，他認為如果我們在祭祀中，以嚴肅誠敬的心追念祖宗、聖賢，我們的情與鬼神的情直接相通，感到有一股真情從自己心中冒出，盹盹懇懇，不能自已。同時亦感到這股真情射向一個肯定的目標，而與那個被追念的對象結合，他說：「真情必不寄於虛，而必向乎實，必不浮散以止於抽象的觀念印象，而必凝聚以著乎具體之存在。即著之，則懷念誠敬之意，得此所對，而不忍相離。」[8] 這種經驗可稱為「真情通幽冥」。唐先生對於這種生死兩界間深情的描寫異常深刻，一定是他本人再三體驗而構成如此不可動搖的信念，藉此他斷定靈魂不死是千真萬確的終極真理。

　　靈魂何以可在與肉體分離後繼續生存？唐先生認為因為該人生前修德行善，已與大道相合，而道為永恆不死的生命，故合道者，都可不死。[9] 這個道理道家亦有。莊子妻死鼓盆而歌，因為他相信自然大道不亡，入大道的人亦隨道不亡，[10] 唐君毅先生認為亡者像走山路的旅人轉了個彎，我們看不到他時，便以為他死

8　同上，頁110。

9　唐先生說：「人心果真見道，而同時能自思其見道之心為何物者，正當由此道之永恆而普遍，而知其與道合之心，亦永恆而普遍。」參《病裡乾坤》，頁44。

10　鄭曉江著，《中國死亡智慧》，第二章〈「生死齊一」的智慧〉，台北：東大，1994，頁68-69。

了，其實並非如此。[11] 不過唐先生在討論死亡時始終保持哲學家的身分：對亡者的實況不作解釋，也未取立場。

筆者選擇唐先生的觀點作反省死亡價值的出發點，因為唐先生本身生命的仁厚真樸足以成為吾國關心此題之同仁的典範。為討論生死難免要越界探入「雲深不知處」，但唐先生用的深情厚意之進路非常合乎人性，雖然其結論多少涉及超理智的層次，接近於信，但其信非妄信，有其立論的基礎，因此可成為我們討論生死價值的導引。真情與「臨在」異曲同工。臨在經驗中透顯的「你」亦是不死的。接下來，就讓我們進入有關「你」的思考吧！

「你啊！你不會死！」

二十世紀二〇到三〇年代，德國和法國二位作家分別把他們的思考成果公諸於世。一位是馬丁・布伯，另一位是馬賽爾。各人在出版自己的書之後，才發現了對方，而互有似曾相識的感覺。歸納來說，他們的哲學都強調一種人與宇宙、與他者的深度交往。好像人的靈魂（本體）參與到表象（當下）之中，層層的面具都一「剝」而光，靈魂在幾乎不自覺的情況下親自登場，進入與他者、與物、與神的關係中。這種經驗叫「臨在」，是心與心的「邂逅」，整個地施與受，絕非商品式的買賣，本身是無價的。人若有如此的經驗，才體會何謂真活、何謂真正幸福、何謂

11　《心物與人生》，頁82。

價值。

臨在中出現的對象已從時空存在（存在的初義）一躍而成價值性的存在：「你」。「你」不同於「他」（陌路，或否定我，置我於度外者），也不同於「我」（笛卡爾式的主體，與他者形成主客對立關係的主體）。這個臨在的「你」整個地「在」我面前，是親在、是靈在。在互識與互愛的剎那間，雙方的武裝全部解除，不含雜質的純我出現了。「我」已不重要，自我意識完全消失，取而代之的則是「我們」感。馬賽爾的「你」超越了此人他人，而是這個包容你我的整體，是聯結你我的那個「結」，是那個聯結的「關係」本身，這才是他提倡的奧祕之焦點。[12]

其實這個「聯結」並非如此神祕，用另一稱謂可把它的意義明朗化，可稱之為「絕對你」或大寫的「您」。馬賽爾心目中的「你」的終極構成因素，應是此隱在的「絕對你」。此「絕對你」以絕對愛的魔棒，點石成金，促成臨在。「你」由「您」而生。而深情中顛仆不破的穩定感即來自「絕對你」的絕對「加持」。

「你不會死！」這句斷言來自馬賽爾的劇本《明日之亡者》[13]中的對白。全句是這樣的：「愛一個人，就是向他說：你啊！你不會死！」筆者對此斷言作過一番詮釋，謹錄於下面：

　　馬氏之能下這個斷言，表示他理會到人通過愛而有超越物質內一切限制的能力，人因愛而否定死亡，否定

12　「愛環繞著一個中心位置旋轉，這個位置既不是自我的，又不是別人的：這就是我稱之為『你』的位置。」（《是與有》，頁 161）

13　*Le mort de demain*, dans *Trois pièces*, p.194.

一切能將愛情腐蝕的因素。這是對一種忠貞的愛所作的斷言。它的價值完全繫於愛……「親人之死」是一個參與我生命、塑造我的歷史、而現今仍活在我身上、繼續塑造我者之死。這樣一個親人不會死，因為我拒絕他死——拒絕把他看成絕對虛無；「同意一個人死，即以某種方式把他交於死亡。真理的精神禁止我們作這樣的投降和出賣的事。真理的精神即忠信的精神，忠心於永恆的愛的精神。」

這樣的斷言對客觀有效性的要求置之不理，不求證，亦不願求證。這是一種先知性的斷言：「你不會死！」肉體之毀壞只能碰及「你」以外的東西，而不能損及「你之為你」。[14]

這個不會死的「你」，用傳統的語言來說就是「靈魂」，不過這是一個被肯定、被愛、被尊重的靈魂。問題在於被誰肯定、被誰愛和尊重呢？如果只被一個或多個亦會死亡的主體肯定、愛與尊重，這樣的斷語是有效的嗎？這種表達願望的斷言會使存在永留嗎？這個疑問挑出了「絕對你」的角色來。上面提到過「絕對你」與「你」是同步的。「絕對你」是「我們感」兩端的你的聯結因素，是處於愛的中心點的「隱名氏」，也是使某一存有從身為「他」到別人的「你」的促成因素。如果「你啊！你不會死！」這句話出自此絕對存有，其法力就無與倫比了。一個人的永恆性是被永恆者肯定的話，則已非凡人的願望而已，而為必然

14　《馬賽爾》，頁 284-285。其中引用馬氏之語取自 *Homo viator*, p.194。

的事實。當一個特殊的個人以肯定的口吻作此斷言時，他隱隱地在傳達「絕對你」在推動和支持他說這句話的意願，因此是會有真實的效力的。不過如此討論已把位置移到理性的邊緣，「你不會死」應是一種有信仰者的信念，在信仰的範圍內，它一定是顛仆不破的真理，至少表達了度信望愛生活的人的絕對信念。

馬賽爾告訴我們：愛使人逸入超越生死的境界，在那個特殊的時空中，「你啊！你不會死！」是一句有意義的話，這句話是切入永恆世界的有效進路之一。

瀕死資訊的探視 [15]

二十世紀下半期，西方世界突然對於死亡學（Thanatology）大感興趣，出版了很多有關的書籍。有一些醫學院的精神科教授研究瀕死經驗，作了詳細的記錄，整理成書，拍成記錄片，公諸於世。

2000 年十月二十八日台灣的《中國時報》有篇文章〈死而復生？瀕死經驗醫學話題〉，由孫安迪醫師執筆，他提供有「離體感受」的瀕死者的統計數字：

> 哈特於 1954 年發現在一群美國社會學學生中有
> 27% 有過離體經驗；1976 年格林在牛津大學學生中
> 發現 34% 有之；1979 年美國維吉尼亞州（Virginia）

---

15 本節大部分參考關永中教授〈瀕死──雷蒙·穆迪《生後之生》的啟示〉一文，
　發表於《輔仁宗教研究》，第 3 期，2001.6。

向一千名市民及學生發送問卷調查後，發現 14% 的市民及 25% 的學生有之；奎內斯在英國及荷蘭的調查中 13% 及 18% 有之。[16]

七〇年代開始出現的美國生死研究泰斗穆迪醫師（Raymond Moody）提到他在醫學院講課時，每班三十人中會有一人知道或有過死而復生的經驗。[17] 另一位林格教授登報尋找死而復生的人，結果找到一〇二位，其中 48%（四十九位）有過瀕死經驗。[18] 雖然不是百分之一百的人有離體經驗，但以上的統計數字已達到使我們不能忽視的程度。

有過瀕死經驗而重回人間的復生者是否真的死去過？如果他們沒有真死，他們的訊息可靠嗎？

瀕死而復生者的確未真死，因為真死的人不再回來；但他們有過靈魂與肉體分離的經驗，就這經驗而言，他們已是「死亡」過來的人了。他們沒有真死，但是他們真正地離體過。由於這些死而復生者的報導，我們多少掌握了在真死前可能發生的徵象。

穆迪醫師搜集了一百五十個他親自經手的個案，對象是重傷、意外事故或病重而「死」者。他歸納了十五個要點，現將比較重要的陳列於下：

一、瀕死者離體而浮到空間

二、見聞別人處理彌留的自己

16　《中國時報》，2000.10.28。

17　Raymond Moody, *Life After Life*, New York: Bantam, 1975, p.15.

18　參閱關永中〈瀕死——雷蒙・穆迪《生後之生》的啟示〉一文之註 89。

三、劇痛（如有）後，無苦痛了，有：溫暖、輕鬆、舒
　　暢、憩息的感覺

四、聽到聲音，因人而異，可有：鈴聲、狂風雷電聲、
　　交響樂……

五、身輕如燕，飛速穿越很長的黑洞或深井

六、黑洞盡頭一片光明，與一慈祥光亮的靈體相遇，
　　後者問他有否為愛而生活過。他體會被原諒、被
　　愛……此外，他也遇到一些親人

七、全景式的生命回顧，巨細靡遺

八、決定要不要回人間：第一反應是不要回來，但理會
　　自己尚有責任或使命要完成……

九、飛越黑洞，回入體內。別人發現他如夢初醒，他復
　　生了。

　　這樣的故事為第一次聽到的朋友簡直是神話，怎麼可能發生
這樣的事呢？對啦，因為我們周圍很少有人作這類研究，但當這
類的報導愈來愈多時，它逼得我們不能不正視之，並且它的可能
性是非常高的。

　　其實，除了快速飛行有些奇怪之外，其他並不太特別，對有
信仰的人會覺得這一切很符合他們一直相信的情況，包括遇到光
明靈體以及回視自己的全生，體味被愛與寬恕。不過如果這一切
是真的，死亡就變得不甚可怕了。死亡對基督徒來說本來不可
怕，它原是自然現象，使人開始害怕死亡的因素是罪。德國神
學家拉內（Karl Rahner S.J., 1904-1984）說：「罪遮掉了光，使
事物失去可被理解的條件。罪抹黑了人的一切經驗，尤其死亡經

驗。」[19] 耶穌的救恩至少部分地可解釋為把人類從死亡的懼怕中解放出來。比如上述的那位慈祥的光明靈體來到瀕死者面前，他是來歡迎他，不是來罰他，雖然知道後者並非完美無瑕的人。這樣的靈體應是誰呢，[20] 不想亦可知道。至於對一生有「全景式的回顧」更是合理，罪人在回顧中自察而悔，取代了被神審判。總之，體會到平安幸福的瀕死者都不想再回塵世。既而因使命而回來的人都徹底改變了，他們的生命有了堅定的目標，在品德和知性上不斷求進步，他們不再為自己而活，卻為別人而活。瀕死經驗的報導使我們得到許多有關死亡的資訊，使我們更肯定死亡不是絕滅，而是一個偌大的體認價值的時刻，值得我們善度一生來爭取。

對於自殺和地獄，甚至「煉獄」式的「空間」亦有一些描述。

自殺者未順時機逃離職守，是一個未成熟的靈魂，無法在失去肉體的情況下完成未完成的任務，要忍受的困擾程度加深。他們的感受基本上都是消極的：恐怖、悲哀、失望……所以死而復生者都極力反對自殺。

至於地獄的故事更是出奇。羅林斯醫師（Maurice Rawlings）在他《超越死亡的門》一書中提到救回一個已入地獄的瀕死者的故事。那個四十八歲的病人在急救中，每次清醒時大聲喊叫：

19　"Death", in *The New Dictionary of Theology*, ed. Joseph Komonchak, Australia: Saint Paul Publication, 1991, p.273.

20　「這麼強的光……是一個用光凝成的人！……一種驚人的確信湧出來：『你正在神的兒子面前。』」（喬治・李齊〔George Ritchie〕著，陳建民譯，《死亡九分鐘》，台北：中國主日學協會，2000，頁 57）不同的宗教徒對這位發光靈體有不同指認。參閱 *Life After Life*, p.59。

「我在地獄！」「請不要停止救我！」「每次你放棄急救時，我便馬上返回地獄！」「請為我禱告！」這個病人被救回來以後，不復記得往事，大概這些經歷已被封入潛意識裡去了。羅醫師寫道：

> 當我全然意會到他是何等地誠懇與極度驚恐時，我也驚慌失措起來。伴隨著後來一系列充滿恐怖的個案，促使我萌生一份迫切感去寫此書。現時我確定死後有來生，而不是所有的來生都是美好的。[21]

地獄中有些被記憶的光景可列於下：黑暗、混亂、火海、魔鬼統治、絕望的吶喊、相互叫罵等。[22]

真有煉獄嗎？穆迪和李齊二位作者未用「煉獄」之名，但他們的記錄中有確可歸入煉獄式的境界描寫。他們說有些靈體尚未解脫，受困於其所執、所戀和所貪之物中；另一些善靈尚未達到圓熟而不能進入至樂光明的世界，但他們活在希望中，穿著長袍，渾然忘我，研究科學、音樂、天文……[23]

人死後不死，會按自己的「業」去接受果報（借用佛家語）。那個光明靈體究竟是誰，不同的宗教會建議符合其信仰的人物，這是無傷大雅的。重要的是這個神祕靈體充滿慈愛，不斤斤計較人的過去，給人溫馨與被接納的感覺，這個靈體叫人自察

21　Maurice Rawlings, *Beyond Death's Door*, New York: Bantam, 1978, XIII.（編按：中譯本請參考羅林斯著，橄欖翻譯小組譯，《死，怎麼回事？》，台北：橄欖基金會，1988）

22　Ibid., pp.85-103.

23　《死亡九分鐘》，頁93-94。

是否虛度或善度了一生，在回顧全生時，每人自作判斷。達到了
終點站，所見到的是那麼美好、出人意表的新天新地，難怪他們
都不想回來了。

這樣的描寫有證據嗎？研究者說有，即病人能說出彌留期
間，房內發生之事的細節：進出的人，講的話，穿的衣……以後
對證，的確符合當時的實況。[24]

終極抉擇的理論

1962 年包羅斯（Ladislaus Boros, 1927-1981）用德文發表
《真理的剎那：死亡的奧祕》，[25] 三年後英文版問世，包羅斯立
刻成為舉世矚目的人物。他用若干當代哲學為經緯，發展出一套
別出心裁的死亡理論。他認為在死亡的剎那，人藉他最後一次，
也是最徹底的一次抉擇，來給自己生命劃上句點。這個抉擇不一
定為別人所知，但確使人完成自己，猶如海德格所說的死亡是使
人實現最後一次潛能的時刻，[26] 是人成長的最後階段，[27] 也可說

---

24 可參閱關永中〈瀕死──雷蒙·穆迪《生後之生》的啟示〉一文。

25 Ladislaus Boros, *The Moment of Truth: Mysterium Mortis*, London: Burns & Oates, 1965.

26 唐君毅詮釋海德格說，死是使人生「一切可能不再可能的一種人生的可能。死封閉人生其他之可能。其他之人生之可能，皆可由死而封閉。然死之可能本身為人所不能逃。由是而死之本身，是人生之必然實現的可能。死是一不可征服的、絕對的、人生最後所唯一必須實現的可能。」（參〈述海德格之存在哲學〉，《哲學概論》下，〈附編：精神、存在，知識與人文〉，頁84）

27 庫卜勒·羅莎（Elizabeth kubler-Rose）等著，孫振青編譯，《成長的最後階段》，台北：光啟，1978。

是人的第二次誕生 [28] 的時刻。這種對死亡的積極看法當然有其依據，需要一番解釋才顯出它的道理來。

「最後的基本抉擇」是包羅斯的假設，他要把這個總抉擇與人一生大大小小的抉擇串連起來，後者是前者的練習和預演，前者才是正式演出，決定人的永恆。

他從意志、理智、情愛、記憶和對美的嚮往等心靈活動來看人必有一個最後的終極抉擇的要求，亦在這個終極行為中，人獲得上述各類的心靈行為的最高的表達。 [29]

I. 布隆德 [30] 的意志行為的分析

意志生而有各種欲求，需要得其所欲。這種有具體對象的欲求，布氏名之為「所意志」，所意志之欲求得到滿足之後，就會萌生新的欲求。每一欲的需求被感受及滿足，都有意志的參與和抉擇。而人的一生就在其欲求中穿梭，在永不能滿足的情況中尋

28　參閱：Kathy Kalina, *Midwife for Souls: Spiritual Care for the Dying*, Boston: Pauline, 1993.（編按：中譯本請參考凱絲‧凱琳娜著，上智文化編輯小組譯，《接生天國寶寶的助產士》，台北：上智，2010）本書作者是安寧療護師，她把自己說成是臨終者在其「死」時，即其第二次誕生時的助產士。比利時藉耶穌會神父 Roger Troisfontaines 亦說：「人的第一次受孕不足以使人成為完整的人。第一次受孕為要誕生的嬰兒準備一個肉體生命，使他最終有一個精神生命的誕生。第一次誕生的肉體生命註定要死，但第二次誕生（即所謂的人死之刻）是人進入不死的生命之刻。這才是真正的、完全的、活到永遠的生命。」參 Roger Troisfontaines, S.J., *I Do Not Die*, translated by Francis E. Albert, New York: Desclee, 1963, p.185。

29　本節資料由關永中教授提供，見〈死亡的一剎那——一個超驗法的探索〉，《哲學與文化》，第廿四卷，第 6、7 期合訂本，1997.6，頁 510-554。

30　編註：參〈馬里旦與馬賽爾〉一文之註釋 43。

求短暫的滿足。顯示欲望有一個追求無限的根本欲望，布氏名之為「能意志」，它不追求這一個或那一個美善，卻矚目於無限及絕對的美善，頗似柏拉圖的真善美理型。布氏又認為此能意志是一種隱性的（non-thematic）意志，是前意識（pre-reflective）的「自然欲求」（natural volition）。自然欲求出於事物本性，是事物不能不求的需要，如向日葵之求太陽、呼吸之需氧氣，故有無限欲求的「能意志」所求之無限美善亦必存在。而此對無限美善的欲求之滿足不會在這個有限時空中實現，因此時此刻所意志醉心於各種當下的需求，不與能意志相合；它也不會在永恆界中發生，因為那時人已與無限者結合，已無欲求也不再選擇了。唯一可能的時刻是死亡的剎那，此剎那是永恆與時間的交界，唯在此剎那，所意志解脫了有限物和有限欲求的羈絆，一縱而與能意志相合，而能全心全意地渴求自己內心最深刻的需求，即永恆及超越一切之無限美善。此終極抉擇在「此」「彼」兩界的會合點上達成。一「擇」九鼎，一勞永逸，不再改變。此「擇」決定人的永恆。

II. 馬雷夏[31] 的求真分析

理智在追求知識時與意志雷同，即終不會知止，它永不停止地繼續追求更多知識，以至於渴求無限的知識，馬氏稱這種本能為「智的動力」。理智普通並不直接追求「無限真」，只是在它追求各種知識時，無限真在認知背景中若隱若現。智的動力若不

---

31 編註：參〈馬里旦與馬賽爾〉一文之註釋 26。

得此無限真，它會永遠追逐下去，永不會滿足於已得之某一知識。只有在得此無限真的情況下，理智的潛力才得全然釋放和徹底滿足。亦在此刻，理智的驅力達到認知的頂峰。但這樣的一刻無法在塵世達成，因為無限者不會在有限的時空裡與理智全然相會，只在此生與來生的交接處，才能長驅直入，徹底照亮認知者，使他不但洞識，並且面見終極真理。這種求無限真的需要也來自「自然欲求」，即人不能不求者，而只在死亡的剎那才能有機會在永恆之光中陶醉在無限的知識中。死亡就變成獲得最高知識的黃金時刻了。

III. 柏格森的知覺說和回憶說

柏格森發現人有一些從未充分發展過的認知能力，在特殊的情況中會出現，如第三眼、順風耳、千里眼、神通等。記憶也一樣，一件突發事件能把遺忘的大批往事從意識底層徹底翻身，像法國小說家普魯斯特由一個平凡的童年經驗翻出可寫七厚冊的往事一樣。[32] 人的記憶是一個大倉庫，可以儲存大量物品，在時間的某一點上，轟然出現。在死亡的剎那，人擺脫了生時有限處境的羈絆使知覺延伸到一切空間，也使記憶重現一生的經歷，此剎那是其一生的知覺和記憶的頂峰。上節穆迪教授在記錄死而復生者的瀕死經驗時所提到的「全景式的生命回顧」，在柏格森對記

32　普魯斯特（Marcel Proust）著，周克希等譯，《追憶似水年華》（*À la recherche du temps perdu*）七冊，台北：聯經，1992。張啟疆寫道：「……《追憶似水年華》裡的馬德蘭小餅乾：勾動回憶瀑布的火藥引子……」（參〈想像文字在靈魂裡的酵變〉，《聯合報》副刊，2001.5.31）

憶的反省上獲得非常有利的理論支持。

IV. 馬賽爾的「純是」式的愛

馬賽爾對死亡的討論除了上面介紹的「不會死的『你』」以外，也開啟了另一對術語來分別兩種愛。一種是以「有」的方式去愛。「有」即佔有，基本上以自利為主，被愛的對象是滿足欲望的工具。另一種愛以「是」的方式去愛，即以對方之「存有（你之為你）」，只為對方本身的好處去愛對方，因此是一種不計回收、不計私利的奉獻式的愛，後者可以為愛而犧牲自己。馬賽爾以為人雖有以「是」式愛人的理想，實際上達到此理想的人少之又少。普通人的愛中兼有這兩種成分，即有施亦有受，奉獻與欲望兼具，因此是不純粹的「是」式的愛。但在生命終點之刻，人不能不把一切執著放下，包括自己的身體及附帶的欲望，此時人有可能達到純愛的境界，而能有完全無私的利人之愛。這樣的一個行為是人性的高峰行為，是人在現世時很難做得到的最高標的倫理行為，是人性道德的最高完成。

V. 美的嚮往全然滿足

包羅斯用賀德齡（Johann F. Holderlin, 1770-1843）的詩作範本來解釋這部分。詩人和藝術家得天獨厚，能見他人之未見，能欣賞及讚嘆宇宙無法言宣之美，且能訴諸文字或藝術，使此奇美得以保存及永傳。但這類經驗都是驚鴻一瞥，稍縱即逝，無法被人佔有。詩人乃深感無奈，懷鄉之情充斥五內，並且難以忍受缺

乏至美的庸俗環境，一心嚮往天界，渴望與至美結合。死亡之剎那是詩人還鄉之刻：回到美的家鄉，面見至美。賀德齡記述這種心情：

> 詩人的詩心比常人更接近大自然，
>
> 也比常人更感孤立與淒愁，
>
> 展望死亡的懷鄉。

　　小結：死亡的剎那是人能投入一個一生中唯一的、徹底的、圓滿的行為的時刻。因為：意志之抉擇開發了「能意志」的終極祈向，把一生大小抉擇綜合在一起，在此終極抉擇中，人的一切願望獲得整體的滿足，意志的潛能達到了最高的實現。理智在「此」「彼」兩界的臨界點受到另類光源的照明，得以洞察形上及形下一切事物的本質，理性得到完全的滿足而終能憩息於安寧之中。知覺和記憶開拓無限時空，使其能覺性和記憶的能力充分展現，至少對自己的全面的真實面貌有清晰無比的知解，提供意志善作終極抉擇的條件；而此時全生之善或惡的總量會使人易於投向一個終極方向，這個抉擇是一生行為的總「業果」，在現生末了選善或選惡是可明察秋毫的，多少亦包含了業的「現世報」。至於馬賽爾把靈肉分手之刻看成人能以純愛作純「是」式的全然無私的愛的奉獻，也是值得吾人注意的反省。真愛在「是」與「有」兩端間的爭執終於塵埃落定，愛乃止息於大愛之內。懷鄉的想望不但是詩人和藝術家的專利，也是眾多生靈的共同的夢想，尤其是信仰虔誠的宗教人士，他們的一生即是走向這個家園的旅程。一般人雖然嚮往，但不急於早去，時機成熟時就

能安然撒手而歸。生命的終點站為他們是真正生命的伊始，現在，面見大美的幸福時刻終於來臨了。包羅斯把死亡看成人作最後一次抉擇的假設實有依據，這個假設給人終極完成的保證。就像海德格所言：死亡是要人去實現的，而人在最後一次實現自己時，人參與自己永生的「判決」，人以某種意義來說還是自己的主人。

高峰經驗

包羅斯分析的死亡剎那恰好配合了馬斯洛的「高峰經驗」。這位一生推廣「超個人心理學」的心理學大師把死亡看成「溫馨的」事件（sweet death）。中文可以譯成「快樂死」。他認為高峰經驗有很多地方非常相似死亡。要瞭解此語的意義，我們先需了悟何謂「高峰經驗」。研究此學的專家李安德教授寫道：

> 當人們在欣賞日落、冥觀星空或品賞名畫時，突然經驗到一個入神或忘我的境界。在那短短的幾分鐘內，時間、空間，甚至他自己的存在都突然消失了，他好似突破了小我，剎那間融入了美的本身或浩瀚無際的宇宙中，在那一剎那，他經驗到難以言喻的喜悅，意識境界的擴大，那是一種極美也極令人滿足的經驗，與日常經驗截然不同，他好似捕捉到另一面的吉光片羽。經驗過這種經驗的人對自己及世界的看法突然改觀，生活也變

得更有意義。[33]

馬斯洛在生命末期的作品中傾向比較緩和的表達，不再強調感受的強烈度或時間的瞬短，開始用「高原經驗」（plateau-experience）一詞。「高原」比「高峰」給在高端的體驗以更長的延伸和穩定。高峰和高原經驗雖然平常人也會有，但在偉人、天才、聖賢、英雄、神祕家身上更為明顯。高峰與高原經驗的效果是：「藝術創作、深刻創見、科技上的突破、人格的轉變、新的融會貫通、忘我的奉獻、博愛的行為、改變生活方向、對人類的積極貢獻、為使命獻身的更深熱誠……」[34]

在這種背景下，馬斯洛比較死亡與高峰經驗，覺得兩者有相似的地方。很多高峰經驗中有的情緒，如：「驚訝、敬畏、敬重、謙遜、臣服、甚至叩拜」，[35] 也會在瀕死者身上出現。馬斯洛把死亡說成是「甜蜜的」：

> ……死亡或會失去它的可怕面相。「入神」蠻接近死亡經驗，至少單就其經驗義來說。在高峰經驗的報告中常有人提及死亡，那是一種甜蜜的死亡……我往往聽人說：「我覺得我能樂意地死去」，或「無人再能告訴我死亡是件壞事」。經驗到甜蜜死亡的人逐漸不再感受死亡的可怕。[36]

33　《超個人心理學》，頁 192。

34　同上，頁 280。

35　*Religions, Values, and Peak-experiences*, p.65.

36　Ibid., p.76.

死亡使人作真正的完整的人的行為（human act），使人圓熟。另一方面，從瀕死者離體的研究中我們得知：漂浮出去的靈魂經過長長的暗洞後進入一個光明的天地，被一個慈祥的靈體歡迎，這個會遇可說是我人的靈魂與神的邂逅。那位靈體的面容一定是似曾相識過的，因為祂是一切真實面容的原型啊。那麼那一刻的喜樂應是人一生喜樂的總和與最高峰，怎麼還能不是人的高峰經驗呢？人生前大大小小的類似經驗，只是這次經驗的彩排與預演罷了。如果死亡確實提供給我們如此不可思議的機遇，那麼死亡絕對是一個價值了，並且一定還是人的最高最大的價值，因為在死亡的關卡處，我們不但脫離苦海，進入福境，還要遇到那位位格化的真善美本身，而這次邂逅會使我們獲得至樂。死亡啊！你的芒刺在哪裡？

結語

中西哲學，我們以唐君毅和馬賽爾為代表，都叫我們看到：人死後不死，且可以深情通幽冥，藉忠信於臨在而體認「你」之不死性。這些反省在在顯示：愛必克勝死亡。醫學界提供的瀕死資訊更排除了我人對未知世界的不安感。去過彼界的人居然快樂得不想回來，那麼我們為何還要貪生怕死呢？如果在生命末刻我們的全部潛能都充分展現，投入最後的一次總抉擇，而這個總抉擇要決定我們的永恆的話，這個抉擇攸關實在太大了。而我人一生行為都是這個終極行為的預演，則這個總抉擇實由我人自決，它是易或難、向善或向惡，這是關鍵，也是福音。讓我們好自為

之、好自準備吧！

死亡能否成為我的高峰經驗，要看我如何活此一生；但一事可確定，若我勉力避惡行善，則我的生命末刻必為高峰，那將是我與至愛者相遇之刻，那將是吾人超幸福的時刻，體會愛的極致的時刻了。

上述反省在討論過程中不知不覺地從哲學轉向了信仰，最後達到死亡是最大價值的結論，並且這裡牽涉到的信仰似乎侷限在有神論的格局裡面，不過我想要把人人怕懼的死亡說成價值，且是人生的「最愛」，捨此別無他途。在此謹向無此信仰的聽眾或讀者致歉，希望從該信仰詮釋的死亡對這些朋友亦具意義，亦能成為他們重新反思生命價值時的參考。

（2001.6《輔大宗教研究》第 3 期）

15 馬賽爾的劇本《破碎的世界》
——一個存在性的詮釋

　　馬賽爾是本世紀與海德格、雅斯培、沙特齊名的存在哲學大師。其作品分哲理和劇本兩類，極富原創性，執當代詮釋學牛耳的呂格爾教授曾自稱師承馬賽爾及胡塞爾，然因兩師之出發點及強調之不同，致使兩者有迥異之發展。馬氏重視臨在和主體際性。胡氏用存而不論法追索意義，最後走入獨我主義的死胡同。然胡塞爾之方法對詮釋學實有啟示，此尤在其徒海德格之著作上可見一斑。馬賽爾亦被史家譽為現象學家，因在探討人生現象上有巨大貢獻。本文除檢視馬氏與現象學關係外，尚選其名劇《破碎的世界》（*Le Monde cassé*）加以詮釋，為凸顯馬氏存在論的特色，藉之使讀者瞭解詮釋學的應用法及現象學的多元性。

前言

　　這篇文章是為詮釋學所作的一個範例，它的焦點是藉由對馬賽爾的名劇《破碎的世界》的詮釋來瞭解詮釋的技巧。筆者選擇此一劇本，因為這一劇本含義豐富，可供吾人逐步深入，一展詮釋之長；再者，這也是詳示馬賽爾哲學的文學性的良機。

　　詮釋學有其自己的歷史，我們可以輕易地舉出幾位大師之名：狄爾泰（Wilhelm Dilthey, 1833-1911）、施萊爾馬赫

（Friedrich Daniel Ernst Schleiermacher, 1768-1834）、布特曼
（Rodolf Karl Bultmann, 1884-1976）、海德格、高達美（Hans-Georg Gadamer, 1900-2002）、呂格爾等，來說明它的發展史。
胡塞爾本人也許不能被稱為詮釋學家，但他的思想確實是當代詮釋學的發祥地。他的弟子海德格和呂格爾是詮釋學派的領導者。他們兩位代表了兩種哲學背景，一是現象學，另一則是存在哲學。海德格是我們這個時代的現象學大師，而呂格爾的哲學思想則受到法國早期的存在哲學家馬賽爾極大的啟發與影響。稍後，他才投入胡塞爾的作品作深入的研究。海德格把現象學用到存在哲學，為解釋「存有」與「此有」的涵義。呂格爾則從解釋學的語言與現象學的洞察來深化存在哲學。他們兩位都把二個不同學派的精髓作了整合，企圖發展出某種具有原創性的哲學思潮。今天如果我們要把一位哲學家貼上詮釋學家的標籤，我們先該指陳他與現象學或存在哲學的關聯，才能竟功。不然的話，他或許可以稱哲學大師，但與詮釋學只有遙遠的姻族關係。

　　這就是為什麼在本文中我們要指出馬賽爾是法國現象學的先驅的原因。然後，我們也將指出馬賽爾的詮釋學方法。

馬賽爾是個現象學家嗎？

　　狹義地說，馬賽爾不是現象學家。現象學的創始人是胡塞爾，他的學生是謝勒（Max Ferdinand Scheler, 1874-1928）、海德格、哈特曼（Eduard von Hartmann, 1842-1906）、蘭德格雷貝（Ludwig Landgrebe, 1902-1991）、芬克（Eugen Fink, 1905-

1975）等德籍哲人。稍後，法國哲學家如列維納斯、沙特、梅洛-龐蒂、呂格爾等也加入了這個行列。他們有的親灸過胡塞爾，有的只是通過勤讀胡塞爾的作品（包括赴德進修），而將自己轉化為此新學派的追隨者。然而馬賽爾既非其一，又非其二。他在求學階段從未跨出國門。但是由於德文是他的第一外國語，他可以用德文閱讀原典。因此我們在他的哲學和文學作品中看到他引用過海德格、雅斯培，甚至胡塞爾。但他似乎比較沒有受胡塞爾的影響，也許這是歸因於他特殊的氣質、興趣與對生命反思的樣態。我們或許可以說，那是因為胡塞爾關注的是認識論的問題，而馬賽爾所關心的是生命本身。但令人詫異的是《現象學運動》一書的作者施皮格爾貝格 [1] 在介紹法國現象學時，竟把這位非胡派的哲人放在法國現象學家的首席，把他視為法國現象學運動的始祖。此外呂格爾在他的〈馬賽爾與現象學〉[2] 一文中清楚地指出胡、馬二氏的異同。呂格爾不避諱地採取偏向馬賽爾的立場，顯出他自己的哲學更具存在性，而非胡塞爾的認識論式的。無疑地，1973 年該文發表時，呂格爾是當時承自現象學而發展成詮釋學的數一數二的人物。就以這個學派的主導者而言，呂格爾明顯地在擴大現象學包含的範圍，他認為縱使一個並未直接與胡氏現象學有關，但深入地細察過存在現象的哲學家，可當之無愧地被稱為現象學家。他應當完全贊同施皮格爾貝格關於馬賽爾的觀點。施氏說：

1　H. Spiegelberg, *The Phenomenological Movement*, pp. 448-469.

2　Paul Ricœur, "Gabriel Marcel et la phénoménologie", *Entretiens Autour de Gabriel Marcel*, pp.53-74. 此文發表於 1973 年八月下旬的一次哲學圓桌會上，馬賽爾也在場，二個月後馬氏去世。

　　馬賽爾的《形上日記》確切地顯示給我們該書作者的思考模式。馬賽爾生動活潑地記錄一個個新鮮、令他詫異而前哲從未接觸過的新現象。新現象引申出新的問題，再激發出新的視野。他不輕忽半途出現的困難。他最在意的是不要壓制這些不尋常的現象。因此《形上日記》名符其實地顯出一種真實現象學的特色：渴望發現新的及被忽略的現象，努力使它們明朗化，企求找到新的角度和新的進路，將之綜合入有永恆價值的重要論說中去。[3]

　　假如馬賽爾是個現象學家，他是一個與胡塞爾非常不同的現象學家，也與其他現象學家殊異，不論他們是存在哲學家與否，因為以內容及文體來說，他有無法歸類的原創性。呂格爾在前述的論文中對馬賽爾與胡塞爾兩位大師作出清楚的分析：

　　　　三十多年來，我一直追隨著這二位老師。事實上，就在 1934 同一年，我在《觀念 1》（*Ideen 1*）和《形上日記》發現了胡塞爾和馬賽爾。此後，我總不休止地追隨著這二位老師，我一直要還我欠他們三十多年來的債。我翻譯了胡塞爾的《觀念 1》，於 1950 年出版，也寫了一本比較馬賽爾和雅斯培的書，於 1948 年出版。[4]

3　Spiegelberg, op. cit., p.463.
4　*Entretiens Autour de Gabriel Marcel*, op. cit., p.53.

這些陳述清楚地展現了現今已成西方哲學大師的呂格爾與胡、馬二哲的關係。他認為在他早期哲學的旅途中曾受惠於這兩位大師的啟發。馬賽爾和胡塞爾兩人創造性的概念與非傳統性的方法學使年輕的呂格爾著迷，卻也決定了他往後的哲學視野。那麼這兩位元現象學家的主要內容是什麼呢？它們之間的相似點與差異點又為何呢？為何呂格爾在評估兩人時，會傾向馬賽爾呢？

施皮格爾貝格列舉數個現象，是他寫馬賽爾的現象學一章中所提到的：死亡、自殺、恐懼、生命、神聖、焦慮、身體、有、投身、參與、見證、可全在性、歸屬、創造性的忠信、邂逅、家庭等等。

呂格爾集中關注一個特別的觀點：**有**。

呂氏認為對馬賽爾而言，在其「所有」與其「所是」兩者之間的區別，足夠說明一種新型態的形而上學。因為從人的身體到其存有之間的內在關係，是與有的隔閡終於被超越了。「我的身體」不僅是一個我可擁有的事物，它更侵入到我這擁有它者的自身。「我的身體」是我的主體際性的共同擁有者。「我的身體」與我共同擁有我所有的「有」。「我的身體」就是「我」，因為「我」不是純精神，而是一個與身體結合到密不可分的精神，我是一個「取體存有」（incarnated being）。「我的身體」與「我」的一元關係（immediate）是一個「有」參與「是」的特例。從這裡，他遂漸發展出與「問題」不同的「奧祕」的概念。我的身體和我的關係是「奧祕」，不是「問題」。我無法把它界定、把它分折或化約。從「身體」概念的深入思考，他把概念導入存在，使「是」與「有」的討論落實，而成就了馬賽爾式的存在哲學。「有」牽涉到渴望佔有和害怕失落，「是」引發的是同

在、互為主體性，臨在和愛的正面經驗。

　　呂格爾在上述分析中看到馬賽爾與胡塞爾在強調現象學進路及方法上有類同之處，如描寫的重要、本質分析的興趣，以及轉移想像的技術等。但呂格爾立刻指出他們兩人在出發點上已有所不同。這是有關還原（reduction）、放入括弧等觀點。為了使事實的本質明朗化，胡塞爾要求研究者暫時懸置對實在界的自然信任，把感覺、信念及存在性的關聯放入括弧。客體在意識之流中化為意向性的「所知」（noema）。大量的意向性行動的彙聚構成了客體的可認性，而得以把握客體的真義。

　　另一方面，為胡塞爾，主體性也是在意向性中發現的。自我在意識之時間流中意向著一個意義。還原所啟示的主體不在延續的時間中，而是一種注視著某物的能力，藉之，意識能扣住過去的印象及預測未來的經驗。[5] 主體與客體有「能知」（noesis）與「所知」（noema）的相應關係，二者在同一個意向之意識流中是同質的。意義是被意向的，而不是意識本身。呂格爾稱胡塞爾的現象學為意義的哲學。[6]

　　呂氏認為馬、胡二人的原初動作不難解釋。對馬賽爾來說，這是「含意性的有」（having-implication），[7] 對胡塞爾來說，這是還原。二人雖然都盡力地要通過直觀描述或推理，捉獲現象的本質，但他們的研究成果大不一樣。馬賽爾反省「有」的現

5　Ibid., p.57.

6　Ibid., p.58.

7　馬賽爾以後用「奧祕」代替「含意性的有」。後者在《是與有》中出現，主要為與「佔有性的有」作對比，以人之身體為例，說明身體不是被有的，而是「同有者」。身心同為其他一切「有」之「有者」。參閱《是與有》，頁152、154、157。

象，使他瞭解「是」的無法剝奪的本質。臨在的前邏輯的經驗走在懷疑之前。存在的完整意義只在臨在中啟示出來，那是一種徹底投入的情境，一元化參與。這種經驗是認知和尋獲意義過程的絕對預設。他者的存在性的啟示不是客觀式的合法、隔離或獨立的自我，卻是在互為主體之臨在中的一個「你」，或一個潛在的「你」。此類關係發生在存在場域，而非在意識內。此處意向性指向一位活生生的他者，而不是一個意識流中之「所知」。馬賽爾的鮮活情境與胡塞爾的理則處境截然不同，後者被馬賽爾評為是「思想針對著自己給客體賦予的絕緣」。[8] 絕緣不是別的，而是臨在關係的破裂。如果說還原是把存在的聯繫放入括弧，那就是破裂。原先不能還原和簡約的臨在被簡約了，為了使一個合法的、客觀的實體出現。如此的還原變成一個製造客體的有力機器，為增加客觀全體的內容提供服務。保持距離、無關心、拔根（déracinement）等概念就隨之而來。呂格爾不加思索地說：「還原只能是使現代思想呻吟之拔根體驗的一種說辭而已。」[9]

馬賽爾的哲學似乎要給「神聖的」存有保留無法被知識論企圖入侵的空間。這就是他強調的存有相對於客體性的優位。活生生的身體、您、深沉的感覺、存有化（existentiel or existential）[10] 的經驗都是此類的現象。它們頑強地抵抗邏輯思維。這些現象一旦中了客體化的毒，就泡沫化地不見了。因此能為科學認知大顯功能的還原和放入括弧，絕對不會使存在繁榮，

8　*Entretiens Autour de Gabriel Marcel*, p.60.

9　Ibid., p.59.

10　「Existentiel」說明無價值或低價值之人或物在一次際遇中突然改變成有價值的存在。參閱拙著《馬賽爾》，頁 123-130。

而這才是馬賽爾的主要關懷。

另一個可以比較馬、胡二人思想的要點是互為主體性。呂格爾詮釋胡塞爾的主體際性如下：胡塞爾的主體性概念分割在普遍性和特殊性之間。普遍性是使它的知識論功能最後得到合法認可的基礎，而特殊性則來自它的徹底的時間性結構。這種矛盾引發了胡氏的主體性概念。如果主體必須是最終的基礎，唯一可行之道是找到一種集體的、普世大公的團體，其內的個別主體可增至無限的數目，由他們一起來承擔普遍性的職責。[11]

因為胡塞爾的主體具有時間的特性，所以它的普遍性就必須由團體來加以保證。缺乏了這樣一個團體的支撐，這個主體在還原過程的終點會使人發現它根本無法具有作認知基礎的功能。但如何去找到具有科學有效性的團體呢？他的答案是感知世界，這便是一個主體團體的共同世界。但原則上感知世界是應當被置入括弧的，為照明直觀的本質，這個方法就包含了矛盾。它不去尋找互為主體的實相，卻努力建立一個徹底和超驗的自我（transcendental ego）及一個以自我為主的世界。唯我主義（solipsisme）在這種情況下是無法被克服的。因為與我不同的觀點都被排除到括弧裡去了。自我與他我是絕緣的。自我的經驗成為唯一的原始經驗，而他我的經驗是從上述的原始經驗中引伸出來的。呂格爾的分析使人看清原初的唯我主義在胡塞爾的方法中，不但未被消除，反而更被肯定。呂格爾宣稱：「如果我們不從他者不容置疑的臨在出發，我們永遠不會與這個臨在重新聯

---

11 *Entretiens Autour de Gabriel Marcel*, p.62.

接。」[12]

自此以後，呂格爾偏向馬賽爾的立場愈形明顯。互為主體性不是一個概念而已，它是一個具有存在性格的人生實況。它是一個要人去活出來的真理。要把這個現象完全相符地書寫出來，似乎無人可取代馬賽爾這位存在思想家。這也是馬賽爾對現象學的傑出貢獻。

馬賽爾認為「他我」（the other ego）的實在不是通過探測或推演而得的，卻是靠愛和忠信的經驗感受到的。呂格爾對馬賽爾發現一個令人悸動的詞彙「你」大加讚賞地說：「馬賽爾不尾隨著知識論的論調稱別人為『他我』，但說『你』。這個借自呼籲（invocation）的一個極美的單字，直接地顯示出他改變哲學進路的意願。」[13] 這個「你」的上場，就像以前的「我」，為一個全新的存有學揭幕。這是一種有交通性，含容著人與人之間難以理清的關係形上學。簡言之，人的存在滿布著戲劇性的情節。在戲劇的對話中呈現的絕對不是抽象的主體。在戲劇中每一角色的原來面目都得保留。有關於這些人物的真諦是通過他們的思想和感覺直接說出來的。那時候，他們一個個的「你」還沒有轉化成有關「你」的理論或哲學。存在的戲劇開展得非常自然，不必預先籌畫。言語、動作、思潮攪在一起呈現為一個存在一致性。正因如此，我們觀察到原創思想和突發言語的爆現（pensée pensante, parole parlante），和新的字一起異軍突起，使智慧、價值和意義終於誕生於人間。主體們一一投入同一的劇情中，尋

---

12 Ibid., p.65.

13 Ibid.

找一個可以把他們從往往令人絕望的處境中獲得解放的真理。他們找到了「我們」這詞來取代「自我」。胡塞爾的自我不是這樣的。呂格爾說：「從胡塞爾的還原滋生的自我，是一個對一切保持距離的思想者，可以說，是不躬身參與者。」[14]

到此階段，胡、馬二氏的全景清澈可見。馬賽爾對存在的存在性探索遠遠超出了胡塞爾現象學的狹隘的關切向度。詮釋學尋尋覓覓，終於找到了屬於自己的評估立場和體系。當代現象學和詮釋學泰斗呂格爾直言不諱地宣稱人的現象的客觀性不能通過一個知識論式的還原過程，而是通過具體的互為主體的經驗才有獲得的可能。

直到這裡，我們一直在嘗試闡明馬賽爾與現象學之間的微妙關係。我們引用呂格爾的一篇文章來說胡、馬二人在哲學進路和方法上的差異，以及因此差異而產生的二人對主體及互為主體性的不同觀點。呂氏直稱馬賽爾對人的現象提供了一個更使人滿足的描述。雖然馬氏無緣拜胡塞爾為師，毫無疑問地，馬賽爾是一位真正的現象學家。另一位作家郝林回應呂格爾說：「我們相信可作如下斷語，即使德國現象學不為法國所知（如果這是可能的話），法國本身亦會萌生一種現象學；而這種可能性，大部分來自馬賽爾的影響。」[15]

此外，正因為馬、胡二氏的風格迥異，馬氏不必如胡氏之門生要化不少心力來掙脫正統現象學內含的唯心論枷鎖，海德格和謝勒便是其中二位。[16]馬賽爾處理存有的問題不必轉彎抹

14　Ibid., p.69.

15　Spiegelberg, op. cit., p.448；《馬賽爾》，頁5。

16　本文作者並無貶低海德格和謝勒的意向。在比較馬胡二氏時，只希望介紹呂格爾

角，卻直接地詮釋人的存在。為他，從存有（being）到大存有（Being）是有通道的。如果說馬賽爾有現象學家的身分，那是因為他詮釋現象。我們來試讀他文本中包含的存有訊息。我們選擇《破碎的世界》一劇來逐步進入這位法國現象學家的形上天地。

一個例子：《破碎的世界》

　　《破碎的世界》是四幕劇，發表於 1933 年。該劇有一個附錄〈存有奧祕之立場和具體進路〉。[17] 此文是馬賽爾於同年一月二十一日在馬賽市給該市的哲學協會演講的稿子。此文之重要在於它不同於馬氏以前的形上日記那般充滿靈感而無系統，這篇長文是馬賽爾第一次把他的洞見系統化地向我人呈現。吉爾松把它與柏格森的〈形上學的導論〉（Introduction à la métaphysique）一文並列，稱之為二十世紀法國哲學二個最重要的文件。[18] 由於馬賽爾在許多場合一再強調他的劇作常比他的哲學走在更前面，我們相信讓劇本自己表述比建構一篇學說理論來陳述該劇的哲學

　　長期省察存在現象的成果，期能以他的高見對後生收撥雲見日之效。馬胡二氏用不同的方法都在追索存在的真諦。

17　該文已由本人譯成中文，見本書附錄一。1972 年筆者在法國寫論文時，曾赴馬賽爾府上請益。當馬氏知道筆者研究的題目是《奧祕與意識》（*Conscience et Mystère*）時（附帶說一下，此題目是由筆者的指導老師列維納斯所指定的），一再叮嚀筆者一定要細讀〈存有奧祕之立場和具體進路〉一文。

18　Etienne Gilson, (ed.), *Existentialisme chrétien: Gabriel Marcel*, Paris: Plon, 1947, p.2.

涵義更符合馬氏的心意。

《破碎的世界》的劇情如下：

克利斯蒂安（Christiane Chesnay）在結婚前私下傾心過一個年輕人。而就在她要向他表達愛意的前一刻，那個男孩公開宣佈了他要入本篤會當修士的消息。從那時起，世上的一切都不再能引起她的興趣。她的生命失去了重心，活得毫無意義。當一個深愛她，而她對他無甚感覺的羅倫・謝奈（Laurent Chesnay）向她求婚時，她輕易地便委身於他，亦不覺做錯了什麼。為了排遣單調乏味的婚姻生活，她幾乎瘋狂地投入許多社交圈。因為她美麗伶俐，平易近人，很快就成為中心人物。她的丈夫羅倫與她相反，是一個沉默寡言的高級公務員。沒有人會注意到他的存在，他的標籤只是克利斯蒂安的丈夫。克利斯蒂安漸漸發現羅倫對她的社交成功非常嫉妒，似乎樂意看到妻子被人冷落。她出於一種病態的同情，製造了一個謊言，騙稱她愛上了她厭惡透頂的俄國音樂家安東諾夫（Antonov）。當這個謊言對羅倫構成莫大的衝撞時，她整個地解體了，順著無法抗拒的驅力，投入到一個小她五歲的男子的懷抱中。這個男子名叫吉伯特（Gilbert），非常愛她，而以前她對他只有普通的友誼。就在他們二人計畫私奔，逃入完全空無的幻覺世界時，她聽到了以前心儀的男友在隱修院去世的消息。而這個修士是她唯一的最愛。在這關鍵時刻，修士的姊姊吉妮（Geneviève）來訪，告訴她一個奇異的故事：她的修士弟弟在斗室彌留時，可能是在夢中，獲悉了克利斯蒂安對他的摯愛，突然領悟到自己有些像她精神上的父輩，而對她有種神祕的責任。修士的姊姊透露說：

　　他突然在某個時刻發覺到，他對上帝的委身可能使
你陷入了絕望……誰知道呢？也許甚至是讓你陷入一種
毀滅性的地獄裡去。這件事情絕對不該如此發生，所以
從那個時刻開始，他開始熱切地為你祈禱，希望你能夠
蒙受光照……[19]

　　克利斯蒂安抗拒神聖化的愛，這與她渴望的愛太不相似了。
但慢慢地有一道光透射進來，這道光，馬賽爾稱之為第二反省。
請聽馬氏自己如何解釋：

　　她終於瞭解她心靈最深處隱存的真理。這個真理，
是她一直不願面對，卻要努力將之摧毀的。她看到了過
去主控她生命的不是自己真正的靈魂，而是它的漫畫替
身。偽裝的同情不停地複製謊言。在這個內在洞見的光
內，她與丈夫的關係也有了一個嶄新的基礎。她承認她
犯了大錯，體認不單聖者之間有相通關係，罪人間亦有
之。毫無疑問，二者又不能截然劃分。[20]

　　為使讀者更充分跟隨劇情，筆者對劇中人再加一些補充。主
角克利斯蒂安，三十三歲，極富魅力。表面上，她活在一個人人

19　Gabriel Marcel, *Le Monde cassé*, dans *Cinq pièces majeures*, Paris: Plon, 1974,
　　p.211.《破碎的世界》一劇的中譯本由輔大哲研所畢業生邱其玉於 2009 年七月完
　　成，作為她碩士論文《馬賽爾哲學的具體性和開放性》的附錄。感謝邱小姐給予
　　筆者使用其譯文的許可。希望該譯本可以早日問世。

20　Gabriel Marcel, *Mystery of Being*, vol. I, Chicago: Gateway, 1960, pp.168-169.

稱羨的環境中：她的家庭很富有，丈夫有優裕的職位，他們有一個九歲的兒子，在瑞士寄讀。克利斯蒂安有一位童年友伴丹妮（Denise），加上她的父親和作曲家安東諾夫，還有二個知己：一個是亨利（Henri），也是童年友伴，比她大二歲；另一個是比她小五歲的吉伯特，這些人組成了她的日常世界。在社交場合，克利斯蒂安一出現，男女老少都會過來奉迎示好或獻上甜情蜜意。不論從哪個角度看，她絕不像一個潦倒的女性。但是錢、人際關係、成功、才華、娛樂……無法給她幸福，無法體會內心的平安和喜樂以及人格的整合。上面所提到她擁有的美好事物只是她的「所有」（the having）。「所有」再多也不能增加人的「所是」（being，或稱「存有」）。存有是「同是」（co-esse），是人與人間的內在聯結以及在真愛中的可全給自己的能力（availability）。克利斯蒂安很瞭解這個事實，所以會說：

> 難道你沒有這樣的印象嗎？我們都生活在……如果還可以稱之為生活的話……一個破碎的世界裡。破碎，就像一隻停擺不走了的錶。裡面的發條已經不會動了。從外面看起來，好像一切都還是好好的，沒有什麼改變，每個零件也還待在老地方。可是如果把錶放在耳朵旁邊聽一聽，你就會發現聽不到什麼聲音。要知道，世界，或者這個我們叫做世界的東西，人類生活的這個世界……以前曾經有過一顆心。可是現在那顆心似乎已經停止搏動了。[21]

---

21 *Cinq pièces majeures*, op. cit., p.121.

事實上，克利斯蒂安講的不是外面的客觀世界，而是她個人的小世界，那裡「每個人都有自己的小天地，屬於他們自己的小玩意，各自的偏好。人們相遇，說白一點，只是偶然碰在一起。日子就是這麼樣過下來。……可是沒有重心，沒有生命，哪裡都沒有。」[22] 在她的小世界中，那些奉她為偶像的人都無法滿足她心靈的需求。她與他們周旋，但無法與他們有深度的溝通。所以她說：「我根本就不愛任何人。」[23] 但是她還有希望，因為她仍渴望著別人渴望她，別人愛她，邂逅別人，付出溫柔。她同丈夫羅倫談話中數次提到她需要一個真正的朋友，她希望他能夠成為如此的朋友：「你不讓我接近你。你抽身……你躲藏……」「我躲什麼？」「躲我……逃避我的溫柔。」[24]

可憐的羅倫！這真是他的過失嗎？他有過拒絕愛她嗎？我不相信。問題在於羅倫根本無法靠近妻子。他們並不分享他們的興趣、內心世界、朋友、社交圈。說實在，羅倫沒有朋友，也沒有個人的社交圈。他無法進入妻子的生活世界中去。他對他們而言只是一個「他」（he），一個他們談論的題目，但不是「你」（thou）。羅倫亦承認他不愛任何人。他裡裡外外都是一個獨我論者，而克利斯蒂安只內心如此。孤獨應磨損著他們的日常生活，從而引發出悲涼、失望及荒謬的感覺。

為什麼兩個誓許終身的男女不能相契？什麼是那個可使破碎世界重新癒合的神奇因素？可能這個破碎的世界並不定位在人際關係的層面上，而是在人的靈魂深處。個人不再是不可分

22　Ibid.

23　Ibid., p.120.

24　Ibid., p.134.

開者（un-divided），他（她）內在地破碎了，他（她）內心的生命之泉已乾涸了，他（她）不能自救，他（她）需要一個「他者」，一個新的能量把他（她）從深淵底層舉拔起來，使他（她）可有內在的聯結，使他（她）被治癒，活力充沛地復活起來。這可稱為「存有的要求」（the exigence of being）。[25] 不是「所有」，是「所是」要饜足他（她）的饑渴。缺乏存有，就是在活一個空洞的生命，他（她）什麼也「不是」。

馬賽爾的劇本大部分是在一種充滿辯證張力的氣氛中展開的。劇中人物投入永不止息的討論，結果把他們原有的縫裂開得愈來愈大。崩潰是可以避免的，如果他們允許外援（foreign aid）把他們從絕境中拯救出來的話。這是主體際性的奧祕。人需要「他者」來拯救自己。而主體際性的效力可以超越時空的當下。因為人的精神深處有一個聯結眾心的核心，它無形地在深處把人糾纏在一起。自我植根於「我們」。只在「我們」內，個體才存在。人無法在絕對的孤立中苟存。他（她）必須被他者的真心關切所哺養，而他（她）也應當樂意接受這種關切才行。這種助緣不是他者的一部分，不是人之「所有」，而是他者的整個「所是」，是他者的全然臨在。馬賽爾稱之為一種「流溢」（a kind of influx），他說：「臨在是一種實在，是某種『流溢』。要不要使自己對這流溢成為可滲透的，這可由我們來決定。但是我們不能激發此流溢。創造性的忠信就是常把自己保持在可被滲透的狀態之中。這裡我們看到在自由的行為和善用自由而獲得的

25　見本書附錄一，頁 290。

思想之間有奇妙的交換現象。」[26] 這端看我們讓自己被這個流溢滲透與否，但說實話，並非有賴我們產生此流溢。創造性的忠信在於我人主動地努力使自己常留在一種可被滲透的情景中。在這個自由的動作及回應此動作而有的思想間有一個神妙的相互交換。

克利斯蒂安要從哪裡找到使她破碎的自己得以重整的恩典呢？哪一種流溢應該流入她的心靈叫她脫離困境呢？哪一種愛會治癒這個受創的靈魂而使她敢於縱身一躍，躍出不存在的可憐處境呢？劇本給了答案：救助來自一個自我犧牲的愛情，來自一位無私的「你」，來自一個熱誠的，把其對象也包含在內的祈禱。這就是本篤會的莫里斯修士（Dom Maurice, 原名：狄傑克 Jacques Decroy）。以前使克利斯蒂安的世界破碎的人現在又來修復她。

傑克從未在舞臺上出現，只是偶然地在丹妮與克利斯蒂安談及索萊姆隱修院（Solesmes）出品的聖詠唱片時提到過他。觀眾或讀者注意到只要一提索萊姆，克利斯蒂安就會顫慄起來。才華洋溢的傑克[27] 實在不難迷倒克利斯蒂安以及更多的女孩。他和克利斯蒂安認識了很久。然而他終於得到了一個神祕的召喚，要他奉獻一生事奉天主。他在不明了克利斯蒂安對他愛戀的情況下，進入了隱修院，在那裡克修福音的成全之道。念完全劇的讀者會相信即使克利斯蒂安早些向他示愛，他也不會改變主意。可是這個男孩的聖召給女孩構成了一個無法彌補的嚴重打擊。她的內心

26　見本書附錄一，頁 316。「創造性的忠信」是馬賽爾用來解釋臨在的歷久彌堅，且能不斷地開發新的活力，克勝時間的磨煉，使承諾能實踐，帶來豐富的生命。

27　*Cinq pièces majeures*, op. cit., "C'était une intelligence remarquable.", p.184.

世界被擊碎了。錶裡的發條已經不會動了。她雖然生還了，但沒有力量去再造一個未來。她的真我隨著傑克的隱失而消失了。她不再「是」。她的生命變成一堆把許多事件湊在一起的大雜燴。她的真我不在了。她的婚姻、社交、藝術成就、娛樂……都無法救拔她。與朋友們和丈夫永不休止的談話只是語不及意的空話，不能帶給他們親近的感覺。這就是辯證思維的無效實況。謊言取代真實，模糊了遠景，扼殺了交通。人被拋回自己。「你」不再存在。每人只為自己活著，為短期的目標奔走。

難怪在這樣的世界中充斥著失望、自殺、出賣、不誠、欺詐；規模大些，則是兇殺、戰爭、帝國主義、獨裁。但存有不會放棄自己的角色，它不會讓自己被壓抑下去，但把自己轉化成一個存有的斷言，本體需要（ontological need）在此表達無遺：

> 存有是必須有的，因為一切事物不可能化約到一連串不相關的表像遊戲──「互不相關」是個重要的形容詞──或者，借用莎翁的句子：（化約成）一個由白癡講述的故事。我急切渴望以某種方式參與這個存有。或許這種需要本身實際上已是某種初步參與存有的事實了。[28]

對存有的需要及斷言是被存有捉握（la prise de l'être）[29]的副本。希望的最後一口氣息來自「存有是」（being is）這個信

---

[28] *The Philosophy of Existentialism*, p.14. 參本書附錄一，頁 294。

[29] 參閱《馬賽爾》，頁 160-161、215-216。此處有恩寵（grace）的涵義。

念。相信存有絕對不會放棄我。因著以往與傑克的親密友誼，克利斯蒂安仍活在與一個可愛的「你」分享的信仰中。

請聽克利斯蒂安的自白：

> 其餘就是我個人自己的事了，只牽涉我個人，也許上帝也牽涉在內，如果真的有上帝的話，而我也不確定到底上帝存不存在。我或許就跟你們其他人一樣，什麼也不相信，什麼事都能拿來當笑話講——只除了那些震慟你的苦難和死亡。我說這些不是特別針對你。我只是說我裡面有一個我自己都不認識的我，她不屬於你們這一群人。有一部分的我一直在尋找，企圖要找到她自己，她偶而在極難得的時刻裡會遇見自己，在另外一個世界裡，一個你不曾熟悉的世界。[30]

睡在克利斯蒂安靈魂內的未識存有現在由於一位他者以其犧牲之愛將她喚醒並拯救出來。傑克的姊姊吉妮的來訪把該劇帶上高峰。

吉妮聽到克利斯蒂安摯友丹妮自殺的消息，[31] 特遠途趕來告訴克利斯蒂安傑克去世前的故事，希望這個訊息可使克利斯蒂安不去做同樣的糊塗事。吉妮本人並不起眼，但在劇中扮演了一個中介的角色。她的話和誠懇的態度贏得了克利斯蒂安的信任。她們兩人有了一次真實的對話，一道光透射了進來。下面我們選擇

30　*Cinq pièces majeurs*, op. cit., pp.209-210.

31　丹妮是克利斯蒂安的童年友伴，婚姻失敗，夫妻各有情人。但丹妮之男友又愛上第三者。在後者結婚前，丹妮服藥自殺。

她們的部分對話，為描述重獲存有的情節。

　　吉妮：我一直都知道。是的，當你們在西米耶一起玩的
　　　　　時候，我看出你同其他人不一樣。你是很不一樣
　　　　　的……我也說不清楚……雖然你已經被強烈的情
　　　　　感所征服，你深受感動卻依然安靜沉默。

克利斯蒂安：（非常輕柔地）被征服……你說得對。

　　吉妮：就在他告訴你他打算要加入本篤會的那一天前，
　　　　　我曾經見過你一面，而在你知道這個消息以後，
　　　　　我又見到了你。於是我對一切就都了然於胸了。
　　　　　你根本不需要跟我說些什麼，那前後兩次的印象
　　　　　在我腦海中還栩栩如生。之前是歡欣喜樂又充滿
　　　　　信賴……之後則是……

克利斯蒂安：那麼……你是唯一一個知道這祕密的人！

　　吉妮：你爸媽，你的朋友們，根本就沒有人看出來！

克利斯蒂安：我們在那裡沒有遇到多少人。我媽可能有
　　　　　些疑心，不過因為我後來馬上就病了，當然那場
　　　　　大病是有原因的，可是沒有人注意到什麼蛛絲馬
　　　　　跡，我當然也不會想要讓他們知道。噢！你簡直
　　　　　無法想像，那一次當他告訴我他有心想要出家修
　　　　　道的時候，我本來已經打算要向他表白我的感情
　　　　　了……沒錯，我對他的愛情是一種美妙的體驗，
　　　　　這樣一份美麗的愛情，就跟你猜到的一樣……完
　　　　　全征服了我……那一刻所承受的打擊創痛，使我
　　　　　整個人的存在都受了傷。自從……那以後……我

就再也不是我自己了……我甚至不知道我到底是
誰。（沉默）我也不知道自己為什麼要把這個祕
密告訴你，我以前從來就沒有告訴過任何一個
人……[32]

祕密一揭開，真我就呈現在他者和自己前面。這是自從傑克
入隱修院後，克利斯蒂安第一次面對她的真我。就在此刻，她從
另一端領受了這個真理。

吉妮：克利斯蒂安，我弟弟知道你愛著他。

克利斯蒂安：他知道！

吉妮：他後來就知道了。當他心中的猶豫期間已經順利
　　　度過，知道這件事不會再對他造成威脅的時候，
　　　他就知道了……因為他再也不會因為知道這件事
　　　而受到試探。

克利斯蒂安：你為什麼要說這是試探？我們本來是可
　　　以幸福快樂地生活在一起的。（她的淚水泉湧）
　　　我不明白這樣的幸福為什麼要被犧牲……我並不
　　　想……我不能……

吉妮：我弟弟在臨終前那幾個月背負著你的愛，就像背
　　　負著他自己的十字架一樣。他將此獻上……[33]

32　*Cinq pièces majeures*, op. cit., p.210.

33　Ibid., pp.211-212.

　　這個轉捩點是如何發生的呢？原來吉妮在弟弟去世後看了他的日記而知道弟弟在一次夢中領會了克利斯蒂安因他的抉擇而忍受了多大的折磨。

> 吉妮：那是一個很普通的夢，我想沒有什麼特殊性，
> 　　　不是類似異象那一類的。克利斯蒂安，你得瞭
> 　　　解，他做的那個夢並沒有對他造成任何困擾，但
> 　　　是那個夢好像讓他內心突然覺醒了……我該怎
> 　　　麼說呢？……他覺察出自己對你負有一種神祕的
> 　　　責任……對，一種靈性的父愛。他突然在某個時
> 　　　刻發覺到，他對上帝的委身可能使你陷入了絕
> 　　　望……誰知道呢？也許甚至是讓你陷入一種毀滅
> 　　　性的地獄。這件事情絕對不該如此發生，所以從
> 　　　那個時刻開始，他開始熱切地為你祈禱，希望你
> 　　　能夠蒙受光照……
>
> 克利斯蒂安：（激動地）我恨這一切……
>
> 吉妮：克利斯蒂安，你難道不覺得有一部分的你自己，
> 　　　也許就是最珍貴的那部分，也許就是唯一有價值
> 　　　的那部分……
>
> 克利斯蒂安：（諷刺地）我的靈魂。
>
> 吉妮：沒錯，你的靈魂。你的靈魂在你現在所過的生活
> 　　　當中，是否能夠顯現出來呢？
>
> 克利斯蒂安：（不情願地）不，那不是我的靈魂，那
> 　　　只不過是描摹靈魂形象的一幅諷刺漫畫罷了。虛
> 　　　偽的仁慈只能啟發謊言。或許是虛偽的愛吧……

（沉默）現在好像突然有一道光線照到了我身上，我一時之間看不清楚。吉妮，這樣的事情難道真的有可能發生嗎？（她以懇求般的眼神望著她）你跟其他人沒有什麼兩樣，就像我認識的所有人一樣，你的臉面並沒有向我傳達出任何意義，只除了你的眼睛……你的眼神讓我感到害怕。我還記得，以前我們都以為你很遲鈍、溫吞，好像你對什麼都沒感覺一樣。你總是捉不到笑話的笑點在哪裡，這讓我覺得很厭煩，但是我這樣告訴傑克的時候他也只是笑……後來我知道了他的計畫……我更無法忍受你，因為你一點也沒有因此感到悲傷。然後你結婚了，大家都說吉妮嫁給一個花花公子，那聽起來也讓人覺得很……可是我們從來沒有真正瞭解過彼此，我們從來沒有真正瞭解過別人……現在，卻是你，你來交給我這一把照明的火炬，這個無法被抹滅的真相，我必須要帶著這個活下去。吉妮，到底是誰派你來的？告訴我，到底是誰？[34]

當克利斯蒂安知道了吉妮因為聽到了丹妮自殺的消息而來看她時，克利斯蒂安瞭解到在事件與事件間都有連鎖關係。但她不相信二個世界，一個破碎的，另一個未破碎的會相遇在一起。這時，吉妮講述了自己的問題，她也需要幫忙。吉妮的丈夫病入膏

---

34 Ibid., pp.212-213.

肓，無藥可救，她很想把實情告訴丈夫，希望他以自裁終止許多人照料他的辛勞。所以她求天主不要讓她陷於這個誘惑。她也需要別人為她禱告。當她向克利斯蒂安作此要求時，她把克利斯蒂安帶入了另外一個世界，那是一個未破碎的世界，傑克的世界。

> 吉妮：喔！我禱告！雖然沒有任何熱情，只是例行公
> 　　　事般祈禱⋯⋯然後那試探就漸漸消逝了。然後，
> 　　　我知道它還會再回來，我知道它會⋯⋯克利斯蒂
> 　　　安，你得為我禱告。
> 克利斯蒂安：禱告？
> 吉妮：現在你已經有一個守護聖者了。
> 克利斯蒂安：吉妮，你想他現在能看到我嗎？
> 吉妮：他在看著你，他瞭解你。現在你知道了。（兩個
> 　　　女人在沉默中彼此擁抱）[35]

　　兩位婦女的深度交流引領她們參與另一個豐盈滿溢的存有世界。她們在那裡為自己大量充電，儲蓄能量。靜默是存有臨在的記號，是超越言語的靈魂結合。這時羅倫上場了，吉妮告退。新的克利斯蒂安沉重地說：「吉妮，我會試著按照你所希望的去做。」現在輪到克利斯蒂安來貢獻她救贖世界的功能：藉著向絕對臨在的神性的你懇禱，給予世界能量和希望。

　　該劇最後一景描寫這對夫婦的和好及雙向的完全接納。已獲解放的克利斯蒂安能面對真理並使它完成。她接受了如此這麼的

一個丈夫，體認羅倫是她的真正的「你」。他們終於有了一個真正的對話。過去的錯不是一方構成的。兩人必須克勝他們被拆分的相互感覺。藉著存有的加持，及靠近絕對愛的那位傑克的仲介，這對夫婦終於使一個「我們」誕生了，這是一個互為主體的新存在。

> 克利斯蒂安：我只知道，我現在所受的痛苦都是我自找的。我不只為我自己感到可恥，我是替我們兩個人感到羞恥。
>
> 羅倫：（苦澀地）所謂的「我倆」，真的存在嗎？
>
> 克利斯蒂安：你犯的錯也等於是我的錯；你的軟弱，也就是我的軟弱。我的……罪……如果罪這個字能有任何意義的話，你也有一份。
>
> 羅倫：「罪！」……顯然，她的來訪……
>
> 克利斯蒂安：我倆並不孤獨，在這世上沒有人是真正孤獨的……罪人之間彼此相通……正如聖徒相通一般。
>
> 羅倫：這些事情跟她的拜訪到底是怎麼拉在一起的？她來我們家到底想要幹嘛？
>
> 克利斯蒂安：（苦惱）我現在沒有辦法向你解釋……我保證以後會告訴你。
>
> 羅倫：噢！又有另外一個秘密……好吧！無論如何，現在你……你已經自由了……如果你想要有個新的人生，跟另外一個人重新開始……我不會攔阻你。

克利斯蒂安：（深刻地）羅倫，我是你的妻子。

羅倫：我不知道⋯⋯我不懂⋯⋯你背叛了我，而我從來
就沒有想過你會背叛我。

克利斯蒂安：可是，在過去我給予你的這種信賴感背
後，難道不是隱藏了一些別的情感嗎？⋯⋯某種
恨意？⋯⋯有時候你甚至寧願我乾脆死了倒好，
不是嗎？⋯⋯

羅倫：你得明白，如果我要是失去了你⋯⋯至少我還可
以哀悼哭泣。我所承受的痛苦還可以有個紓解的
管道。過去你的存在一直堵塞了這個管道，然而
現在⋯⋯

克利斯蒂安：（莊重地）我發誓，從今以後，我完全屬
於你，只屬於你一個人。我現在已經是被解救了
的人⋯⋯就像終於從一個好長的惡夢中醒來。現
在，一切的關鍵都在你，都看你了⋯⋯

羅倫：（仿佛處於一種恍惚狀態）就好像你從死裡復
活，回到我的身邊來⋯⋯

克利斯蒂安：（謙卑地）我會努力地去做。[36]

（幕下）

　　這個破碎的世界重生了，那顆心也重新搏跳起來。存在的新
動力無疑地是那位在黑暗中祈禱的隱修士贏來的，他奉獻自己使
喪失的靈魂得到救贖。而這個祈禱所以有效，得歸功於吉妮的仁

36　Ibid.

慈和謙遜的中介。在本文的結論中我們要介紹一下聖者的真諦。

結論：聖者

聖賢是一個與其他人沒有什麼不同的人。他可能犯過罪，有很多過失。他的歷史不一定是一本清白無辜、像天使般純潔的事件記錄。但他們經過長期的修持，與罪惡的傾向作不妥協的殊死戰，已經從私欲中解放出來。消去了自我，心靈獲得大自由，才能在一切對象，尤其是軟弱無助者，如嬰兒、貧病的人身上看到可以關愛的「你」。原先平凡與缺乏光澤的面龐終能找到可以綻放內心光芒的對象。印度的德雷莎姆姆（Mater Teresia, 1910-1997）就是一個極好的例子。

馬賽爾說：「或許只有絕對無私的愛才能觸及你。」[37]「沒有比在孤獨中祈禱的聖者更接近我們。」[38] 因為他們接近了源頭的絕對你，在絕對你中與一切你直接溝通，分享絕對愛的普遍性與絕對性。聖者雖然未撰一本存有學巨著，「但他活出這本書；因此在仁愛的階層中，那是說，在存有的階層中，聖者的地位遠遠高於哲士之上。」[39]

《破碎的世界》一劇幕後要角傑克修士雖未出場，但馬賽爾的另一劇本《羅馬不復在羅馬》描述過另一位隱修士的面貌。下

---

37 *Présence et immortalité*, p. 160.

38 G. Marcel, *Être et avoir*, vol. I, p.22.

39 馬賽爾給 Roger Troisfontaines 之書寫的序中如此說。該書之名為 *De l'existence à l'être*, Louvain: 1953/1968, p. 14。

面是劇中人巴斯噶向他嫂子的訴述：

> 最奇異不過的事是我認為得到召喚的那一天早晨，
> 我有了一次意想不到的邂逅。那是一位年輕的隱修士，
> 他驚人的表情震撼我一直到我靈魂的深底，以至我雖然
> 普通沒有與陌生人交談的習慣，這一次我無法阻止我自
> 己向他說話。你無法想像那瘦弱的面龐所透射出來的微
> 笑的純潔……這，這是基督的微笑。[40]

　　聖者映射基督，他們是二而一。聖者與基督內的兄弟姊妹結
合成一個「我們」，因而能在「聖人們的共融」[41]中發揮中介作
用。許多原本無法達到在共融中自我實現的個體，逐漸也能藉聖
者之助而得以從俗世精神中超越，而終能獲得一個真正的個別
性。[42]而聖賢若停留在獨善其身的層面，他們就不再為聖：「除
非我想和我願竭我全力使無以數計的生靈因別人的徹底奉獻也關
心祂（絕對你），我並不真實地把我自己提升到那兒。」[43]在馬
賽爾的劇本中屢次提到許多困擾在俗世情境中的人因別人的徹底
奉獻而得以解放，此以《破碎的世界》一劇為最。

　　馬賽爾多次提到他的劇本導引他的哲學。那就是說，他的劇
本萌發他的哲學靈感，他的劇本潛含著豐富的思想原質，要瞭解
他的思想，應當回到他的思想原質——劇本中去探索。他又說，

40　*Rome n'est plus dans Rome*, p.143.

41　G. Marcel, *Le Monde cassé*, Paris: Desclée de Brouwer, 1933, p.249.

42　*Journal métaphysique*, p.83.

43　*L'Émissaire*, dans *Vers un autre royaume*, p.108.

大部分研究他思想的學者，都不知道他的劇本內含的寶藏，而忽略了尋寶的努力。

筆者利用現象學研討會的機會，藉釐清現象學與詮釋學的關係，引出呂格爾對馬賽爾和胡塞爾作的比較，肯定馬氏對現象學的貢獻。馬賽爾對「你」、「臨在」、「是與有」、「奧祕與問題」所作的精密分析，給現象學開闢了一片新天新地。他對「存有」的詮釋是「同在」或「互為主體性」。他強調「在人類的命運中心有一個取汲不盡的具體」，[44] 這個具體是前概念、前抽象的。但是理性的運作不得不使用抽象的文字，因而往往出賣了真實的具體。補救的辦法是用文學和音樂等媒體來把抽象引回具體。

馬賽爾的劇本就是這樣應運而生的。從《破碎的世界》一劇中，我們看到人與人內在相聯的關係。缺乏臨在的生命形同行屍走肉。「他」的增多並不能致富生命；換言之，這樣的人不存在了，那隻錶不動了，他（她）的心已破碎了。但聖者的出現，因其自我犧牲和虔誠的祈禱，可以修補別人失去的臨在。存有的修復需要聖者的介入，而聖者在孤獨的生活中最接近那個具體的中心，故最能贏得他人昇華的恩典。我們以「聖者」結束馬氏對存有的詮釋，交代了互為主體性的真正動力：是聖者使臨在和愛之光又在世界上照耀和彌漫起來。本文提供一個解釋馬氏的現象學和其應用在詮釋學上的範例。相信同類的方法亦可應用到其他作家和作品的研究上。

---

44 *Du refus à l'invocation*, 1945, p.91.

（2010.2《哲學與文化》）[45]

45 本文是為東吳大學英語系舉辦的「現象學與詮釋學」研討會（1983）所發表的論文，原用英文撰寫，後應《哲學與文化》的要求，譯成中文並稍加補充發表於該刊，為紀念馬賽爾冥誕一百二十年（1889-1973）。本譯文得二位碩士襄助：鍾佩真（輔仁大學宗教研究所，助譯第一節之一部分），邱其玉（輔仁大學哲學研究所，提供本文第二節《破碎的世界》之譯文），僅向二位同學致謝。

【附錄一】
存有奧祕之立場和具體進路

馬賽爾　著／陸達誠　譯

前言

　　本文的題目可能會使非專治哲學的聽眾大感震驚，也可能會令哲學家頭痛。因為哲學家習於把奧祕留給神學家處理，或者把它看成不學無術，迷信旁門左道的群眾所鑽營的東西。另一方面，「存有的」（譯者按：也可譯成「本體的」〔Ontological〕）一詞，在唯心論哲學家的心目中不再具有它以前享有的重要性，而對哲學門外漢來說，它只是異常模糊的概念而已。當然，士林哲學的門人對這個名詞感到熟稔，可是一般而論，他們把「奧祕」一詞保留給宗教中啟示奧祕之用。

　　因此，我清楚地看到，當我使用這樣一個題目的時候，我會遭遇到怎樣的抗拒和責斥。然而我必須聲明：我所選用的名詞對我來說是唯一的能確切地表達我中心思想的名詞。念過我的《形上日記》一書的讀者必會立刻理會到：在這篇演講中我要發揮的基本論點實在是《形上日記》一書所描寫的精神與哲學演化之最後成果。

功能化世界中的人

　　為開始這篇演講，我不願意使用抽象的定義和辯證論說，以免叫諸位聽眾洩氣，我卻想從概括而直觀地描寫現代人出發，逐漸引入正題。我們要查看缺乏存有的感觸與意識的人是怎樣的人。一般來說，現代人有下列的征狀：如果**存有的要求**對他還有作用的話，那只是以幾乎不能察覺的方式，若隱若現地在刺激他而已。我想，如果心理分析學發展出一套比我們現在所有的更細膩更深入的理論時，或許它可以揭發出壓抑存有感、忽略存有的要求，會給人體帶來多大的災禍。

　　我們這一個時代的特色按我看來便是「功能」觀念之倒置。功能的含義在這篇演講中是一般性的，它同時包含生機和社會的功能。

　　個體對他自己和別人愈來愈顯得只是一束功能的存在而已。由於一些我們只能略知的異常深邃的歷史性理由，個體被別人牽引到把自己愈來愈看成是一堆功能的總和的思想方式裡去！雖然這些功能按其重要性而有之排列次序尚不能完全確定，因為強烈相反之解釋使這種次序一時還無法建立起來。首先是生機上的功能。我們幾乎不需要指出歷史唯物論和佛洛伊德主義在這類化約性行為中扮演的角色。其次是社會的功能：消費者的功能、製造商的功能、公民等。

　　在這兩類功能之間，理論上還可以有心理學功能的位置。然而我們立刻會發現：所謂的心理學功能常能通過詮釋——或針對其與生機功能的關係，或針對其與社會功能的關係而言——而失去其獨立性，使其固有的特徵減色。孔德就在這種情形之下，基

於對心理學的實質完全缺乏瞭解，自以為是地把心理學從他自己為科學設立的分類系統中排除出去。

　　一直到現在，我們還在抽象的領域中打滾；但是我們可以輕而易舉地提出一些最具體的經驗來說明這個問題。譬如：我常會以近乎焦慮的心情思考地下鐵的雇員究竟有怎樣的內心精神生活；他替人開門關門，或機械化地替乘客剪票。他自己和他周圍的人同謀地把這一個人的身分決定在他的功能上，我不只說他有身為雇員的功能，或他有選民和工會會員的功能，並且我把他的生機功能也包括在內。遵行「作息表」的說法叫人感到非常可怖，然而卻充分地表達了功能化的人是怎樣的。應當花多少時間完成某樣功能，已經都規定好了。睡眠也變成功能之一，把它完成之後，才能做其他功能。同理，休閒和娛樂也是功能。許多人認為由職業性的保健專家給自己決定每週要花多少時間用在消遣上是很合乎邏輯的作法，因為在消遣中有與「性」的功能同樣重要之生理與心理的功能作用。我們不需要再多舉例，以上這些素描已足夠解釋清楚我們要敘述的問題。這時作息表之詳細內容可能因國家、氣候和職業不同而有出入，然而畢竟都是一張作息表。

　　當然有時會發生一些變故，破壞了作息表的規則，這便是疾病和各式各種的意外。這便是為什麼在美國（我相信在蘇聯也有），許多人把自己看成鐘錶一樣接受週期性的體格檢查。在這種心態之下，醫院就變成了保養人體的工房一般。從同一種功能觀點，許多人在考慮「節育」一類的重要問題。

　　至於死亡，如果用客觀和功能的角度來看它，它就變成不再有利用價值的廢料，是應當報廢的東西。

把人功能化之後果

我一點也不需要強調在這種以功能為主的世界中彌漫著怎樣的沉悶而憂鬱的感受，我們只要想想退休公務員那張無可奈何的面容就夠了。還有那些都市居民在星期日無所事事之漫步都給人一種他們已從真實生活中退隱的感覺。在這樣的一個世界中，退休者享受著別人對他們不再有功能而容忍他們活下去的「恩澤」，叫人看得作嘔。

然而這幅可悲的景象不只是旁觀這現象者的體驗，而且那些真把自己的生活化約成一連串功能的可憐蟲本身也體認到難以忍受的、隱約的不寧。他們忍受著那種不舒服的感受已足夠向我們指出此種作法內含的錯誤，因為愈來愈違反人道的社會次序和哲學把人的真諦作了一次非常錯誤而野蠻的詮釋，再把這種詮釋灌輸到毫無防衛能力的心智中去。

在另一次機會中我曾寫過，只要不用物理意義，而取形上意義，我認為「滿」與「空」之對比範疇遠較「一」與「多」為基本。這個在此地更顯得恰當。當人們活在以功能觀念為主的世界中時，他們必然會把自己暴露到失望的實況中去。這類的生命走到底，就碰到失望，因為這種世界實際上是空的，就像你敲一個空心的器皿時聽到的空空之聲。如果它還能抵制失望，那只因為在這個存在之中，尚有某種對它有利而它無法認知之隱秘力量，在生命中施展其作用。不過這個徹底的無明會不可避免地減弱這股力量之可能作為，最後把它的支持也撤除。

問題充斥、奧祕絕跡

　　我還要向大家告示：以功能為主的世界一面使問題充斥各地，一面又決意不讓奧祕再據一席地。暫時我不想立即給各位把問題與奧祕之區別作專門性的解釋，雖然它們的區別為這篇演講來說攸關非小。目下我只願向大家指出如果有人要把奧祕排除掉，那是他們願意在這個功能化的世界中，把一個心理學的和偽科學的範疇「本來如此」（*tout naturel*）加諸於衝撞存在的特殊事件上，如誕生、愛和死亡。說實話，我們在這種企圖中發現一種下品的理性主義的殘滓。他們認為因果關係是絕對地自圓其說的（即一切果都能藉因而得到詳盡解釋）。然而在這種世界之中存在著無以數計的「問題」，它們的「因」並不為我人確切把握，因此還有對之作無盡研究的餘地。在這些理論性的問題以外，尚有無數科技問題，它們也要求我們查看：當我們清點了那麼多的生機和社會功能，並給它們一一標明名目之後，它們彼此之間怎麼能不互相損害地安然作用？在理論性和科技性的問題之間又有非常緊密的聯繫，因為理論性的問題正起源於各種已被界定的科技，而科技性問題只在已建立的某種理論知識基礎上才能獲得解決。

　　在這樣一個世界之中，一面按照人格破碎之程度，另一面按照「本來如此」範疇之得逞及因之而來之驚訝能力的萎縮程度，人們對**存有的需要**逐漸消失。

　　然而究竟我們現在能不能直接地討論這個存有的需要，並設法確切地把它陳述一下呢？我想實際上我們只能嘗試到某個程度而已。由於一些我以後要說明的深刻理由，我相信這需要具有無

法完全使自己被人清楚瞭解的特性。

存有與空無之初步反省

如果我們設法以不歪曲**存有的需要**之本質而加以詮釋，我們會作下列方式的斷言：

存有是必須有的，因為一切事物決不可能化約到一連串互不相關的表像的遊戲——「互不相關」是個重要的形容詞，或者，借用莎翁的句子：（化約成）一個由白癡講述的故事。我急切渴望以某種方式參與這個存有，或許這種需要本身實際上已是某種初步的參與存有的事實了。

請大家留意，這類的需要也可以在最極端的悲觀主義的中心見到。所謂悲觀主義者，無非在說：按照情理本來應當有存有，然而並沒有存有；而我觀察到了這個事實，因此我自己也是空無。

如果我們願意進一步界定存有一詞的意義，我不能不承認這是一件幾乎不能成功的企圖。我謹願向各位建議如下的進路：存有者乃那拒絕——或那會拒絕——對經驗的資料作徹底分析的東西。那種分析之最後目標乃是要把經驗的資料化解成毫無內在意義和價值的成分（佛洛伊德所寫的理論都屬於這一類的分析方式）。

在《城市》一劇中，悲觀主義者白斯默宣稱：「沒有什麼存在」時，他要說的正是：沒有一個經驗能夠抵抗這種分析和考驗。一般來說，絕對悲觀主義的辯護者常有一個最後的依據——

死亡。死亡是最後大空無之表顯和最佳證據。

　　一種拒絕考慮對存有有所需要的哲學實在是可能的，現代的思想整體來說採取這種棄權的立場；然而我們必須把兩種常被人混淆的態度分辨清楚：其一是各種形式的不可知論者，他們從頭到末對存有採取保留的態度；其二比較更不客氣、更大膽，也更具一貫性，認為所謂的存有的需要是早已被唯心論批判過而被一勞永逸地評為陳腐的教條之謂。

　　我覺得第一種態度表現出純粹的消極意義，其實它只表示了一種理智的政策：「我不要考慮這個問題」。

　　相反地，第二種態度強調自己建立在一種積極的思想理論基礎之上。對於這種哲學，我們現在無法作詳盡的批判。簡單地說：我認為它趨向相對主義，不願清楚地認識自己，它還趨向只承認合格事物（valable）之價值的一元主義。這種主義忽視一切屬於人之為人的東西，不瞭解人生中的悲劇性，否認超越者之存在，並把超越者以諷刺的口吻加以描述，使人無法瞭解其真諦。我也注意到由於這種哲學不斷地強調求證，它免不了要忽略「臨在」，忽略人可以在愛內使臨在得以實現的事實。臨在的體驗和實現遠遠超過求證活動的層面，因為它作用的範圍是在一切媒介之外的一元境界（an immediate）之中。各位聽了我後面要說的就會明白。

　　我個人對於**存有的需要**採取的立場是這樣的：我認為需要存有的吶喊是無法壓抑的，除非我們用任性和專制的手段。但是，這麼做就會在我們精神生命的根源處狠心地砍上一刀，雖然如此，這種情形常常可能發生。我們的存在加給我們一個限制，即我們能完美地相信的只是那些我們完成的東西。我們千萬不能忘

掉這一點。

知識論對存有的探討無濟於事

　　以上對**存有的需要**所作的初步反省足夠令我們理會它的不確定性，也顯示了它本質的弔詭性。陳述這個需要必會引起一連串問題：究竟有沒有存有？存有是什麼？在反省這些問題時，我不能不看到有一個無限深淵在我腳前張開：問及存有之我怎麼能確知我自己是存在的？

　　然而，陳述這個問題之我，應當可以把我自己保持在我陳述的問題之外，不論是在問題之這一端或那一端。其實，真正的情形明顯地並不如此。略略反省一下，我就可以看到這個問題必然要侵入理論上為它是禁地的區域裡去。只有傳統式的唯心論才幻想能在存有之邊緣置放一個可以肯定或否認存有之意識。

　　從而我無法不同時問及下列數個問題：詢問存有之我究竟是誰？我具備什麼資格來進行這項研究？如果我並不存在，那麼我怎麼能希望看到這項研究有所成就呢？即使我確實存在，我又如何能確定這件事實呢？

　　我同不少飽學之士的見解迥然不同，認為笛卡爾的「吾思」絲毫不能幫助我們解決問題。不論笛氏本來怎麼想，如果他的推理方法給我們證明出一個不可懷疑的東西，此不可懷疑者只關及認知主體而已，並且把這主體看成把握客觀知識之器具而已。在別的地方我曾寫過「吾思」看守著事物的門檻，這是它唯一所為。它所提供給人的「個我」是個很模糊的東西。不過，我倒認

為「我在」是不能分割的整體。

可能立刻有人會向我提出異議說，我們無法避免二者擇一，或者：在「我是什麼」一問題中針對之存有只關及知識層面的主體，那麼，我們確實留在「吾思」的場地中；或者，你所謂的**存有的需要**只是生機需要之極端而已，如此，則形上學家不必受理這類問題。

可是，錯誤不是就在把「我是誰」的問題任意地與存有整體問題劈開而發生的嗎？其實，這兩個問題只能同時被我們處理。但是不久我們就會看到，它們都越出「問題」的境界，而向我們呈示它們的超越「問題」性。

我們還須說明，笛卡爾的立場決不能與一種二元主義分開。我個人對這個二元主義抱絕對的排斥態度。問本體的問題，就是問及存有的整體性及個我之為整體時的情況。

此外，以附帶的方式，我們可以問一下：是否我們應當拒絕把「理性」和「生機」分開，而任意地高舉任何一方？我相信在某一個作思考及勉力反省自己的主體的一致性中，我們不能否認對之作某些不同層次之區分以促進瞭解並非犯法；然而本體存有問題只在這些區別之上，並且只在這個在其廣包一切之一致性中被瞭解的存有裡，才能建立。

知識與存有，孰為首要？

如果我們設法把握住運思至今所有之收穫的話，我們會發現，我們是循著一種推動在尋找作某一個斷言之道；然而我們再

次分析和反省之後，發現這個斷言是作不成的，因為除非已有這個斷言，不然我無法判斷自己有作這個斷言之資格。

我們可以看到這個困境決不會在我們解決一個實際問題時出現，因為在這種情形之下，我在已有的資料上做工，然而我可以毫不考慮工作者。主體只是被預設的事物而已。

相反，在我們討論的範圍內，研究者的本體地位具有極大的重要性。另一方面，幾時我們只以反省角度來窺測一切，我們一定會陷到一個永無止境的後退裡去。然而，就在我們看到這類反省引起的後退現象不會終止在某一點上的時候，我就以某種方式超越了這種現象，我體認到這種後退程序內在於一個「我本身是之而非我說出之」斷言之內。若我勉為其難地要言說之，我會將之破碎、撕裂，最後將它出賣。

或許有人會用一種相當接近的言詞說：我對存有提出的詢問預設一個斷言，而我對這斷言而言是多少處於一個被動的地位上。我似乎只是這個斷言的座標，而非其主體。但這只是一種限制，而我無法毫無矛盾地去實踐它。這樣我逐漸走向一個立場，即體認有一種具有主體的參與。這是一種本質上不能成為思想之「對象」的參與。它工作不是為給答案，因為它處身在「問題」世界之上，它是「超問題性的事物」（*métaproblématique*）。

倒過來說，我們可以看到：如果我們可以肯定有「超問題性事物」之存在的話，那是因為我們體認某些事物（或境界）超越了肯定存有之主體與被主體肯定之存有之間的對立關係。假設有超問題性的事物，乃是認為存有比知識的地位更高（此處之存有非指被肯定之存有，而是指自我肯定之存有）；也是承認知識被存有包圍，知識內在地屬於存有，很近乎克勞岱爾在《詩的藝

術》一書中的說法。這樣，我們不能不與知識論的看法分道揚鑣，而確切地相信有一個認知的奧祕。知識所依恃的一種參與模式是任何知識論無法交待清楚的東西，因為後者之一切活動及成果得先有前者為必需條件。

步入正題談奧祕

終於我們可以對奧祕與問題之不同作確切的界定了。奧祕是侵入自己的資料的問題，也因為它如此侵入自己的資料之內而使自己不再是單純的問題。下面我要舉幾個例子為使我們更容易把握這個定義。

最明顯的奧祕是肉體與靈魂之間的結合。靈肉之間密不可分之一致性，普通以下列不完全合適之公式表達出來：「我有一個身體，我使用我的身體，我感覺到我的身體……等」靈肉之一致性是無法分析的，也絕不可能用邏輯上比它先有之成分綜合起來而將之重建。它不只是資料，更是「給資料者」，就像自我對自己的臨在一樣，而自我意識只是臨在之不理想的代用符號而已。

從上所述，我們立即可以看到：要在奧祕與問題之間劃出明確的分界線不是一件容易的事。因為幾時我們把奧祕安放在反省之前時，它必然會降格而變成問題。這種情形在有關「惡」的問題上尤其明顯。

我幾乎不可避免地把「惡」看成是一種次序的紊亂，而我觀察它，並設法把它的原因找出來。這架「機器」怎麼會這麼差勁？或者這架機器本身其實不錯，只因為我的視覺有問題才作了

錯誤的判斷？如果實情是這樣，那麼毛病出在我身上，在我自己身上有次序紊亂的事實。然而這種次序紊亂對觀察它、指陳它的我的思想來說，是客觀性的東西。但是純粹地被觀察被審視之惡不再是被忍受的惡；更簡單地說，它不再是惡了。其實，我之所以能把它當作惡，只以它干涉我到什麼程度來決定；那就是說，我牽涉到其中，就像我牽涉到一件訴訟中去一樣。所以整個問題的關鍵就落在牽涉進去與否，除非用一種不合理的虛構方式，我不可能把這種牽聯的關係抽象化，因為如此一來，我把自己看成上帝，並且是一個旁觀的上帝。

在這裡，我們可以清楚地看到在我內和在我前之區別不再重要。或許我們可以說：「超問題性之事物」的範圍即愛的範圍，而靈魂與肉體之奧祕只能從愛的角度才被能我們瞭解，因為愛多少把它表達了一些。

然而，我們也可以清楚地看到，一個缺乏自我瞭解之反省，在攻擊愛的時候，就會把「超問題性的事物」化整為零，而用抽象性的功能加以解釋，譬如：生存的意志啦，權力意志啦，性慾等等。另一方面，問題的次序即合格事物的次序，除非把我們自己搬到新的場地，不然我們難以（甚至不能）辯駁這些解釋。而在這些新場地上，上述的解釋不再具有意義。同時，我有一種保證和確信的感覺——就像我穿了一件護身的氅衣——即只要我真正地愛，我就不應該為這些貶抑存有的活動惶惶不安。

有人或許要問我：真正的愛有什麼判斷標準呢？我們必須說：只在客體及可問題化事物的範圍內才有所謂的判準。但是我們已能遠遠地看到，從本體存有的角度，忠信具有怎樣的崇高價值。

　　下面我要舉一個更直接、更特殊的例子，它更能幫助我們瞭解奧祕與問題之間的區別。

　　我要講的是一種在我們生命中要繼續不停地有深邃迴響的**邂逅**。我們每一個人都會有精神性邂逅的經驗，而一般的哲學家對之不屑一顧，原因不外乎他們把邂逅看成只關及某一特殊人的事，它不能成為普遍事物，它並不關及一切作思考的存有。

　　我們都會同意，認為這類的邂逅每次發生，都帶給我們一個不簡單的問題，然而我們心有戚戚焉，知道這個問題之解答不在這個問題之為問題的地方。比如，有人會問我說：「你之所以在某處與某人相遇，那只因為他和你喜歡同樣的風景，或他和你一樣為了療養到這裡來接受調理。」我們立刻理會到這種解釋並沒有說明什麼。因為在佛羅倫斯或恩加定納有一大批可以說與我具有同樣嗜好的遊客，而在我去接受溫泉治療的城鎮中，也有一大群與我有同樣需要的病人熙攘往來；然而嚴格地說，決非同樣的興趣和疾病使我們的心靈接近。這種外在境遇與內在心靈之親密而不尋常的感受毫無關係。另一方面，如果我們把這種親密感本身看成原因而說：「就是它決定了我們的邂逅」，我們也超越了合法推理的界線。

　　從此，我進入了奧祕之內，那就是說，進入了一種其根基越出一般所說問題化事物的範圍以外的實在界內。我們會不會為逃避困難而說：「總而言之，這只是巧合，只是幸運的機會而已」？可是我立刻體會到，從我心靈深處要對這個空洞的公式和無效的否定冒出最激烈的抗議，因為它們觸及了關及我整個存在核心的事物。然而這裡我們再一次遇到先前對奧祕所作的定義：奧祕者乃侵入其本身資料的問題：詢問這次邂逅之意義和可能性

之我無法真實地把我自己置身在此邂逅之外，或使我面對著它發問題。我以某種方式內在於此邂逅，而它把我包圍在其中，如果我不把它包圍住的話。我覺得只在背信的情形下我才能說：「歸根結底，這次邂逅本來可以不發生，我還會與以前的我一樣，與我現在之我一樣。」我也不應說我受到它的影響就像受到一個外在的原因影響一般。不，它從裡面影響我，叫我成長，它如一種內在於我之原則，使我的存在提升。

然而這一切討論能不變形地被大家瞭解實非易事，因為我必會受到我的正直心——我最善良，或至少我內心最堅定部分——的驅策而否認邂逅給我的內在感。

深入奧祕的途徑：自我凝斂

以上的解釋很可能給聽眾間接地加強了一個疑問，我們應當直截了當地把它交待一下。

有人會說：這個「超問題性的事物」究其實是否只是思想的一個內容而已？因而我怎能不問屬於它的存在模式是怎樣的？誰給我們保證它有這種存在？難道它不是處在可問題化事物之頂峰的事物而已？

我的回答非常乾脆。思考，或更精確地說，肯定超問題性事物，即肯定它為不可懷疑的真實東西；對它疑心就會叫我陷入矛盾之中。我們此刻處在一種領域內，此地不允許我們把一觀念與其確實性的指標分開。因為這個觀念就「是」確實性，它「是」它自己的保證；由於這種情形，它不同於一般觀念，它的內涵多

於一個觀念。但是在質問中所用的「思想之內容」是非常容易叫人懂錯的說法。因為不論怎麼講，所謂內容常指自經驗中抽取出來的東西。然而這裡的情形不相同，因為我們無法把自己提升到「超越問題性事物」的層面，或奧祕層面，除非先經過了一段叫我們投入經驗，再擺脫經驗的歷程。這是「真正的」擺脫，「真正的」釋放，而不是抽象行為。

這裡我們遇到了自我凝斂的探討，因為只在自我凝斂之中，我們才能做到擺脫的工夫。我深深相信除非我們夠自我凝斂，我們決無可能把握存有的奧祕，也無法使存有論產生。在自我凝斂之中，我們可以證實人並不完全受到自己生命之擺佈，人不是無法控制自己生命的純粹生物而已。

我們必須指出正統哲學家對自我凝斂毫不感到興趣，並且極難給它下個定義，或許因為它超越了行為和常態之二元主義，更確切地說，因為它把這兩個相對情形在自身上調和在一起。自我凝斂實在是我藉之再把我自己若不分裂之一致性地把握住，然而這種再一次地自我把握具有放鬆自己和委付自己的效果。委付自己給誰？在什麼前面放鬆？我沒有辦法在這兩個體驗內加一個實體名詞。我們的思路在_____的門檻前必須駐步。

心理學家一定會對自我凝斂的現象繼續發問，然而我們可以預感到：心理學家無法給我們解釋自我凝斂的形上重要，就像他們對認知之內在結構與價值無法清楚交待一樣。

在自我凝斂時，我面對自己的生命採取一個立場，更好說我使自己採取一個立場：我多少從我自己的生命的地方退後一步，然而退後的方式並不像認知主體所作的那樣。在這後退的行為中，我帶著我之為我者，而這或許並非我生命之所是者。這裡我

之存有與我之生命的不同就顯露出來了，我不是我的生命，並且如果我能判斷我的生命——這個事實如果被我否定的話，我必會陷入能導致絕望的徹底懷疑主義中去——那必先假定了我能在自我凝斂中越過一切可能作的判斷和表像層面，而與最內在的我再次銜接而致。無疑地，自我凝斂是靈魂中最不令人吃驚的東西，它的要點不在於注視某樣東西，它是一種凝聚力和整修內心的工作。或許我們可以附帶地反省一下：是否記憶的本體基礎建立在自我凝斂上？後者是否是達成有效和無法呈現的一致性原則——在這個原則上回憶才有可能——的基礎？英文詞：「把自己集合」（to recollect one self）表達得很清楚。

有人或許要問：總而言之，自我凝斂是否只是德國唯心論所說的回到自我之辯證時刻而已？

老實說，我並不如此認為。回到自己在上述的哲學脈絡中，無非指為己存有，並且在主體與客體之可理解的一致性內瞄準自己而已。相反地，我認為我們探討的奧祕含有弔詭性，也就是說，由於奧祕的作用，回入自我之我多少不再屬於自己。聖保祿（保羅）說的：「你們不再屬於你們自己」，這句話在這裡同時顯出它的具體和本體的意義。因為它貼切地把我摸索著嘗試表達的實在界的底蘊道出了一些。有人或許會問：這個實在界是否為直觀之對象？而你稱為自我凝斂的東西是否就是別人所稱的直觀呢？

我認為我們必須再一次非常小心地進行。如果在這裡我們有談及直觀的餘地，那是一種不是也不能成為與件的直觀。

一個直觀的位置愈處在中心地位，它在其所照明之存有愈深邃的地方作用，那麼，它愈無法回歸自己而把握自己的實在。

更進一步說，如果我們反省對存有的直觀是什麼的話，我們會看到它不能也不應說出現在一個集合體之中，變成可以歸類之普通經驗。後者之特徵乃是聽任別人將自己與別的經驗綜合在一起，或隔離開來，為使自己的內涵被別人發現。這麼說來，設法記得並陳述這麼一個直觀，到頭來終究枉費心力。在這種意義下，我們若要討論對存有所作的直觀，就如設法在一架無聲的鋼琴上彈奏一樣。在光天化日之下，這個直觀不可能發生，也因為如此，它不可能成為被佔有的真理。

我們現在到達了全篇演講中最不容易瞭解的地方。更好不用直觀兩字，而說在思想（包括推理思想）之發展過程中，我們常常受到一種具有保證性力量的支持，只有用回溯的方法，我們才能接近它一些。這個回溯方法就是第二反省，第二反省尋找第一反省有賴的泉源。第一反省在不自知的情況下假設了存有的支援；而第二反省就是在逐漸能思考自己中的自我凝斂。

用如此抽象的言辭來談論生命中最鮮活的事和追求自我瞭解之意識中最具戲劇性之片刻——這都不屬於哲學家慣用之辯證範圍——我感到異常抱歉。那麼就讓我們對人生的戲劇性作仔細而直接的探討吧。

悲劇生命中之希望

先讓我們把從頭所說的作一小結再繼續發揮正題。在演講開端我提到的本體的需求或**存有的需要**都是可以被人捐棄的東西。而在另一個層面上看，存有與生命不是同樣的東西。我的生命，

同理推之，一切生命為我都顯得永遠不能適配於我在自己持帶的某些東西。嚴格地說即我之「是」，而卻是這個實在世界排斥不要的東西。人遭遇的失望可以以一切方式，在一切時間中，以各種不同的程度出現。我們有時覺得：這個世界之結構方式如果不強迫，至少似乎在向我們推薦作背信的行為。這個世界提供給我們的死亡景象，從某一個觀點來看，能被視為不斷刺激我們否決一切並絕對變節的因素。我們甚至可以說，在此意義之下，自殺之經常可能性是一切真實的形上思想的最合宜的出發點。

或許有些朋友在這個抽象和寧靜的思考過程中聽到情緒性的名詞，如自殺、背信，而感到驚訝。我用這些名詞毫無嘩眾取寵的目的。我一直深信，在戲劇中，並且藉著戲劇形上思想才能被我們把握，並且具體地被界定。兩年前馬里旦在魯汶大學演講基督教哲學的問題時說：「哲學變成悲劇性的，是最容易不過的事，它只須聽讓自己忍受人生的重壓就行了。」無疑地，他在暗示海德格的思考。相反地，我相信哲學之自然傾向是倒向使悲劇性消失的一面，因為後者接觸到抽象思想就會發生氣化作用而揮發掉。這是我們在許多當代唯心主義者身上看到的現象。他們不管人的真諦，把人為一種理念的真理，或純內在之匿名原則犧牲掉，他們顯得無法把握我提到過的人生悲劇資料。他們把這些資料與疾病還有其他類似的東西，從高尚的哲學家關心的範圍中，驅逐到無人問津之思想郊區。然而這作法與我以前提及的拒絕存有的需要是緊緊相聯的。實際上，它們是同一件事。

如果我強調失望、背信和自殺，那是因為我們覺得這三種情形最能表達否定意志對存有所採取的具體態度。

且舉失望為例。失望可以指對整個實在界而言，也可以指對

某一個人。失望顯得好似開了一張總清單之結果：我按我所能地去給這個實存世界作估價——可是那些超出我估價範圍的東西為我等於不存在——我發現世界上沒有一樣東西能夠抵抗在事物中樞進行著的腐蝕過程，而我是藉著反省才對這種情形獲得瞭解的。我相信在失望的根源處我們可以找到一個斷言：在這個世界中沒有一樣東西能叫我給予信用，沒有東西給予我們保證。這個斷言所肯定的是我們要遭遇徹底的破產。

相反，有希望正是指有信用。與斯賓諾莎（Baruch Spinoza, 1632-1677）所想的恰好相反，我覺得他把兩個截然不同的概念混淆在一起，害怕之關係名詞不是希望，卻是欲望。希望之相對關係名詞是一種行為，它把一切事情放到最不堪設想的情景中去，可以說是失敗主義者的心態；在極端情形中，他們渴望最壞的事發生。希望所肯定的卻是：在存有內，超越一切資料所能提供作估價和開清單的內容之上，有一個與我極有默契之神祕原則，它不能不願意我所願意的東西，至少如果我所願意的真的值得，並且是我以整個的自我願意著的東西。

但是，非常明顯的，我們現在已經進入我所謂的存有奧祕之核心，最簡單的例子往往也是最好的。在絕無希望之刻，希望我的親人必會從絕症中獲得痊癒，那就是說：不可能只有我一個人願意他痊癒，（我相信）實在界在它最深的地方，不會對我所肯定為善的事採取敵視或漠不關心的態度。即使有人給我引證許多例子，許多個案來叫我氣餒，我卻要在一切經驗、一切或然率、一切統計資料之上斷定有一個秩序將重新被建立，實在界與我一起願意如此。我並不如此期望，而是如此肯定。這就是我將稱為真正希望的先知性迴響。

　　或許有人會問我說：「在成千累萬的個案中這是一個幻覺。」然而希望之本質即不考慮（叫我失望的）個案。我們應當在這裡指出來有一個「希望之上升辯證」存在著，隨著這條辯證的線索，希望能逐漸升展到一個超越一切經驗證據可以否決的層面，這是救恩的層面，與以任何方式呈現之「成功」層面迥然不同。

　　然而，希望與失望之相互關係要一直保持下去，我覺得它們是分不開的。我願意說我們生活在其中之世界的結構允許我們，並且似乎在規勸我們走向絕對絕望，然而只在如此這般的世界中，才能產生所向無敵的希望。這是為什麼我們絕不會對思想史上偉大的悲觀主義者具有足夠感激的理由，他們把某個內在經驗推到其極限——這個內在經驗必須獲得完成，它的基本可能性不能被任何辯證掩蓋掉。這些悲觀主義者給我們作好了準備為瞭解：失望能夠成為那為尼采一佈滿死亡暗礁，實際上低於本體層面之一個最高斷言的跳板。

　　另一方面，就在於希望是奧祕，我們可以確知這個奧祕的特性能被人忽視而淪為問題。人們把希望看成欲望，用不正確的判斷給它改裝，而使別人不再能了悟其原來面目。在這裡發生的與我們以前論及邂逅和愛而提到的同樣的現象。正因為奧祕能夠——從邏輯角度看應當——降級成為問題，斯賓諾莎充滿混淆的論點，叫人遲早會把希望看成只是一個問題而已。幾時，我們站在存有的外面而採取上述的態度來看一切，那麼那種態度也無可厚非。這是非常重要的一點，我必須如此強調。幾時，面對著實在世界我以旁觀者的姿態出現，同時卻像科學家一般對之作最精確的記錄，我就對它產生了隔閡。這是在實驗室中工作的人自

然而然採取的態度，他們在分析結果分曉之前必須放棄預測，並
且可以等待最惡劣的情形之出現，因為在這個階段，「最惡劣的
情形」之觀念已不再具有特殊的意義。然而這一類探索非常相似
點算清帳所作的手續，就不觸及奧祕的次序，那是說問題侵入自
己資料之次序。

實際上，舉例說，當我詢問生命的價值時，如果我還以為可
以採用上述的態度的話，我簡直在作白日夢。以為我可以不牽涉
進去地進行這項調查，是犯了嚴重的思想錯誤。

因此，在希望和客觀心智之囚犯對希望所作的判斷之間，有
一個把問題與奧祕分開的同樣大的隔閡。

現在我們已經進入討論問題之核心，我們逐漸看清若干密切
相關的論點。

可問題化事物之世界同時就是貪欲與害怕的世界，這兩者密
不可分。這或許便是我在演講開始時提到的功能化或可功能化的
世界，實在也是科技統治之世界。沒有一種科技不會直接地，或
不能為某一貪欲，某一害怕效勞服務的。反之亦然，一切貪欲或
害怕都要發明一些適合自己用的科技。由此觀之，失望之產生乃
是看到這些科技最後之無能為力，而無法使自己提升到更高的層
面，只在那裡我們才能瞭解科技與存有之基本特徵是水火不相容
的，後者之本質即擺脫一切人為的控制，因為我們能夠控制的只
是客體的世界。這或許是今日之人進入了失望世紀的主要理由。
今日之人一直在向科技膜拜，那就是說，把實存世界看成一堆問
題之總和。然而在我們觀察到科技之片面的成就的同時，我們也
體認到科技主義引起的整體性的崩潰。對於人能作什麼的問題，
我們的回答還是一樣：人能作的只是他發明之科技允許他做的

事。然而同時我們必須承認這些科技顯得不能拯救人——結論便是人在他自身之內有他敵人之最可怖的同謀者。

我曾經說過：人受科技的支配，那是說人愈來愈無法控制科技，或說控制他自己的控制。因控制自己的控制只是我稱為第二反省之在積極生活面上之表達而已。而支持第二反省之力點則在自我凝斂之中。

有人或許會糾正我說：即使最迷信科技的人也不能不承認有無限遼闊之人力無法控制的區域。然而要點不在於作這樣的觀察，而在於觀察者的心態。我們都承認對於氣象之變化人力毫無作為，然而問題在於是否我們認為巴不得人有控制自然現象的能力。隨著存有意識的減退，人愈趨向擴大管理整個宇宙的野心，因為他愈來愈不會查詢自己有否控制整個宇宙之資格。

我們必須附加說一句：當人們理會到一方面人因科技之改良而產生的優越感，另一方面又看到物質底層表現的脆弱與不穩定性——這兩者之間的對立尖銳化時，人的理性就不斷地受到失望危險的威脅。由是觀之，在科技進步之樂觀和由之必然發生的失望哲學之間實有密切的相關性。活在 1933 年的人們對這個現象瞭解得太多了，不需要再詳加解釋。

有人更會問我：然而無論如何因科技進步而有的樂觀主義實在是受到一個巨大的希望激勵著。如何把這個事實與有關希望的本體解釋調和起來呢？

我相信應當如此回答以上的疑難：從形而上角度看，真正的希望只來自走向那不依賴人的希望，它的活力來自謙遜，而非驕傲。這個話題把我引入奧祕的另一方面，對這獨一無二的奧祕我一直在思索，尋找可以解釋它的言辭。

　　驕傲這個形而上問題早受希臘學者注意，稍後也成為基督宗教神學中首要論題之一，但一直被非神學家之現代哲學家忽視，幾乎完全未受注意。他們把它看成保留給倫理家所討論的問題。然而從我採取的觀點來看，這倒是一個極為攸關的問題，甚至可說是哲學的主要問題。如果我們翻一下斯賓諾莎所著《倫理學》（第三卷，第28節），就會發現他對驕傲所下的定義並未碰到真實的問題。他說：「驕傲是自愛給予我們關於我們自己之過分良好的意見。」實際上，這是虛榮的定義。驕傲的要旨在於只在自己身上找到力量之泉源。它使有這種體會的人與其他存有之共融切斷，更有進之，它能叫共融破碎掉，它演的就是破壞原則的角色。

　　它的破壞性尚且可以回轉過來指向自己。驕傲與自我仇恨並非不能協調，它能導引人趨向自殺的途徑。我認為斯賓諾莎沒有看到這一點。

　　談到這裡，我覺得有一個強有而力，且非常嚴重的質詢要向我投射過來。

　　或許有人要問我：你用本體論方式來證實的東西究其實豈非只是一種倫理性的幽靜主義而已——它滿足於被動式的接受、一無作為，和沒有生氣的希望？人的行動豈非也因為暗示自信而相似驕傲而應受你貶抑？總之，行動之為行動是否為人之墮落？

　　我要逐步指出上面的責難包含一連串的誤解。

　　首先，一個沒有生氣的希望之觀念是矛盾的觀念。希望並非昏憒的等待，它支持人的行動，並且超前一步，但就在行動告成之刻，希望的程度就會降低，甚至消失了。對我而言，希望是人的中心活動延長而進入不被人們知悉的事物之中，那就是說，它

311

植根在存有之中。因此與它有默契的對象不是欲求而是人的意志。其實，意志也具有拒絕計算可能性的傾向，至少會勒令停止作這類計算，那我們能不能把希望界定為一種不依賴自己力量的意志嗎？

在生命中我們常理會到：最具大無畏精神奮勉不已的聖者迸射出最高級的希望。如果希望只是心神痿痺而已，上述情形絕對不會發生。斯多噶派倫理學所犯的嚴重錯誤即把意志看成心靈硬化而產生的固執；事實上恰恰相反，意志是心靈的放鬆的原因和創造活動的泉源。

創造活動與創造性的忠信

雖然「創造活動」這個名詞在這篇演講還是第一次出現，然而它是個有重大關係的字。在有創造活動的地方，沒有也不會有精神墮落。科技如果也包含了創造活動，它不會叫人心志低落。所謂的墮落發生在創造活動不再往前，而變成自我模仿，自我陶醉，而僵化的情形中。如此，大家便會瞭解我在談及自我凝斂時申斥的某些使觀念混淆的原因。

由於空間性比喻不容易表達兩種對立的運動，因此我們往往把它們混為一談。其一是心靈的僵硬症，包括自我收縮，自我摺疊。這原與驕傲不能分開，且是驕傲的象徵。其二是在自我凝斂中謙遜地後退，使我與本體的基礎重新接觸到。

這種後退與收斂可以被我們看成藝術創造之預設條件。藝術創造和科學研究實際上都排斥自我中心的行為，因為在本體層

次，後者是純粹的消極行為。

可能有人覺得我的講法非常接近柏格森思想，甚至是同樣的。然而我並不以為如此。柏格森先生用的詞彙叫我們相信，對柏氏來說，創造活動之要點是發明，是泉湧式的革新。然而我想如果我們只專注於創造活動的這個特點上時，我們便會把它最深的意義忽略掉，那就是創造是在存有中植根的活動。終於我們碰及了「創造性的忠信」一個觀念。這是一個非常不容易把握的觀念，尤其當我們要用概念的方式來闡明它的底蘊時，因為它包含深不可測的弔詭，也因為它的地位是在超問題性事物的中心地帶。

我們必須指出，在柏格森的形上學中，忠信的地位岌岌可危，因為它極容易把忠信看成墨守成規，看成例行公事，好像是一種反抗精神革新力的任性固執。

我卻相信，由於柏氏《道德與宗教的兩個來源》（*Les Deux Sources de la morale et de la religion*）一書不甚瞭解忠信的價值，而導致鄙薄「靜態宗教」觀念的後果。下面我對創造性忠信所作的素描或許能夠達到糾正錯誤觀念的效果。

說實在，忠信與死氣沉沉的墨守成規迥然不同。它主動地認出有一種異於法律形式的「常」，而是屬於本體層次之「常性」的存在。在這種意義之下，忠信常與臨在休戚相關，或者至少與某些能夠且意識在我們內及在我們前保持其臨在性的因素有關，然而這些因素的確能夠，甚至很容易被人疏忽、遺忘和一筆勾消。這裡出賣臨在的陰影再一次向我們拋射出來。我覺得這種陰影像一片不祥的烏雲正籠罩在整個人類世界之上。

或許有人會詰難我說：普通人把忠信都看成是對一條原則的

忠信。我們應當考查一下這樣做法是否是把屬於某一次序之忠信不合法地轉換到另一次序的結果。如果所謂的原則可以化約成抽象的斷言的話，不能對我有任何要求，因為它之效率完全有賴於我對它的核准的程度。對一條原則之為原則表示忠信，從字義上說，這是崇拜偶像。或許我有神聖的責任否認一條缺乏生命並且我理會到我不再依附之原則。如果我勉強自己就合這樣的死原則，那是把我自己——我自己原是臨在——出賣。

忠信與無生氣的附和主義完全不同，因為它要求我們與設法在我們身上造成精力分散和習慣之硬化症的力量抗戰到底。或許有人會說，這樣做最多只是一種主動地保存什麼東西，根本與創造性的行為扯不上關係。我認為回答這個問題，我們還該深入忠信和臨在之腹地，為徹底瞭解它們的本質。

如果臨在只是在我們頭腦中具有的觀念而已，如果它的特徵除了是觀念外一無所是，那麼我們能夠為它所作的最多也只是在我們內和我們前保存好這個觀念而已，就像有些人在壁爐或碗櫃上安放一張照片一樣。然而臨在之為臨在就在於它是不能劃分的，在這裡我們再一次碰到了超問題性事物。臨在之為奧祕只因為它是臨在，而所謂忠信即主動地把臨在延長，把臨在的恩澤一次又一次地復新，也把它內含的力量開發出來。臨在的力量就是奇妙地激發人進行創造活動的力量。在這裡如果我們再一次參考藝術創造活動的經驗，我們會再一次獲得啟發，因為如果我們可以想像什麼藝術創造的話，是必須是藝術家先體會了世界以某種方式與他發生臨在的關係——臨在於他的心、他的精神，臨在於他的存有本身。

因此如果可能有所謂的創造性忠信，那因為原則上忠信是本

體性的，因為忠信延長臨在，而臨在相應於存有對我們所有的「扣住」。從此以後，這個臨在要持續地在我們的生命中擴大及加深它的迴響。我覺得這個事實之肯定能引起的後果是不可思議的，只要看著生者與亡者之間的交通受它的影響就可以知道了。

我們還要強調一次：對之我們不斷表示忠信之臨在決不是給一個已消失之客體小心翼翼地保存的肖像而已。不論肖像似真到什麼程度，它只是相似物。形而上地說，它比客體小，它是約簡。反之，臨在多於客體，它由各方面從客體上滿溢而出。我們現在是走在一條思路的起端，走到底時我們會發現死亡是「臨在的考驗」。這是很重要的思想，值得我們仔細考慮。

有人會說：你對死亡所作的定義令人好驚訝！死亡只能用生理學名詞來界定，它不是考驗。

我的回答是這樣的：死亡的意義實在是臨在的考驗，然而這層意義只有那些達到我們可能達到的最高級精神修養的人才能體會到。很明顯地，我們在談的不是張三或李四的死亡，出現在報上所登載的訃聞中的名字。這些名字為我只是名字而已，是訃聞之對象。從今以後，他不再是我可以通訊的對象，我不能向他發問題或討教什麼，我把他的名字從通訊錄上塗掉。然而如果死亡發生在一個曾經為我是臨在的人身上，那麼情形就大不相同了。這時候，這個臨在會不會降級成為一個印象與否完全看我對他所取的內在態度而定。

有人會回答我說：你講得似乎不同凡響，實際上你只是用了形上學的言詞來講一個極其平凡的心理事實而已。固然死者是否還能存留在我們的記憶之中多少依賴於我們的態度，然而我們所有的只是亡者主觀性的存在而已。

　　我相信我們在討論的完全是兩回事，它是無限地更奇妙的事實。當某人說：「我們的亡親還能在我們身上活著與否取決於我們的態度」，他還是以約簡或肖像的觀念來思考問題。他承認某一個客體已經不見了，然而他仍以塑像的方式存在著，而我們對這個塑像也有保存的能力，就像一個管家婦女悉心照顧一幢公寓或一套傢俱一樣。很明顯地，這種保存方式不具任何本體價值。然而如果忠信能達到我在設法界定之創造性程度的時候，情形就完全不同了。臨在是一種實在，是某種「流溢」。要不要使自己對這流溢成為可滲透的，這可由我們來決定，但是我們不能激發流溢。創造性的忠信就是常把自己保持在可被滲透的狀態之中。這裡我們看到在自由的行為和善用自由而獲得的思想之間有奇妙的交換現象。

　　這裡我可以預見到一個與上面那個相反而對稱之詰難，有人會向我說：你固然不再用形上詞彙來裝飾心理學範圍的事象，然而你這樣作是為了不費周折地肯定一條無法證明的命題，因為它不屬於經驗範圍。你很妥協地用「流溢」一詞來取代那個曖昧而中立性的「臨在」時，你便是這樣進行著。

　　為回答這個詰難，我認為我們必須再一次參考以前提到過的奧祕和自我凝斂。實在，只在超問題性事物的範圍中大家或許會接受「流溢」的概念。如果從客觀的角度去瞭解它，把它當作力的增強，那麼我們就撞到一個物理的，而非形而上的命題了，它自然地會引發出很多抗議。當我說：某個存在為我變成臨在或存有的時候（其實兩者是相同的，因為除非他是臨在，他不會對我成為存有的），那是說我不可能把他單純地看成在我前面佔有一個空間的人；在他與我之間建立起一種聯結的關係，這個關係可

以說超出我對之能有的意識。他不再只在我前面，並且也在我的裡面，更好說，這些範疇都被超越，不再具有意義。流溢一詞雖然很具空間性和物理性，卻能說明內心力量的增多，就是臨在實現的時刻，人體會到在生命深處發生的充沛感受。當然我們還會有非常強烈，甚至不能克勝的誘惑去想這個臨在只能是一種客體的在而已；但是這樣一想，我們立刻回到奧祕以外的地方，即問題化的世界中來。絕對的忠信卻會提出抗議：「即使我不能碰觸到你，不能看到你，我覺得你同我一起；我不如此肯定的話，我就會否認你。」同我在一起：請注意「同」字具有的形上價值，它很少受到哲學家們重視，它既不相應於內附或內寓的關係，又不指外在的聯繫。真實的同在和親密有一個特色，就是它會掉入批判反省加諸於它的分解過程中去。然而我們已經聽過有另一種反省，加諸於批判反省之上，這反省之運作常常受到某種非指示性但強有力的直觀所支持。後者以其秘密的磁力吸住著它。

臨在與全給性

我們還應當說——從這裡我們要把話題轉向新的方向——上段提到的親密關係，尤其是在生者與亡者之間發生的，會有更高的、無法否認的價值，如果這種關係之發生是在精神的完全的全給性的世界之內，那是說，在純粹的愛德世界之內。順便我要說明：創造性的忠信有一個向上提升的辯證歷程，而這個歷程與我以前暗示過的希望之辯證歷程是互相呼應的。

全給性（英語 availability；法語 disponibilité）的概念對我

們的主題來說並不次於臨在的概念。我們必須說兩者之間有顯明的關聯。

　　每一個人都有過無法否認的有關經驗，然而要把它明說倒極不容易。有一些人向我們顯示出他們的臨在性，那是說當我們生病的時候，或當我們需要一個傾吐心曲對象的時候，這些人顯得完全準備好協助我們或聆聽我們的訴心，這種特徵我們可稱為「可全在性」或「可全給性」。其他的人並不給我們這種感觸，雖然他們有很大的善意。我們必須立即指出：臨在與不臨在之區分並不與專注及心蕩神馳之對立心態呼應。一個非常專心聆聽我講話的對象可以給我他並不準備給我什麼的印象，他不是完全地在我面前；雖然他對我可能提供物質性的服務，然而他無法在他內心給我留下空位。其實有二種聆聽的方式，其一是在聆聽時不停地給予，其二是在聆聽時拒絕我，也拒絕把自己給予我。物質的禮物，有形的動作不見得是臨在的證據。在這種光景中最好不要說「證明」兩個字，它不適用。臨在是在一個注視，一個微笑，一個聲調，一個握手中當下不可懷疑地立即顯示出來的東西。

　　為解釋得更清楚一些，我要說：一個可以為我成為完全臨在的人是這樣的，當我需要他的時候，他能完完全全地同我在一起。而不能臨在的人卻相反，他針對著我把屬於他精神富源的一部分暫時擱置一邊。對第一種人來說，我是臨在；對第二種人來說，我是客體。臨在包含的相互性排斥任何主體對客體，或主體對「主體客體」的關係。在這裡把無法臨在的實況作具體分析是非常有益的事，並不比分析出賣、否認與失望為次要。

　　實際上，在無法臨在無法給予別人的心態中，我們常常發現

某種疏離現象。別人向我暴露他的不幸為贏得我的同情；我很瞭解他同我說的話，我以抽象的方式體認到別人與我說及的一些人實在可憐；我看到不論在思考和公道觀點上說我們對這個個案應說寄予真切的同情，我固然寄予同情，但說實話，只是思想上同情，因為坦白說，我心深處一無所感。我對我這種反應也頗遺憾。在我實際上感覺淡漠與我認為我應當感受的情緒之間產生的矛盾令我煩惱，它在我自己的心目中把我的價值貶低，然而我束手無策。我在自己身上真正體會的感覺真是不可告人。我聳著肩無可奈何地說：總之，這是有關我不認識的人的問題，如果我必須為所有人類遭遇的不幸有所感動的話，我將活不下去，而我所有的時間還不足用呢！就在我思考說：總而言之，這只是 7567 檔案，那一切都變了，我對這個具體的人忍受的痛苦完全無動於衷。

然而能夠臨在，能夠時時開放自己為別人獻身者之特色便是絕不用個案的方式思考，為他沒有個案這件事。

然而任何正常發展中的個人普通都會有關心面的分佈圖，它越來越精細並且幾乎自動地把與自己相關及不相關的事，自己應負責或不必負責的事分辨得清清楚楚。這樣，我們每一人都變成了某類精神空間的中心，它以同心圓的方式從中心擴張開去，距離愈遠，其依附性和興趣也愈小。總之，我們每一個人似乎分泌出一個愈來愈堅硬的殼，而把自己封閉在其中。這種精神硬化症還與我們瞭解並評估世界所用的範疇之硬化程度密切相關。

還好，我們每一個人都會有邂逅的經驗，它會把自我中心版圖的架構打碎。從以往的經驗我能瞭解一個不期而遇的陌生人能突然在我身上激起一陣無法抗拒的呼籲，它力量之大甚至到倒翻

所有習慣性視野的程度，就好像一陣大風吹倒了室內裝飾的次序一般——那些本來看來似乎是臨近的突然變得無限遙遠，倒過來說，也是一樣。在大部分情形中，這類裂罅幾乎立刻又密縫起來，往往留給我們苦澀的回味、憂鬱，甚至焦慮的印象。然而我相信這種經驗對我們非常有益，因為它在剎那間告訴我們在我們為自己存在系統中所建立的精神結晶體無非是偶性的東西，是，無非是不穩定的附質而已。

然而在一切凡例之上，某些人達到的聖德境界向我們啟示一件事實：我們認為的正常次序，從更高的觀點，從植根在存有奧祕的心靈的觀點來看，其實只是一個相反次序的顛倒情形。由是觀之，我覺得對聖德和它所有具體特質所作的反省能提供給我們一個無限大的思考價值。我不必太受勉強就會明說：聖德是存有學的真正導論。

在這裡，大家可以再一次見到，瞭解這些常常開放自己而能對別人有付出及臨在之心靈對我們討論的主題給予多麼大的照明。

無法臨在，無法在別人需要時立刻伸手援助的人，是以某種程度不單被自己的事務忙得不可開交，並且被自己佔滿。我可以說，叫他忙碌的直接對象能是多類多樣的：被自己、被自己的財富、被自己的戀情，甚至被自己內在的完滿要求所佔滿。我人或許可以結論說：被自己佔有實在不是被某樣客體——這裡幾乎無法指定哪一個——佔有，而只是以某種方式心靈不得自由而已；關於它的真諦，我們尚需界定。我們不能不看到：自我佔有之相反並不是空無或漠不關心之存有，兩種對立的心靈境界更好說是晦暗與透明，然而這種內在的晦暗本身尚有待我們作更深入的澄

清，以得更多瞭解。我相信這關及某種堵塞或執著的心態。我想知道，如果把某些心理分析的資料充分普遍化，並柔化之後，我們會不會體認出這類的執著在一個已定範圍內能不能是一種本身原來不是而實際上他卻體會之心神不寧。值得我們注意的是：這種不寧會在執著內恒持下去，並且使它產生一種我論及墮落的意志時提到過的僵硬心態。我們有充分的理由相信：這種性質不定之不寧其實與由時間意識而生的焦慮，及人非朝向死亡，而為被死亡吸收進去的事實是同一件事。原來死亡是處在悲觀主義的中心的。

悲觀主義的根源也是無法臨在性之根源：如果後者隨著我們的年齡之增加而愈趨嚴重，那往往是因為我們的焦慮心情與日俱增，一直到要把我們窒息的程度。在我們接近所稱為生命終點的時日，這股焦慮之情為了保全自己，必會採用一種愈來愈沉重，愈來愈精細，也愈來愈不堪一擊之自衛機器。由於這種人愈變成自己經驗，及包圍經驗之範疇的監獄的囚犯，他就要進到無法再有任何希望的狀況中去，正因為他把自己更完全地、更無望地拋到問題化的世界中去。

在這裡我們終於看到我從演講開始就勉力設法一個接一個地交代的論點和主要動機逐漸配合成功一束花卉。同上面所提示的相反方向，我們見到最能臨在最能自我付與的人是最被祝聖過的，內心最徹底地奉獻自己的人。這種人最不會受到失望和自殺的威脅——失望和自殺原是互通的現象——因為他們知道他們不屬於自己，而他們對自己的自由唯一完全合法的使用方式就在於體認到他們並不屬於他們自己。有這種體認之後，他們才能有所行動，有所創造……

奧祕哲學並不預設宗教體驗

我一點兒也不想隱瞞：我所討論的哲學會從各方面遭遇到幾乎招架不住之詰難。它必會感到處在極不好受的兩個困境之中；或者它勉力設法解答一切詰難，一一給它們答覆，可是這麼一來，它會掉入一個忽略活力原則的教條主義的極端傾向中去，我還要說，掉入一種褻瀆上帝的神學中去；或者，它就讓這些困難繼續存在著，說這是無法理解的奧祕。

在這兩個暗礁之中，我相信還有一條中間路線，這是一條窄狹、曲折、充滿危險的小徑。這是那條我一直在嘗試尋找的小徑。然而我們向前進行的方式只能用雅斯培在《存在的哲學》一書中所用的召喚方式：結果有一些良知作了反應，（並非一般性良知，而是這一個，或那一個具體良知），那時候，一條真正小徑就顯現出來了。我相信柏拉圖看得非常清楚，這小徑只藉愛才能自顯，它之可見性完全保留給愛。這是超問題性事物具有之特徵中最深刻的一個，而我這篇演講從頭都在設法摸索瞭解一些它的若干區域。

最後我還得提到一個最嚴重的詰難。有人會向我說：「其實，你所說的一切雖沒有公開承認但的確包含天主教信仰的資料，並且只在天主教信仰的提示下，它才真相大白。這樣我們對照聖體聖事時才瞭解你所說的臨在，想及教會時才領悟你所說的創造性的忠信。然而為非基督徒、非天主教徒，即指那些不認識基督宗教，或至少自稱無法參加基督宗教的大批讀者，這樣一個哲學對他們有什麼用呢？」

我的回答是這樣的：基督宗教信仰之基本內容之存在確能使

某些人想及我試用分析的一些觀念，然而這些概念並不有賴於基督教義，它們並不預設基督教義。如果有人以為理智必須拋棄那些不屬於思想之為思想的普遍材料，我要說這種講法嫌誇大了一點，並且在分析到底時，我們要看出來這是一種妄想。今日，在別的時代也是一樣，哲學家常是處在他幾乎無法從其中把自己抽拔出來的被給予的處境之中。而我們的歷史處境實際上包括信仰基督的傳統，這是它最主要的處境內容之一，不管這個傳統被接受與否，被認為真理與否。我覺得我們今天根本無法不去管多世紀以來在我們文化中存在的基督信仰而作思考，就好像在科學理論的領域中，我們不去管多世紀以來自然科學的成就而高談闊論一樣。可是，基督教義也好，自然科學也好，它們在這方面都扮一個醞釀性的角色而已。它使某些觀念在我們身上發展成熟——沒有它，我們本來可能無法接觸到這些觀念——但這種醞釀的作用也能在我稱之為基督氛圍的邊緣地區內發生。就以我自己來說，在我有成為天主教徒的最微小的意願前二十年，我已開始有了這種醞釀的感受。

此外，我切願向天主教徒聲明，對我而言，神學上自然與超自然之區分應當嚴格地保持下去。是否有人會想由於應用「奧祕」一辭，我們會製造混淆，因為它似乎在鼓吹兩個境界之統一？我的回答是這樣的，奧祕確實有兩種層面，彼此不相混淆，一是人性經驗包含之奧祕，如知識、愛情，另一是信仰啟示的奧祕，如道取人身、救贖等。第二層的奧祕不是人類反省經驗之結果，不是思考所作努力的成果。

有人會問我：那麼為什麼你用同一個名詞來講兩種意義如此不相同的東西呢？我之所以這樣作，因為我看到，不論是哪一種

啟示，只在一個條件下才能被我們思考。那條件便是啟示之對象必須是投身者，是參加到一種使他成主體而本身不能問題化之實體中的人。超自然生命畢竟應當在自然生命中找到插入點和可資「扣住」的地方。這並不指超自然生活只是自然生命之開花結果，實際情形恰好是倒過來。我認為如果有人更深入地去瞭解基督徒的基本觀念：「被創造的本性」，他一定會體認到在本性和理性的根源處人本身絕對不能自足的原則，這種體認使人對另一個次序（世界）產生了焦急性的預期。

　　為了在這個極端重要與困難的論點上總結我的立場，我要向諸位說明：存有奧祕——我把這個看成形上學的核心——之所以能被人體認，毫無疑問地，是因為體認它的人受到啟示之富有繁衍力之光芒所透射。這情形完全可能在對任何宗教完全陌生的心靈上發生。此外，存有奧祕雖然藉著人類經驗的某些高級模式而被人體認，然而它不必使人歸附某一特定宗教。無論如何，這個體認使那些提升自己到達這一層面的人隱約看到有另外一種啟示的可能性。這是尚未逾越可問題化事物界線之人絕不可能瞭解的事，因為後者所在的地區不能使人窺測到存有的奧祕，並將它公諸於世。我在這篇演講中提供的哲學用無法抗拒之運動催逼我們去與一道大光相遇。存有奧祕的哲學預感前面有這道光，而在自己的內心深處不斷忍受這道光的隱約刺激，就像忍受和暖的冬陽輕炙一樣。

（1982.8-9《哲學與文化》）

註：感謝馬賽爾家族授權本書作者將此篇論文進行中譯並收錄於
　　本書附錄，以饗讀者。

【附錄二】

沐春風、訴天志
——憶唐師君毅

　　筆者曾在法國留學六年，撰寫有關馬賽爾的哲學論文。這段時期中，常遇到一些飽學之士好奇地詢問我說：「你們中國有沒有可以與海德格相提並論的哲學家？」筆者不加思索地回答說：「有，唐君毅就是。」然後給他們解釋唐師哲學的要旨，並說明他的哲學所以未曾廣傳在西方的原因。

　　事實上，筆者在 1970 年抵達巴黎時，原想選擇唐師的思想作為博士論文研寫的對象。惜乎跑遍了數家圖書館，發現藏書殘缺不全，而他著作的譯文幾乎絕無僅有，因此萌生望洋興嘆之心。固然可以托人從台、港買來全套唐氏著作，但要從頭圈點，再譯成法文，要支付的代價對我當時來說似乎太大了一些。好罷，既然來了法國，就精讀一門法國哲學吧！因此先花了一年時間推敲現學家梅洛-龐蒂，第二年遵導師列維納斯教授之意轉攻馬賽爾哲學，一直到 1976 年交卷，通過考試而回國。在這段時期中與唐師最後發表的著作脫了節，但對他的嚮往常存於心。因此在返國後不到一週，在偶然的一次機會中聽到唐師住榮總治療，立即打電話向院方詢問，唐安仁小姐回電說，遵醫囑，其父需要謝客休養，且不知出院後將住何處。此後失去聯絡，一直到噩耗傳來，哲人已萎，心中無限感觸，覺得非一吐不為快，因此在授課之餘，草成此遲交之追悼短文，以表示筆者對

唐師的敬仰和述說與他有過的一段相識歷史。

筆者於 1960 年由港來台時，才聽到台灣學生大有熱中於新儒家哲學者，然筆者對哲學一無瞭解，因此也無從惋惜在香港三年中失去了的機會。1963 年赴岷讀哲學，才開始接觸《人生》、《民主評論》和新儒家的著作。當時由於不滿士林哲學的內容（這與聖多瑪斯哲學本身有別）和教學方法，因此轉到唐君毅、牟宗三諸位先進的作品中尋求苦悶的抒發，結果逐漸與新儒家結上了緣份。1967 年通過碩士考試，論文是有關黑格爾的哲學，乃故意繞道香港返國，竭願訪心儀已久的唐老師。惜乎唐師當時在日本醫治眼疾，未能如願以償；但《人生》主編王道先生款誠相待，在溽暑中兩次陪訪牟宗三教授，且與唐師以書信聯絡，說明有一年輕學子在香港焦急等候與他會晤。總之，在筆者必須離港回台前三日，唐師終於回來，並於次晨在新亞研究所辦公室約會，這次會面及以後數次通訊構成了筆者與唐師一段不能忘懷的邂逅經驗。筆者之所以願意把它記錄在這裡，因為感到此中有一些似乎超乎個人、超乎純感情的生命交流，表現了唐師的哲學與宗教慧識，而我們的交談似乎也影響到他以後對天主教採取一種更積極更友善的態度，這在唐師末期之演講和文章中都可以看到的。

如果馬賽爾哲學的精髓是關於「臨在」的描寫，即人與人、人與神、人與自然之間產生的一種最深刻、最完美的交往溝通，一種「絕對現在」之體驗的話，那麼新亞那次與唐師一小時的會晤該算是筆者一生中有過的最高級的「臨在」經驗之一。這次相會並非不期而遇，而是有過遠準備，長久期待，以及近準備，急切渴候的一次邂逅。人與人心靈之默契是一種不能言傳的奧祕，

不關乎知識之高低、年齡之懸殊，可以平等而相互極為尊重地敞開自己，述說自己的感懷，或全神聆聽對方。沒有預設，沒有戒防，全開全給，甚至連交談內容也非主要，因為存在性的交流駕乎思想交流之上。有內容，但也超內容，這是兩個生命在存有層次的靈犀互通。所得到的是言語，和比言語更深入的東西，這是言語的淵源，心靈主體的根本——是那句永恆性的靜默的話。無比的感動和震撼之可能有，乃是因為人接觸到了對方的超聽覺、超視覺的存有根源。按理說，真正的邂逅常該是雙方的、雙向的。如果筆者與唐師會晤中，有一次深刻的臨在經驗，亦可設想在唐師那一邊也似乎應該有一種類此的經驗，只是不敢假設其強度深度，並且已不能證實，且也不需要證實。真的經驗只有一次，不能重演，也不必證明，有過事實，有過體驗，那就夠了。

很明顯地，唐師並非只這一次碰到過一個如此敬仰他的青年學生，類似的經驗在他教書生涯四十餘年中可能比比皆是。可是邂逅的意義就在於每次經驗都是獨特的，都是與眾不同的，所以都能產生震撼作用，都能感動五內，甚至驚天地、泣鬼神。這是人與人之間相通的力能、友能、愛能。每人都可體驗，不必多贅。人生命之充實豐盈在於這一類經驗之真實性、強度、深度，甚至頻度。因為從外射之豐盈可以透顯出人內在精神之健旺。有了內在的充滿，才有第二義的創造作為，才有可見的、有效的，能證驗的外工。

高級的「邂逅」或「臨在」經驗幾近於一種宗教經驗，其中有極濃厚的神祕感：有一道強烈的光芒在照射、在滲透，把一切浮動的、駁雜的氣質驅散，而使心靈中最真實的自己呈現出來，莊嚴華麗，氣聳凌霄，這是人生的高峰。有如許高峰，則日日生

活不再平凡，日日生命可以化成絢麗極致，多采多姿。因為在平凡之中寓有不平凡，也孕育不平凡，人若常能如此，則就有所謂的「存有化的存在」（L'Existence existentielle）。

可能有人會覺得筆者在借題發揮，賣弄存在哲學。那麼我要回答說，只在借用存在哲學來分析的時候，才使我體會到與唐師會面的內涵，以及那次邂逅給我帶來的深遠影響。

那次拜訪是王道先生陪伴去的。唐師坐在他的書桌前，而我與王先生則並坐於沿窗的長沙發上。一陣寒暄過後，唐師即開啟了話匣子，款款而談。我們兩人靜坐屏息而聽，一晃就是一個小時。聽者思想中的反應，甚至有不苟同的情緒，都會被講者理會，而修改他之辯證或思維的曲徑。這樣，這次談話該算是一次交談，雖然發聲的只是一方，但雙方思想漸漸地在匯合，而達成寧安的一致，終而雙方感得舒暢、完成，交談乃告一段落。離別前，唐先生把已準備好的他最近用中英文發表的文章抽印本惠贈於筆者，而筆者也預許在最近期內將印就之〈今日天主教對非基督宗教的看法〉小論文，贈送唐師一份。當我們步出書房時，即看到會客廳中十數位在等候見他的訪客全體起立，肅然起敬，其中該有不少是新亞的老師吧。唐師在返港之初，在百忙中，慨然撥冗賜談一小時，筆者誠感惶恐，又覺受寵過甚，是緣分耶？是恩義乎？

由於唐師知道筆者是天主教耶穌會會士，因此他的反省式的談話常圍繞在他對天主教教義和神學主題之上。他固然知道天主教在梵蒂岡第二屆大公會議以後對其他宗教採取積極的立場，肯定它們的救恩價值，但他心中縈縈關心者，乃是天主教神學是否有一天會承認一切宗教在神前均是平等，而泯除啟示宗教與自然

宗教間之絕對界限。

　　為把唐師思想更清楚地交代，筆者願意引用唐師在收閱拙著〈今日天主教對非基督宗教的看法〉[1]一文後給筆者的回信（1968 年十一月二十八日）中的若干片段。

> 「至於　大文論天主教對非基督宗的看法一文，則讀之甚覺得益。今日教皇之能取　大文所謂新神學之說，一反過去之「羅馬教會外無人得救」之諾亞方舟之說，亦反今之辯證神學之「除信基督無人得救」之說，而傾向於普遍救援史；以一切宗教皆天主普遍救援史中之社會性歷史性的得救機構，並謀促進其發展。此誠不異開始人類之宗教史之新機運。毅以前嘗對宗基督者，妄有所評論，其根本義唯在：對其排他之救援說，不能同意。今能改宗此普遍救援說，固唯有加以讚歎，並禱祝其說之更能普遍為人所奉行也……」

> 「昔年曾有基督教之西方牧師來談，嘗謂耶穌若生於中國，或其教義之解釋，自始即不取希臘羅馬之哲學觀念，亦自始不與西化相連，則基督教之神學，應當另有一迴然不同之面目。其言亦不無理趣。則雖在歷史事實上，今日基督教之神學如此如此，然吾人亦未嘗不可想像另一種基督教神學之可能，而其問題之發展，與尋求答案之方式，皆不同也。至於純從毅個人之見地說，則竊以為今日天主之普遍救援論之所以可貴，當不在其為一新神學，而在其能與貴教所宗之天主之無限之愛心

1　《鐸聲月刊》，1967.10；後轉載於《哲學與文化》，第 7 卷，第 1 期，1980.1。

相契應。然順此天主之無限之愛心,以觀世間之宗教,
則恐不能只視之為一社會性歷史性之得救機構;而所謂
自然宗教與啟示宗教之絕對之界限,恐在一更新之神學
中,亦可加以泯除。天主誠絕對無私,則亦未嘗不可直
接啟示其自己於一切自然宗教中,而亦可更不私立一啟
示宗教;而信一啟示宗教者,誠學天主之無私,亦必將
不止於如大著所介紹之新神學之自視其啟示宗教,為其
他一切宗教之完成之所,而先預言其他宗教之終將讓
位,以歸於「滅亡之地」也。此中之問題,誠幽深玄
遠,決非簡言之可盡。而人若無無限之愛心,亦如何能
與天主之無限之愛心相契應,以知其密懷?然人若有無
限之愛心,足與天主契應,則又被視為人之傲慢,為宗
教中之大禁忌。則此問題將無解決之望矣……」[2]

上面兩段摘要已清楚詳示了唐師對宗教平等說基於對天主無
私之觀念,而神無私且有無限愛心之信念則來自中國文化之「道
並行而不相悖」、「殊途同歸」等數千年來儒家的天道觀。這種
對天道之認定基於人對最高最完美之理想的希求,而神則是這種
人生嚮往之體現。因此我們看到在這種嚮往和從歷史中以某種文
化方式呈現且演變之某一宗教間不免有一距離。唐師一面看到基
督宗教有其精深不凡的特性,一面又覺其執著,把自己凌駕於其
他宗教之上,若一絕對宗教,持有絕對真理,而自認為其他宗教
之最終趨向與完成。這種立論對任何一位無基督信仰的學者來說

2　〈論學書簡〉,香港《人生》,1968.2,頁34-35。

都會感到不易接受的。因為啟示之合理性實只在超理智之信仰觀點下才能看到。兩種不同之絕對性源於兩種信念：一種信念是來自人對神的理想和嚮往，另一種信念則基於相信這無私之神在人類歷史中已選擇一特定方式來啟示自己的事實，而後認為應從這件事實中去瞭解神的本質，去瞭解神的無私心。

第二種對絕對所持的信念，即基督宗教之神學所持的信念：即神以有文化性的言語來說明了自己是怎樣的，並表明了願以什麼方式使整個人類獲得圓滿幸福的方式。這種出發點不再以人生嚮往或精神理想作標準，而以已啟示自己之神的形相作標準。哲學與神學的區別就在這裡。神學家如果具有深遠的哲學修養，當然還會敞開胸懷，聆聽及細察其他哲學和宗教提供的觀點，對自己的神學再加以反省，以求在某種原則之下，對教義的表達方式加以修正，使教義更時代化，更切合當代人的心態和理性的需要。因此持有這兩種觀點的人，必須要有一些超乎自己立場的氣度，才能設身處地瞭解對方，雖不能同一，至少可以避免針鋒相對，而能心平氣和地交談。唐師雖採取「在宗教以外看」之立場，但他也能領悟到在宗教以內神學演變之事實而額手慶賀，認為這是人類宗教史之新機運，甚至加以讚歎，在在顯出儒者的博大胸懷，這是交談之基礎也。

然而這些問題無法由站在宗教外之人士回答，因此必須再回到基督宗教神學立場來回答，那便是筆者在收到唐師大函後一月餘之回信中所表明的一些意見。此信亦為唐師送到《人生》發表，[3] 請讀者自行參照，這裡不再贅述。關鍵在於「道成人

3　〈關於天主教的新教義問題〉，香港《人生》，1968.3，頁 22-23。

身」，道若真降世取人身，活過人類歷史的話，則以某種方式表達之絕對性成為該宗教信友不爭之事實，而其對「無限」之觀點亦有了限定，這是有宗教信仰之思想家與純粹思想家之區別所在。

與唐師之交往只限於一次會晤與二、三次通信，實在不稱深久，但相互懇談之誠，求真之切，求瞭解與被瞭解之意，與對為人類最後問題求得更和諧看法之關切，構成了我們兩人相識交談之實際內容。沒有口誅筆伐，但是異見尚在，而心靈在比言語或「可以口舌爭」之更遙遠之處，如唐師所云：「一切虔誠終當相遇」，這是與「天主之無限之愛心相契應」之處，「天心佛心之所存也」。[4]

為紀念十年前與唐師相識之一段歷史，筆者把兩人交談的內容再作了一番整理，藉以表達對唐師之追悼和感念。成文中亦有輕微感動，唐師泉下有知，必更能指點人生彼界真相，及所謂「絕對」之真諦。唯此點不能代言，讓各位有心人自己與唐師感應相契以成知吧！

（1978.6《鵝湖》）

4　參唐師〈我與宗教徒〉，錄自《鵝湖月刊》——唐君毅先生紀念專號，1978.3，頁54。

【附錄三】
跨越孤寂的對話

　　法國當代存在哲學家馬賽爾童年時母親去世，父親娶了姨母，但沒有給他增加弟妹。馬氏從小缺乏玩伴，八歲時寫兩個劇本，劇中人都是男女幼童，是他想像中的兄弟姊妹。藉著與他們交往嬉玩，他試圖超越難以忍受的孤獨感。孤獨終成他的哲學主題之一，他甚至會說：「我寫過『人間只有一種痛苦，即孤獨』，對這句話我愈來愈認真。我確信，如果一個人體會過真正的愛情或真實的友情，他沒有喪失什麼。反之，若他是孤獨的，則一切都丟失了。」

　　馬賽爾的獨子遭遇並非獨一無二的，尤其今日大陸的家庭都是三人行，馬氏天生敏感，把相當多的兒童之共同命運戲劇化地擴大感受一番，但他幸運地用創作的方式克服他的苦難，即找到了可以對話的劇中小朋友，藉想像與他們交往而熬過了無聲的童年時代。

　　孤寂就是缺乏對話，心靈懸空，缺乏交往對象而回到自己，但自己不能給自己慰藉。許多病態的青少年，面對鏡中的自我，試圖與之溝通來解脫孤獨，但大多無濟於事，難逃精神崩潰與分裂的厄運。

　　哲學上說人是自立體，他有獨特的自我，是行為的主體，他有異於他人與他物的生存基礎。然而自立之人並非自足體，不論從其生命起源和成長來看，他都必須倚賴他物與他人，尤其是高

級需要：如知識、愛情等。個人之成熟絕對需要別人的助緣，缺乏了可以親密對話的對象，人不單難以成長，更會陷入絕望的深淵或病態以終。

與另一自我之親密對話是每一個人的絕對需要，就像空氣、水、陽光、食物對肉體的關係一樣。靈魂的食物就是愛和友情，這些都以對話的方式來體現和增進。有對話的生命是活得下去的生命，沒有對話時，生命開始瓦解。消極性的對話還比無對話為佳，因為他至少還有開釋自己的可能。完全缺乏對話的環境使人加速走向死亡，在德國集中營這類例子比比皆是。

對話使人活下去，使人成熟，使人更幸福。有對話關係的主體，即使沒有言語，沒有交談，也能心心相契，連靜默也成了溝通的媒體，因為整個身體都是言語，每一動作都散發善意，使對方愉悅。如果適當地開口，則每句話都成天籟，飽饜饑渴，使生命復甦。婚姻便是這樣締結起來的，對話得好，兩個獨立的個體漸漸靠近，相契相愛，終至結合，到不分你我的程度，並且要求這種關係永恆化，甚至生生死死之延續，真是不可思議。

對話的確是異常神祕的日常事件，對話一旦開始，人便逐入勝境，人與人的對話構成了人的本質，因為缺了對話，人便會生病。哲學家稱此類性質為「主體際性」或「互為主體性」。不同的生命體在相互的臨在關係中，換言之，在愛與被愛及互敬的氣氛中從「你」「我」超越到「我們」，多少找到了自己的根和肥壤，不會再枯萎。

然而生命之需求不止於此，人有無限的超越需要，這種需求只靠人與人之對話不能得到滿足，還須與絕對者的對話才能抒解。人與人之積極對話使人不致空虛，也有了基本的生存營養，

但要使人性整體之滿足，人還必須與無限的神作心靈的交往；有了根源性的對話，人才能有無往不利的絕對穩定性，才能超克一切孤獨感之威脅，才能徹底自我實現。

何謂與超越者、絕對者、無限者對話呢？超越者、絕對者、無限者是神的話，如何與之交往呢？為何交往是如此迫切呢？人靠自己及靠若干親密對象不足以達成圓融的生命嗎？

從後面的問題講起。人與其他人的親密關係的確能填補存在的空虛，尤其是在緣分永續的情況中，但人是有限的存在，有缺陷的個體，兩個或多個有缺陷之圓合在一起也不能夠成完整的圓。前面許多描述都傾向於積極與正面的人際關係，有這類關係者是人類中之佼佼者，而人與人之交往以負面的方式進行者更是常數，因此某些心靈受創者不再信任任何人，而一般可以維持下去的關係中不乏意外之考驗，使人倍感步履維艱。心理學家站在經驗層次，分析各種交往模式，提示解厄之方，然而心理學無法觸摸心靈底層的終極需要。終極需要在於人感到即使一般的需要，包括愛的需要都滿足了，還有一塊真空地帶，還有一種更難測度的虛無感，這份感受不能由任何有限之物、人或幸福可填滿的，這份空缺提示了人對絕對者之對話之絕對需要。

本來，只要是真誠的對話，在人與人的關係中，絕對者已隱然光臨，神以無名氏的方式把信任和希望通傳給對話中的個體。然而，此類隱性之臨在若化為顯性，即對話之雙方都對神產生親密的關係，都採取信仰的立場，則他們原有的對話關係可更上「十」層樓，即從一般性的人際深度關係提升到永恆層次，且與不變之神相合，從而超拔了一切可變因素，包括主觀之情緒及客觀之偶然變素，使「我們」貞定在堅實的磐石上，並能徹底消除

空虛及渺茫的感覺，此時之人已在永生境地。

　　與神對話可有二徑，其一是通過人與人之深度對話，其二是直接與神對話，後者是主觀上迫切地渴望與神交往，要認識祂，要愛祂，客觀上體驗到神的垂愛。一般常說的是神先走一步，是神促使吾人對祂有如此迫切的需求，是祂對吾人之愛促使吾人尋求祂。尋求神已是與神對話之濫觴，人與神之關係已從隱性走向顯性，只要調整好焦點，神的面目清晰起來後，對話變得更真實。而神有無限的魅力，足以吸住眾生，使人在祂內如醉如癡，因為此時人發現了最高的價值。當人與神可以對話的時候，人走出了絕對虛無和孤寂的幽谷。人分享了神的永恆生命時，人也逐漸變得絕對和無限，此時人不但不孤獨，且是最自由和幸福的人，因為沒有什麼再能把他從根源處撤離，他已進入了絕對存在，分享絕對存在，而這絕對存在也是絕對的愛。

　　　　　　　　　　　　（1996.12.30《自由時報副刊》）

延伸閱讀

I. 馬賽爾著作：

1. 哲學

Gabriel Marcel-Gaston Fessard: Correspondance (1934-1971), Paris: Beauchesne, 1985.

En chemin, vers quel éveil, Paris: Gallimard, 1971.

Être et avoir, Paris: Aubier, 1968 (La première édition: Aubier, 1935).

Pour une sagesse tragique et son au-delà, Paris: Plon, 1968.

Entretiens Paul Ricœur- Gabriel Marcel, Paris: Aubier, 1968.

Paix sur la terre-Deux discours. Une tragédie, Paris: Aubier, 1965.

La dignité humaine et ses assises existentielles, Paris: Aubier, 1964.

Le mystère de l'être, vol. I, *Réflexion et mystère*, Paris: Aubier, 1963. vol. II, *Foi et réalité*, 1964.

Présence et immortalité, Paris: Flammarion, 1959.

The Philosophy of Existentialism, N.Y.: The Citadel Press, 1956.

Position et approches concrètes du mystère ontologique, Paris: Vrin, 1949.

Homo viator: Prolégomènes à une métaphysique de l'espérance, Paris: Aubier, 1945.

Du refus à l'invocation, Paris: Gallimard, 1940.

Journal métaphysique, Paris: Gallimard, 1927.

2. 劇本

Cinq pièces majeures, Paris: Plon, 1974.

Rome n'est plus dans Rome, Paris: La Table Ronde, 1951.

Vers un autre Royaume, deux drames des années noires: L'émissaire, Le signe de la croix, Paris: Plon, 1949.

Le Monde cassé, Paris: Descleé de Brouwer, 1933.

Trois pièces: Le regard neuf, Le mort de demain, La chapelle ardente, Paris: Plon, 1931.

Le quatuor en fa dièse: Pièce en cinq actes, Paris: Plon, 1925.

Le seuil invisible: La Grâce et Le Palais sable, Paris: Grasset, 1914.

3. 馬賽爾相關著作

Plourde, S., *Gabriel Marcel, Philosophe et témoin de l'espérance*, Montréal: Université du Quebec, 1987.

Plourde, S., etc., (ed.), *Vocabulaire philosophique de Gabriel Marcel*, Montréal: Edition Bellarmine, 1985.

Schilpp, Paul Arthur, (ed.), *The Philosophy of Gabriel Marcel*, La Salle Illinois, 1984.

Spiegelberg, Herbert, *The Phenomenological Movement: A Historical Introduction*, The Hague: Martinus Nijhoff, Third revised and enlarged edition, 1980.

Colloque Centre culturel international, *Entretiens autour de Gabriel Marcel*, Neuchâtel: La Baconnière, 1976.

Devaux, A. A., Charles du Bos, "J. Maritain et G. Marcel, ou peut-on aller de Bergson à saint Thomas d'Aquin?", *Cahiers Charles du Bos*, nº 19, 1974.

Davy, M. M., *Un philosophe itinérant: G. Marcel*, Paris: Flammarion, 1959.

Gilson, Etienne, (ed.), *Existentialisme chrétien: Gabriel Marcel*, Paris: Plon, 1947.

4. 馬賽爾著作中譯

《人性尊嚴的存在背景》（1988），馬賽爾著，項退結編訂，東大。

《是與有》（1990），馬賽爾著，陸達誠譯，臺灣商務印書館。

《呂格爾六訪馬賽爾》（2015），呂格爾（Paul Ricœur）、馬賽爾著，陸達誠譯，台灣基督教文藝。

5. 中文馬賽爾相關著作

《馬賽爾》（1992），陸達誠著，東大。

《愛、恨與死亡》（1997），關永中著，臺灣商務印書館。

II. 唐君毅著作：

《中西哲學思想之比較論文集》，學生書局，1988 全集校訂版。

《中華人文與當今世界補編》，學生書局，1988 初版。

《病裡乾坤》，鵝湖，1984 再版。

《人生之體驗續編》，學生書局，1980 四版。

《生命存在與心靈境界》，學生書局，1977。

《心物與人生》，學生書局，1975 增訂版。

《哲學概論》，台北：學生書局，1975 四版。

《唐君毅先生紀念集》，馮愛群編，學生書局，1969 初版。

《道德自我之建立》，香港人生出版社，1963。

《人文精神之重建》，香港新亞研究所，1955 初版。

III. 本書相關參考：

《創造的進化論》（2020），亨利・柏格森（Henri Bergson）
　　著，陳聖生譯，五南。

《懺悔錄》（2017），聖奧斯定（St. Augustine）著，吳應楓
　　譯，光啟。

《存在與虛無》（2012），沙特（Jean-Paul Sartre）著，陳宣
　　良、杜小真譯，左岸。

《接生天國寶寶的助產士》（2010），凱絲・凱琳娜（Kathy
　　Kalina）著，上智文化編輯小組譯，上智。

《馬里旦論存有直觀》（2008），高凌霞著，臺灣商務印書館。

《論友誼》（2007），西塞羅（Marcus Tullius Cicero）著，徐學
　　庸譯，聯經。

《中世紀哲學精神》（2001），吉爾松（Étienne Henri Gilson）
　　著，沈清松譯，臺灣商務印書館。

《道德與宗教的兩個來源》（2000），亨利・柏格森著，王作
　　虹、成窮譯，貴州人民出版社。

《死亡九分鐘》（2000），喬治・李齊（George Ritchie）著，陳建民譯，中國主日學協會。

《哲學概論》（1999），馬里旦（Jacques Maritain）著，戴明我譯，臺灣商務印書館。

《現象學運動》（1995），赫伯特・施皮格伯格（Herbert Spiegelberg）著，王炳文、張金言譯，北京商務印書館。

《生命輪迴的奧秘》（1995），高天恩、陸達誠著，張老師文化。

《中國死亡智慧》（1994），鄭曉江著，東大。

《雅斯培》（1992），黃藿著，東大。

《超個人心理學 —— 心理學的新典範》（1992），李安德（André Lefebvre）著，若水譯，桂冠。

《前世今生：生命輪迴的前世療法》（1992），布萊恩・魏斯（Brian L. Weiss）著，譚智華譯，張老師。

《有無之境 —— 王陽明哲學的精神》（1991），陳來著，北京人民出版社。

《死，怎麼回事？》（1988），羅林斯（Maurice Rawlings）著，橄欖翻譯小組譯，橄欖基金會。

《神的氛圍》（1986），德日進（Pierre Teilhard de Chardin）著，鄭聖沖譯，光啟。

《人的現象》（1983），德日進著，李弘祺譯，陸達誠校訂，台北：聯經。

《沙特最後的話語》（1980），王耀宗著譯，谷風。

《心體與性體》（1978），牟宗三著，正中書局。

《成長的最後階段》（1978），庫卜勒・羅莎（Elizabeth kubler-

Rose）等著，孫振青編譯，光啟。

《存在主義哲學》（1977），考夫曼（Walter Kaufmann）編
　　著，陳鼓應等譯，臺灣商務印書館。

《現象學論文集》（1975），鄔昆如著，先知。

《現代先知德日進》（1975），王秀穀等著，先知。

《人的現象》（1972），德日進著，鄭聖沖節譯本，光啟。

《現象學史》（1971），詩鏡戈博（Herbert Spiegelberg）原
　　著，李貴良譯，正中書局。

《沙托戲劇選集》（1970），顏元叔主編，陳惠美等譯，驚聲文
　　物供應公司。

《沙特自傳》（1969），沙特著，譚逸譯，志文。

《沙德的哲學思想》（1965），Wilfrid Desan 原著，張系國譯，
　　雙葉書店。

Master 076

存有的光環：馬賽爾思想研究
Aurora of Being
著—陸達誠

出版者—心靈工坊文化事業股份有限公司
發行人—王浩威　總編輯—王桂花
執行編輯—裘佳慧　特約編輯—徐嘉俊
內文排版—龍虎電腦排版股份有限公司
通訊地址—106 台北市信義路四段 53 巷 8 號 2 樓
郵政劃撥—19546215　戶名—心靈工坊文化事業股份有限公司
電話—02）2702-9186　傳真—02）2702-9286
Email—service@psygarden.com.tw　網址—www.psygarden.com.tw

製版・印刷—彩峰造藝印像股份有限公司
總經銷—大和書報圖書股份有限公司
電話—02）8990-2588　傳真—02）2990-1658
通訊地址—242 新北市新莊區五工五路 2 號（五股工業區）
初版一刷—2020 年 10 月　ISBN—978-986-357-193-3　定價—580 元

國家圖書館出版品預行編目資料

存有的光環：馬賽爾思想研究 / 陸達誠著 .-- 初版 .--
　臺北市：心靈工坊文化，2020.10
　　面；　　公分 .-- (Master；76)
　ISBN 978-986-357-193-3(平裝)

　1. 馬賽爾（Marcel, Gabriel, 1889-1973）　2. 學術思想　3. 哲學

146.79　　　　　　　　　　　　　　　　　　　　　　109015683